创业管理系列丛书（第二辑）

新技术企业市场进入战略决策机制研究

田莉 著

南开大学出版社

天津

图书在版编目(CIP)数据

新技术企业市场进入战略决策机制研究 / 田莉著.
—天津：南开大学出版社，2013.6
（创业管理系列丛书.第2辑）
ISBN 978-7-310-04103-9

Ⅰ.①新… Ⅱ.①田… Ⅲ.①高技术企业－企业发展
战略－研究 Ⅳ.①F276.44

中国版本图书馆 CIP 数据核字(2013)第 006522 号

南开大学出版社出版发行
出版人：孙克强
地址：天津市南开区卫津路 94 号　　邮政编码：300071
营销部电话：(022)23508339　23500755
营销部传真：(022)23508542　　邮购部电话：(022)23502200
＊
河北昌黎太阳红彩色印刷有限责任公司印刷
全国各地新华书店经销
＊
2013 年 6 月第 1 版　　2013 年 6 月第 1 次印刷
230×155 毫米　16 开本　16.5 印张　276 千字
定价：37.00 元

如遇图书印装质量问题,请与本社营销部联系调换,电话：(022)23507125

本书受到国家自然科学基金重点项目"新企业创业机理与成长模式研究"（编号：70732004），国家自然科学基金青年项目"基于初始条件的新创企业组织烙印机制研究"（编号：71102051）资助

总　序

创业管理研究的兴起与进展

　　20 世纪 80 年代以来，社会转型和新技术的快速发展与普及应用引发了新一轮创业热潮，创业活动日趋活跃，成为经济发展和社会进步的重要推动力量，包括德鲁克在内的许多著名学者都呼吁重视和发展创业型经济，并已得到各国政府的高度重视。除一直把创新与创业精神作为重要战略优势的美国外，欧盟于 2003 年明确指出当前的政策挑战是识别和塑造繁荣创业活动氛围的关键因素，政策措施应根植于推动欧盟的创业活动水平，采取最有效措施来鼓励创业活动并推动中小企业成长，连多年强调"拿来主义"的日本也把重视创新和创业作为推动经济转型和国家竞争优势的重要手段。改革开放以来，创业活动已经成为推动我国经济发展的内生力量，成为激发民间活力的重要形式，成为促进就业的重要途径，也必将成为推动自主创新和发展高科技产业、现代服务业等高端产业的重要力量。创业活动是创业者在风险和不确定性环境中识别和把握机会、获取利润并谋求成长的过程，其重要性、独特性和复杂性要求学术界积极开展创业研究工作，长期重视大企业管理实践的管理研究也开始关注企业生命周期前端的创业活动。创业研究从宏观层面转向了微观层次，更多地关注创业与新企业发展过程中的管理问题。

　　创业活动因其机会导向、不拘泥于资源约束条件下的快速行动、富于创新并积极承担风险等本质特点而不同于常规的企业经营活动，创业活动的独特性引起了现代管理理论特别是战略管理学者的兴趣和关注，创业研究已形成一股强劲浪潮并进入管理学领域的主流研究范畴，成为管理学界发展速度最快的学科领域之一。我国的相关学术界也及时关注到创业研究的重要性，部分重点大学相继组织召开学术研讨会，倡导并积极推动国内的创业研究工作。其中影响较大的有"首届创业学暨企业家精神教育研讨会"（南开大学，2003）、"人力资源与创业管理研讨会"（浙江大学，2004，2005，2006）、"亚洲创业教育会议"（清华大学，2005）、"创新与创业国际研讨会"（吉林大学，2005）、"创业研究与教育国际研讨会"（南开大学与百森商学院，2006）等。研讨会的召开使学术界对创业的研究已从比较陌生发展到广泛重视的阶段，创业研究已经成为管理领域学术研讨会的重要主题，在国内凝聚了研究单位相对集中同时合作交流紧密的研究队伍。这支研究队伍对国外创业研究进展进行了及时的跟踪和梳理，关注我国创业活动并开展实证研究，取得了丰硕的研究成果。

创业研究的学术贡献

经过这些年来的发展，创业研究取得了显著的学术贡献，我认为至少表现为以下三个方面：

首先，创业特质论的主导地位遭遇严重挑战，关注创业过程的研究主张受到重视。长期以来，学术界重点关注"谁是创业者"的问题，尝试区分创业者与非创业者、创业者与管理者以及创业者群体之间的差异，识别创业者在成就欲望、风险承担倾向等方面的独特人格心理特质，挖掘成功创业者所具有的品质或特质，其基本判断是创业成功与否取决于创业者的个性特质甚至是天赋。Gartner（1988）在系统总结创业特质论研究成果的基础上，认为关注创业者特质的研究没有出路，提出创业研究应关注创业者行为并挖掘创业过程规律的主张。此后，创业研究开始从关注创业者特质转向关注创业过程，从将创业视为随机性偶然事件转变为可以管理并且需要管理的系统性活动过程，极大地推动了创业研究的进步。创业研究更加关注组织、过程、行为等问题，创业活动有其内在规律并可以被管理的思想成为主流。管理理论突破了长期以现存企业特别是大企业为研究对象、旨在帮助企业实现扩张和发展的研究框架，开始关注企业生命周期前端的活动，从创业活动中挖掘企业竞争优势的来源，极大地丰富和拓展了管理研究的范畴。

其次，创业行为特殊性和内在规律的研究取得显著进展。研究发现，创业者在意图形成、机会发现、机会开发等创业过程中体现出某些独特的行为特征，这些行为特征有助于我们深入了解创业行为和新企业的生成过程。在这里，特别值得关注的是弗吉尼亚大学副教授、诺贝尔经济学奖得主赫伯特·西蒙教授的学生 Saras Sarasvathy 博士在 20 世纪末针对创业行为提出的手段导向性理论（Effectuation theory）。该理论的决策原则体现在：（1）基于可承受的损失（Affordable loss）而不是预期回报（Expected returns）进行决策；（2）强调建立战略伙伴关系而不是进行竞争分析；（3）利用而不是规避偶然事件。之后，她不断提炼二者的区别，形成较为系统的观点。Sarasvathy 博士的理论观点可能会成为创业研究领域最主要的理论贡献，对管理学教材长期讲授的"目标设定—计划—组织—实施—控制"流程形成了巨大的挑战。

最后，提炼出创业导向的基本维度。创业导向（Entrepreneurial orientation）是对创业精神、创业型组织等相关研究的提炼，公司创业导向来源于战略研究学者对战略决策模式的研究，战略决策可以由不同的维度构成，不同的战略决策维度又构成了不同的战略决策模式，如适应型、计划型和创业型等。创业导向概念的提出引起了学者的极大关注，是国内在创业领域研究最为深入的问题之一，大家结合不同国家的实际情况尝试提炼创业导向的基本维度，围绕创业导向与企业绩效关系开展实证研究，共同认识到由创新（Innovation）、超前行动（Proactiveness）、风险承担（Risk-taking）等维度所构成的创业导向在当今竞争激烈的环境下对提升企业绩效和竞争力所起到的积极作用，为管理职能和手段的创业化（如创业型战略、创业型营销、创业型组织、创业型领导等）提供了理论基础。创业导向的研究吸收了创业研究的成果，也把创业研究成果积极推广到大公司和组织日常管理工作中，使得创业研究不仅在学术层面融入主流管理领域，也融入了主流管理实践中。积极开展组织和管理变革，追求创新性、灵活性，提高承担风险能力以及快速反应能力，尝试管理职能和手段的创业化、公司创业实践等可能是信息社会管理模式的主要体现形式。

策划出版创业管理著作系列的目的

由上述分析可以看出，创业研究作为管理学界的一个重要研究领域将得到更好的发展。在这样的背景下，经过与南开大学出版社经济管理类编辑胡晓清先生多次讨论交流，决定策划出版创业管理著作系列，目的在于：

（1）**推动和深化创业研究**。从最近的研究情况看，有理由相信在已经取得的成果基础上，创业研究必将在创业决策、创业行为等领域丰富管理学知识，并进一步作出学术贡献。出版学术界特别是国内学者创业研究方面的最新研究成果，将有助于推动和深化我国的创业研究工作。

（2）**挖掘创业研究贡献**。在我国，改革开放与经济转轨使长期被约束的创业潜能得以释放，但发展并不平稳，创业者的创业活动经历了投机性机会的驱动，因制度环境的制约而出现戴"红帽子"、偏重短期行为、模仿性竞争、注重关系等情况，因此，研究我国的创业活动，关注"创业形态是否因制度环境的不同而不同"、"我国创业机会是如何变迁以及在机会变迁情况下的创业形态如何变化"、"哪些特殊的制度因素决定中国转型经济条件下的创业、创业的成功以及失败"等问题，必将有助于丰富创业理论、推动创业理论创新。近年来，国内学者在创业研究方面越来越关注我国创业的独特情境问题，取得了一些高质量的研究成果，已引起国外专家同行的重视，不少专业性杂志专门出版中国创业专刊。出版创业管理著作系列，有助于总结和提炼创业研究的学术贡献。

（3）**促进学术研究成果的实践应用**。学术研究需要追求创新和学术贡献，也需要把学术贡献运用于实践中，这在国内鼓励创业、强调以创业带动就业、全面推动创业教育的大环境下，则显得尤为重要。学术界在这方面承担着不可推卸的责任。另外，创业研究不单纯是为了解释创业行为的内在规律，其更重要的意义在于挖掘竞争优势的深层次来源，将创业精神与技能运用于既有企业（包括大公司）的管理实践中。这些年来，公司创业、社会创业实践越来越丰富，已经取得了很好的效果。出版创业管理著作系列必将促进学术研究成果的推广应用。

创业管理著作系列的组成

创业管理著作系列在选题方面将是开放的，我们初步计划关注以下几方面的选题。首先是学科基础方面的选题，这方面的选题侧重于创业研究的平台建设。其次是国内学者特别是年轻学者的最新研究成果。再次是创业管理方面的教材和通俗性的读物，这方面的著作将更加注重面向创业教育和实践。最后是介绍国外最新研究成果的著作。

到目前为止，创业管理著作系列已经组织出版了 4 部著作，分别为

《创业管理研究型案例》（2009年）、《创业导向、公司创业与价值创造》（2009年）、《新创企业的企业家》（2009年）、《创业研究经典文献述评》（2010年）。这些著作的出版，在推动创业领域的理论和性质研究方面发挥了一定作用，同时在引入优秀的博士学位论文和各类基金课题的研究成果，进而深化国内创业研究方面起到一定的推动作用。

此次，我们再次组织出版的《社会资本、创业机会与新企业初期绩效》和《新技术企业市场进入战略决策机制研究》，这两本著作是国内年轻学者的优秀博士论文。其中，《社会资本、创业机会与新企业初期绩效》是在杨俊博士学位论文基础上修改而成，其博士学位论文获得了全国百篇优秀博士学位论文奖；《新技术企业市场进入战略决策机制研究》是在田莉博士学位论文基础上修改而成，其博士学位论文获得过南开大学优秀博士学位论文。

我们坚信创业管理著作系列的出版能够为推动国内创业研究的发展作出贡献，希望广大读者关心该著作系列，也为该著作系列推荐优秀的著作，以期更好地研究创业，更好地服务于创业实践。

张玉利

2012年5月

前　言

　　创业是路径依赖特征表现异常突出的组织活动，新企业生成之前和创立之初的情境条件、要素与行为特征等初始条件，对新企业成长与演化具有长期影响。有关初始条件的研究将组织理论学者提出的"组织烙印"（Organization Imprinting）学说延展至创业情境下，并引发出创业研究的一系列根本问题，如新企业从何而来？新企业最初的属性是如何形成的？初始条件如何将新企业锁定在某一发展路径上，并在其成长过程中烙下持久印记的？

　　本书定位于这一理论流派，基于创业研究从关注个体创业者转向研究创业团队问题的时代背景，以团队创业企业为研究对象，以初始战略为桥梁考察它的前因与后果，借此说明初始条件与新企业成长演化的关系。之所以聚焦于初始战略主题下的研究，受到理论与实践的双重驱动。一方面，创业团队在面临既定环境条件和有限资源禀赋的条件下，透过初始战略的选择，开启了新企业发展的路径，初始条件各个要素间的逻辑关系和发展脉络借助初始战略的桥梁得以贯通。另一方面，我国转型经济背景下创业活动的独特情境驱动我们特别关注新企业的初始战略问题。近二十年来，新技术的快速发展和普及应用极大地推动了新一轮的创业热潮，作为科技成果商业化的重要途径，技术创业的关键在于完成从技术创新到实现经济与社会价值的飞跃。创业与战略领域的相关研究表明，市场进入战略等一系列初始战略决策是技术创业成败与商业价值创造的关键因素。因此从理论上解释新技术企业初始战略的决策逻辑，是提升技术创业者商业技能，进而改善我国创业活动结构的关键途径。

　　研究利用 150 份基于分层随机抽样得到的有效问卷，采用因子分析、多元回归分析等分析方法进行了实证检验，得到如下结论：

　　第一，市场进入战略的创新性从整体上提升了新技术企业绩效，但对成长性绩效和规模绩效的影响性不同。新企业在产品与服务、交易结构及交互项上的创新都使其拥有更高的成长性。但在产品与服务上谋求创新的新企业会暂时牺牲发展规模，使其绝对值受到影响。交易结构创新稳定地与以规模为标准而测度的绩效正相关，表现在资产规模、员工人数和销售收入三方面。

第二，新技术企业初始战略来源于创业团队基于先前经验而达成的集体认知决策。技术导向型团队倾向于通过产品与服务的创新进入市场；市场导向型团队则竭力从交易结构的创新入手，在行为模式上更加商业化，往往忽视产品与服务的创新；兼顾技术和市场导向的团队，虽然拥有多元化的认知模式，却没能迸发出应有的创造力。

第三，技术独享性在创业团队经验构成与进入战略创新性之间起正向调节作用。核心技术受到较好的知识产权保护时，技术导向型团队更加倾向于通过高研发投入来开发创新性的产品与服务，市场导向型团队则因此而加大在交易结构上创新的力度，兼顾技术与市场导向的创业团队依然无法在进入战略上谋求创新。技术独享性提升了创业团队在市场进入战略上的创新性动力，但并没有使得创业团队成员跨出固有认知模式的烙印作用而尝试新的创新途径，仅仅是深化其原有的认知模式。

第四，环境宽松性改变了创业团队在选择市场进入战略时的关注点。新企业资源禀赋的匮乏加大了从外部获取资源的必要性，在进入战略上的创新更需要权衡外部环境条件而谋求平衡。实证结果表明当环境较为宽松时，技术导向型和市场导向型的创业团队均表现出对产品与服务创新的忽视，而加大了在交易结构上谋求创新的力度。

本研究的理论价值和创新之处体现在以下三方面：第一，突破了已往研究仅仅关注哪种战略选择更有助于提升新企业绩效的问题，将视角前移到初始战略的来源和决策机制等更具本源性的问题，将创业团队在新企业创建前累积的先前经验与其初期的战略决策联系起来，扩展了有关新企业战略选择的研究边界。研究结果将为认知和社会心理学视角得到的关键理论与实证证据扩展到新企业初创期的决策制定中提供佐证，并为深化创业过程中先前经验的研究，累积创业者特质论外影响创业行为与过程的要素提供证据。第二，针对初始战略的多层次、多维度性，聚焦于市场进入战略的前因与结果研究。基于中国情境下的随机样本，界定市场进入战略的内涵与维度，整合并开发测度量表，探讨市场进入战略的前因变量及其对新企业绩效的影响，深化了对该前沿问题的了解。第三，将技术资产及环境要素纳入市场进入战略选择的分析框架并验证其调节作用，深化了西方研究领域仍很前沿的创业团队构成与进入战略创新性关系问题的探讨，检验了西方理论对我国新技术企业进入战略生成的适用性，有助于启发东西方制度文化背景下的比较研究，探索制度文化差异如何塑造进入战略属性及其生成过程特征、不同制度文化条件下影响进入战略创新性的关键要素有何差异等深层次问题。

在实践层面，本研究通过探究初始战略决策的过程和影响因素，有助于新生创业者认识到创业团队在新企业生成阶段和成长初期的关键作用和其发挥影响的机理，找到科学的团队组建与管理办法，启发创业者重视新企业创建初期的管理工作，借此对创业实践活动、政府和创业支持机构以及创业教育的指导和建议。

本书共六章，结构安排如下：第一章，绪论。介绍研究背景、研究问题和意义、研究目标和方法等，归纳论文的框架体系。第二章，文献回顾与评述。对研究依托的理论基础和相关研究成果进行梳理，识别已有研究的不足及可能的拓展方向，导出本研究的问题。第三章，理论模型与研究设计。界定研究的关键变量，提出研究假设，并推导文章的整体模型。第四章，研究设计与研究流程。介绍从探测性调研到正式随机抽样方案的设计，主要变量的选取和测量方式，统计分析方法等。第五章，实证分析与结果。汇报具体数据收集过程及样本数据描述性统计分析、条目鉴别能力及同源方法偏差检验以及信度与因子分析的结果。在此基础上进行回归分析和假设检验，得出研究结论及其相应的解释。第六章，结论与展望。提炼研究的主要发现和创新点，总结研究的理论贡献及实践启示，同时提出存在的不足和未来研究的展望。

作者希望借本书的出版，与广大学者同行分享研究心得，鉴于作者能力和水平有限，书中难免有纰漏之处，欢迎学者同行批评指正，引发更多关于新企业成长与演化领域的交流讨论，累积更多、更好的新成果。

目 录

新技术企业市场进入战略决策机制研究

图目录

新技术企业市场进入战略决策机制研究

表目录

第一章 绪 论

后经济危机时代，增强广大中小企业尤其是具有高成长潜质的高科技创业企业的创新能力和抗风险能力是带动经济整体企稳复苏的关键动力，并与调整产业结构、增强自主创新能力以及建设创新型国家等重大现实问题有着紧密联系。在此背景下，如何鼓励并培育具有高成长潜质的高科技创业企业成为了当前学术界和实践界共同关注的热点课题。作为本书的开始部分，本章提出了研究的问题并阐述了其理论与实践意义，在此基础上，介绍研究内容与研究方法，最后概括了全书的逻辑结构和框架体系。

第一节 研究问题的提出

创业研究关注于企业生命周期最前端的活动，其目标之一是揭示创业活动成败与绩效差异的深层次根源。新企业战略选择在这一过程中所起的重要作用已经为学者们所证实。本书针对高科技创业企业的实际，考察其创业之初最先面临的市场进入战略的选择，并从进入战略创新的视角检验其对新技术企业绩效的影响，找到金融危机背景下提升新技术企业生存率与成长性的关键途径。在此基础上，本书将视角前移到新企业初始战略从何而来，创业团队如何做决策等一系列更具本源意义的问题，为明确技术创业活动的管理重点以及提升技术创业者商业技能，深化创业理论研究作出有益尝试。

1.1.1 研究背景与研究问题

过去的二十余年里，新技术的快速发展和普及应用极大地推动了新一轮创业热潮，大量高科技创业企业改变了传统意义上的投入—产出函数，并带来了巨大的经济、社会效益，日益成为自主创新、技术变革和产业升级的生力军。但是一场罕见的金融危机的到来，使得原本就面临新进入缺陷挑战[①]的新企业更是步履维艰。2008 年全球创业观察（GEM，2008）报告指出，金融危机带来的经济萧条总体上给全球创业带来了负面影响，导致创业机会减少，创业群体数量下降，创业融资更加困难，广大创业型中小企业的生存与发展形势严峻[②]。中国社科院近期的一项调查显示，40%的中小企业已经在此次金融危机中倒闭，40%的企业目前正在生死线上徘徊，只有 20%的企业没有受到此次危机的影响[③]。经济危机暴露出广大创业企业和中小企业中普遍存在低水平的技术模仿、产品附加值低的致命缺陷，也引发了亟待解决的现实问题：新企业尤其是具有高成长潜质的技术型创业企业如何才能在危机形势下生存下来，并找到一条提升长期成长性和科技创新能力的途径，使其真正成为熊彼特所说的具有创新和成长导向新企业[④]。那 20%没有受到经济危机冲击的中小企业，那些我们耳熟能详的百度、分众传媒等在短期内实现光速成长的企业是如何有效管理其创业活动，并一路成为高科技创业典范的呢？

同处于危机背景下的新企业，在生存与成长性方面却存在巨大差异，这说明新企业的生存与成长是可以被管理并通过一定的战略规划来提升经营绩效的。回到创业研究的理论视角下，新企业战略规划对新企业的生存、成长演化及长期绩效具有的关键作用已经被越来越多的学者所认同。学者们从探讨新企业战略规划的必要性开始，即新企业是否有战略，是否需要战略规划，到分析其战略选择的独特性，并在此基础上提出创业战略的概念、类型、维度划分等，研究逐步深入。学者们提出如果要剖析新技术企业的成长问题，对于企业内部的战略规划以及相应实施效果的深入考察无疑是相当必要的（林嵩，2007）[⑤]。

[①] Stinchcombe 在 1965 年的专著中提出新进入缺陷的观点，即新企业的高死亡率是因为其组织成员不能快速地适应新的角色和工作关系，并且缺少与外部购买者和供应商的信用记录所造成的。

Stinchcombe A. L.. Social Structure and Organizations. In, March J. G. eds.. Handbook of Organizations. Chicago: Rand McNally, 1965: 142~193.

[②] 湛军. 金融危机背景下我国创业与科技创新发展对策建议——基于最新全球创业现状分析的结论. 科技进步与对策, 2010, 1: 27-31.

[③] 中国社科院中小企业研究中心主任陈乃醒 2009 年 6 月 13 日在《UPS 亚洲商业监察》公布会上所作的 "中小企业在金融危机复苏中的作用" 主题报告中发表该组数据。

[④] Schumpeter, J.A.. The Theory of Economic Development. Cambridge: Harvard University Press, 1934.

[⑤] 林嵩.创业战略：概念、模式与绩效提升.北京.中国财政经济出版社, 2007.

从长远角度来讲，组织烙印学说（Organization Imprinting）的研究提出，新企业所要进入的领域和未来发展目标等主要战略选择在其初创期就决定了，不同的初始战略会将新企业固定在某一发展路径上，此后通过具有内部一致性的构建如组织职能与战略的匹配，创业者持续参与新企业管理等，会使初始战略在新企业创建之后的多年内一直保持，并发挥持续性影响。例如 Siggelkow 的实证研究发现"新企业在其创建的头四年中会做出其所有的核心战略选择，而其后发生的根本性变革很少"[①]。Nicholls-Nixon，Cooper and Woo 探讨了新企业会在多大程度上进行战略变革，这些变革的本质及其对企业绩效的寓意。结果发现仅有非核心层的初始战略，如竞争侧重点和时间分配等容易发生变革，而核心层面的初始战略，如产品范围和所有权情况是很难发生改变的[②]。Baron和他的同事也对该观点表示赞同："一旦规划好并表述出来，创业者的组织蓝图就会锁定在某种特定结构上；同时决策制定的指导方针也会被框定"[③]。既然说初始战略选择对于新企业生存与发展十分关键，而且随后发生变革的可能也很小，那么形成初始战略的逻辑起源就应该是新企业创建初期。创业者最初的选择不仅调节并限制着企业随后的演进（Stinchcombe，1965；Boeker，1989；Aldrich，1999），而且影响着新企业的长期发展（Romanelli，1989；Eisenhardt and Schoonhoven，1990）。

回顾现有研究，学者们广泛探讨了新企业战略选择与企业绩效之间的关系，延续成熟企业战略管理的思路，考察诸如细分市场战略、宽幅战略等对新企业生存与成长的影响（Sandberg and Hofer，1987；Buzzell and Gale，1987），并在战略选择与新企业绩效的直接效应间加入可能的权变因素，如环境条件、创业者因素等（e.g.，Bamford，Dean and McDougall，1997）。由此可见，以往研究主要关注了初始战略到新企业绩效这一战略逻辑链条的后端，对逻辑链条的前端关注不足，即对新企业初始战略选择根源的研究还很少。新企业不同于成熟的既有企业，创业者在决策过程中没有以往的成功记录可复制，而且新企业在创建初期拥有的初始资源禀赋也很少，无法支持创业者通过广泛的市场调查来获得战略决策制定的依据。那么，创业者们主要依靠什么来为新企业选择

① Siggelkow, N.. Evolution toward Fit.Administrative Science Quarterly, 2002, 47(1): 125-159.

② Charlene.L.Nicholls-Nixon, Arnold C. Cooper., Carolyn Y.Woo.Strategic Experimentation: Understanding Change and Performance in New Ventures.Journal of Business Venturing, 2000, 15: 493–521.

③ Baron J.N., Nannan M.T., Burton M.D.. Building the Iron Cage: Determinants of Managerial Intensity in the Early Years of Organizations.American Sociological Review, 1999, 64: 527-547.

初始战略？哪些因素又将影响其初始战略决策过程？这些更富本源性意义的关键问题在现有的研究中还很少被关注到，正如有学者所提出的：我们对于创业者如何开发他们的组织蓝图所知甚少[①]。既然初始战略会影响新企业短期内能否在市场竞争中生存下来，并会在其成长过程中持续发挥作用，那么考察新企业如何选择初始战略的决策过程和影响因素，将有助于我们从初始点上理清新企业的创业机理与成长路径，有效地识别并培育出具有高成长潜力的高科技创业企业。

基于这样的背景，本书着眼于初创期的高科技创业企业（以下简称为"新技术企业"），从初始条件的视角，结合高阶理论、战略选择理论、社会认知理论以及创业理论的过程学派等理论知识，考察创业团队成员如何依照先前经验，并综合考虑其所面临的环境条件、技术资产等因素而为新企业选择初始战略，结合初创期新技术企业的特点，重点考察其首先面临的市场进入战略的选择问题。具体的研究问题包括：（1）对于初创期的新技术企业而言，市场进入战略创新是否能显著提升其绩效，成为应对初创期高死亡率的有力工具。（2）市场进入战略的创新性从何而来，什么样的创业团队更可能设计出创新性的进入战略，先前经验在这一过程中发挥了怎样的作用？（3）技术资产以及环境条件在创业团队集体决策过程中发挥了怎样的调节作用？

1.1.2 研究问题间的逻辑联系

本书首先验证了我国情境下进入战略对新技术企业绩效的影响，然后探索创业团队如何基于先前经验作出初始战略选择，以及技术资产属性与环境条件对创业团队战略决策过程的调节作用，这几个问题是相互关联、彼此递进的。

首先，在以往的研究中，学者们已经提到创业战略是一个多层次多维度的概念，不同的新创企业在不同的发展阶段常常会采取不同的某几类战略方案[②]。这说明创业战略的形成和规划是一个逐渐积累的过程，在新企业的初创期，创业者面临的首要问题就是决定进入哪个市场、何

---

① Carrol G.R.. A Sociological View on Why Firms Differ. In, R.P. Rumelt, D. Schendel, D.J. Teece (Eds.). Fundamental Issue in Strategy: A Research Agenda. Harvard Business School Press: Boston, MA, 1994: 271-290.

② 林嵩.创业战略：概念、模式与绩效提升.北京.中国财政经济出版社, 2007.

时进入以及如何进入等战略问题①②③。因此市场进入战略的选择是新企业初始战略中最主要且最先面临选择的一个。本书首先验证我国情境下进入战略创新性对新技术企业绩效的促进作用，这是新企业初始战略选择的逻辑落脚点，证明本研究关注这一问题的重要意义在于，为应对新企业高死亡率与低成长现状问题提供有效工具。

其次，对于技术创业而言，团队创业是主流，越来越多的创业实践和理论研究表明，新企业的创建和发展依赖于团队合作，尤其是当企业没有历史可循的时候，团队成员的相互依赖和集体努力，为新企业的发展注入了最原始的动力，成为新企业初期最宝贵的资源（Reich，1987；Schefcyzk and Gerpott，2001），因此本书基于团队视角考察新企业初始战略选择问题。一个基本判断即，新企业的初始战略是创业团队成员集体决策的结果④。与既有企业高管团队的战略决策行为不同的是，创业团队在做决策时并没有先前的历史和成功记录可参照，而且新企业初始资源的匮乏也让他们无力支持大规模的市场调查来获得决策制定的依据。因此，创业团队更多地依赖其在以往工作中积累的经验来选择最初战略⑤，例如提供什么样的产品与服务，如何组合利益相关者进入市场等等。具体而言，本书考察创业团队的经验构成特征，包括行业经验与职能经验的组合特征，并将其分为三种经验构成的团队类型：技术主导型团队、市场主导型团队及兼顾型团队。借助认知理论的观点：经验与知识会形成特定的专业技能及认知模式，从而影响战略决策行为。

第三，新技术企业的创业机会来源于创新技术的开发或应用，本质是通过产品或服务进入市场将技术创新中所蕴含的经济价值兑现，实现新企业的生存与成长。因此赖以创业的技术资产是创业团队决策过程中的重要影响变量。此外，环境条件是企业战略选择的依据，尤其是当新企业面临窘迫的初始资源禀赋的情况下，环境变成了他们获取资源的重要渠道，环境中的资源是否充足决定了新企业从环境中（诸如合作伙伴、

① Baum, A.C. and Haveman, H.A.. Love The Neighbor? Differentiation and Agglomeration in the Manhattan Hotel Industry 1898-1990. Administrative Science Quarterly, 1997, 42: 304-338.

② Lévesque, M., Shepherd, D.A..Entrepreneurs' Choice of Entry Strategy in Emerging and Developed Markets. Journal of Business Venturing, 2004, 19: 29-54.

③ Zott, C., Amit, R.. Business Model Design and the Performance of Entrepreneurial Firms.Organization Science, 2007, 18: 181-199.

④ West, III G.P.. Collective Cognition: When Entrepreneurial Teams, Not Individuals, Make Decisions. Entrepreneurship Theory and Practice, 2007, 31: 77-102.

⑤ Fern, M.. The Origin of Strategy in New Ventures: Evidence from Air Transportation Industry, 1995-2005, Doctoral Dissertation, University of North Carolina, 2006.

第一章 绪论

政府、中介机构等等）获得资源的难易程度，进而影响其市场进入战略的选择。因此，本书检验了技术资产要素和环境宽松性在创业团队战略选择过程中的调节作用。

第二节　研究价值与意义

1.2.1　理论意义

首先，新企业的战略选择是一个多层次、多维度的概念，本书立足于初创期的新技术企业，考察其最先面临的市场进入战略选择问题，即新企业将什么样的产品/服务通过什么样的交易结构推向市场。技术创业意味着对新技术机会的识别、利用和开发，核心在于如何将基于新技术转化的新产品/服务成功地推向市场，实现经济社会层面的价值创造。进入战略选择是技术创业成败和商业价值创造的关键决定因素[①]。以往有关市场进入的研究多是基于既有企业进入国际化市场，以及多元化战略中进入新市场等情境，对于新企业市场进入战略的研究直到最近才引起学者们的重视（Zott and Amit，2007；Beckman，2006；Lévesque and Shepherd，2004）。本书旨在深化对这一前沿问题的研究，借鉴已有研究的基础上提炼市场进入战略的概念维度并开发情境化的度量量表，利用中国情境下的随机样本研究进行了量表修订，并探讨市场进入战略的前因和结果变量。

其次，本书扩展了现有研究仅考察新企业战略选择概念与内涵本身，并主要关注战略选择结果变量的研究套路，将视角前移到新企业的初始战略选择从何而来，创业团队依靠什么来做出战略决策等一系列更加本源的问题，扩展了有关新企业战略选择研究边界，将其追溯到新企业生命周期的最前端，为有关新企业创业机理与成长模式的研究提供了支持。研究基于社会认知以及战略选择等理论知识，提出市场进入战略的选择是创业团队集体认知和决策的结果，在初创期创业团队主要依赖于先前经验和知识背景来做决策，由此建立了创业团队经验构成与市场进入战略之间的匹配关系。同时本研究超越了对创业团队经验存量与进入战略

---

① Lumpkin G.T., Dess G.G. Clarifying the Entrepreneurial Orientation Construct and Linking it to Performance. Academy of Management Review, 1996, 21(1): 135-172.

创新性关系的讨论，从经验构成的内部特征角度挖掘了创业团队构成与进入战略创新性之间的作用关系，有助于启发后续研究从不同角度去探索创业团队构成对新企业初始战略选择的作用关系，进一步系统解释什么因素导致新技术企业的进入战略更倾向于创新性。实证结果表明，经验和知识因素在战略决策制定及新企业初期成长过程中扮演着关键角色，验证了从认知和社会心理学视角得到的关键理论与实证证据可以扩展到新企业初创期的决策制定中，深化了对创业过程中先前经验的研究，为累积创业者特质论外影响创业行为与过程的要素提供了证据。

第三，研究深入到新企业初始战略的决策过程中，将技术资产及环境要素纳入市场进入战略选择的分析框架并验证其调节作用，从新技术企业内外部挖掘影响团队决策的关键变量。有助于理清新企业初始战略的决策过程和各要素之间的因果链条，深化了西方研究领域仍很前沿的创业团队构成与进入战略创新性关系问题的探讨，并检验了西方理论对我国新技术企业进入战略生成的适用性。启发东西方制度文化背景下的比较研究，探索制度文化差异如何塑造进入战略属性及其生成过程特征、不同制度文化条件下影响进入战略创新性的关键要素有何差异等深层次问题。

1.2.2 实践意义

不断的技术创新及其成果的商业化应用是活跃市场、推动经济发展的根本动力。在全世界都期待新技术能够引爆新一轮的产业增长，带动世界经济走出低谷的背景下，如何识别并培育出具有成长潜力和财富积累效应的新企业，成为摆在创业者和管理部门面前的重要课题。本书的研究结论为创业者管理高风险的技术创业活动提供了启示。首先，本书的研究表明，对于技术创业活动而言，应对外部不确定性和挑战的重要途径就是谋求产品/服务或交易结构等方面的战略创新，尤其是在推进新企业成长方面，进入战略扮演着更为重要的角色。其次，通过探究创业团队战略决策的过程和影响因素发现，有助于实现战略创新的重要途径之一就是识别合适的创业伙伴。在创业团队的组建过程中，有着类似先前经验的人员更可能形成某种主导型的认知模式，专注于某种产品与服务，或是交易结构的创新。在创业初期，整合先前经验构成多元化的创业团队，其背后潜藏的认知冲突、沟通障碍等问题将带来团队管理的新问题，从而桎梏战略决策的有效性，应该引起创业者的重视。第三，在团队决策的过程中，技术资产属性和环境条件起到了重要的影响。研究结论表明，技术独享性虽然能够显著提升进入战略的创新性，但其优势却未被创业团队成员充分利用，这提醒创业者应该在充分审视初始禀赋的情况下，跨出先前经验的烙印作用，大胆尝试新的创新路径。同时研究发现创业团队对外部环境，尤其是环境中的资源充足情况敏感性极高，一旦面临宽松的外部环境，创业者通过高研发投入进行产品与服务创新的动力就会降低，让位于谋求新的交易结构尽快将产品/服务推向市场，实现经济价值。这引发我们思考创业者进行产品/服务创新的动力是否来自外部环境的压力，为后经济危机时代如何引导创业者进行创新，明确技术创业活动的管理重点提供了启发。

对于政府和创业支持机构来讲，政府大力扶植科技型中小企业，但是为了资源利用效益的最大化，政策扶植应该有的放矢；风险投资家、创业孵化机构和银行信贷机构在评估商业计划、企业孵化以及培训项目的时候也需要切实可行的依据，而这种筛选便可依据对初始条件的评估。例如评估新企业在战略创新上的力度，这实际上反映出企业对如何开发新技术机会的规划，那些能在产品与服务或是交易结构上谋求创新的企业能够获得较高的成长性，将成为政府大力扶持的优选对象以及风险投资家投资的种子企业。

第三节　研究内容与方法

1.3.1　研究内容

基于对研究问题的界定，本书计划达成下述目标并重点研究三方面内容。

首先，在系统性回顾有关新企业初始战略研究的基础上，引出有关市场进入战略的研究及其近年来在创业领域内的最新探讨。从概念界定开始，理清市场进入战略的内涵、主要回答的战略问题、所包含的维度等，并在理论回顾的基础上，结合已有研究开发市场进入战略的测度量表，为实证研究进行铺垫。进入战略是新企业在创建初期就面临的初始战略选择，在内容上表现为企业将怎样的产品或服务，经由什么样的交易结构推向市场。进入战略创新性是新技术企业进入战略产品/服务和交易结构两维度较产业内在位企业的新奇程度①②。文章首先验证我国情境下进入战略创新性对新技术企业绩效的促进作用，从而证明这一研究主题的重要性，回应开篇提出的新企业的生存与成长是可以被管理并通过一定的战略规划来提升经营绩效的论断，为进一步探求初始战略的来源提供必要性。

其次，本书超越了以往研究考察新企业适合什么样的战略，并以此解释创业战略对新企业成长作用关系的探讨，进一步挖掘新企业初始战略从何而来？对新技术企业市场进入战略的前因变量进行了系统性研究。本书的基本理论判断是，新企业的初始战略是创业团队基于先前经验而达成的集体决策。研究从团队视角出发考察团队成员的先前经验构成，按照其对市场和相关技术的熟悉程度分为不同的构成类型（见图1.1)，透过经验挖掘创业团队的集体认知模式，考察认知如何嵌入战略选择行为的机理与路径。

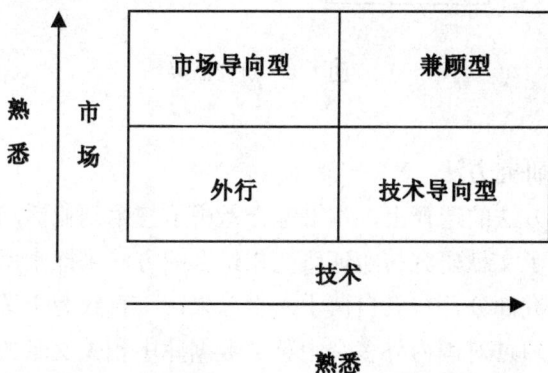

熟悉 市场	市场导向型	兼顾型
	外行	技术导向型

技术

熟悉

图 1.1 以先前经验为基础的创业团队类型划分

再次，研究深入到新企业初始战略的决策过程中，考察技术资产、环境宽松性对创业团队决策的影响，从新技术企业内外部挖掘影响团队决策的关键变量，最大限度地还原创业团队决策的真实过程。本书深化了西方研究领域里仍很前沿的创业团队构成与进入战略创新性关系问题的探讨，并检验了西方理论对我国新技术企业进入战略生成的适用性，有助于启发东西方制度文化背景下的比较研究，探索制度文化差异如何塑造进入战略属性及其生成过程特征、不同制度文化条件下影响进入战

---

① Lévesque, M., Shepherd, D.A.. Entrepreneurs' Choice of Entry Strategy in Emerging and Developed Markets. Journal of Business Venturing, 2004, 19(1): 29-54.

② 杨俊，田莉，张玉利，王伟毅.创新还是模仿：创业团队经验异质性与冲突特征的角色. 管理世界, 2010, 3: 84-96.

略创新性的关键要素有何差异等深层次问题（杨俊，田莉，张玉利，王伟毅，2010）。

通过以上的分析和论述，给出本书的研究框架，如图 1.2 所示，四条研究线路分别对应着上面提出的三个研究问题。

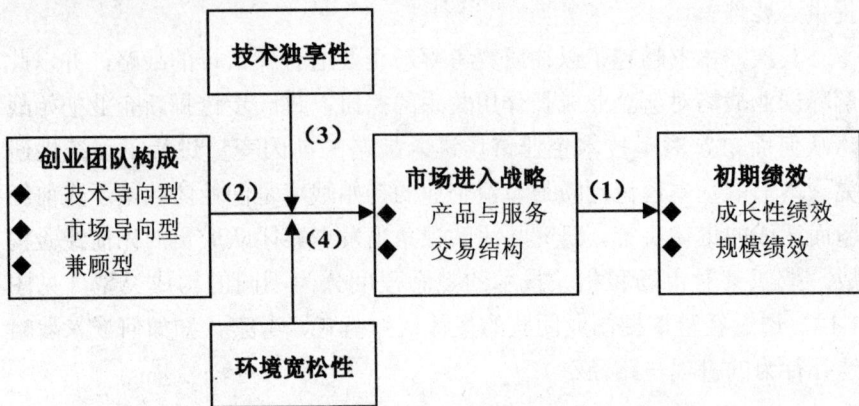

图 1.2　研究框架

1.3.2　研究方法

在研究方法的选择上，本书综合考虑了技术创业活动的独特性与复杂性，采用了文献研究与实证研究相结合的方法来探索所提出的问题。

文献研究部分，作者自博士入学以来，一直致力于关注有关技术创业的研究，通过对国内外多个中英文数据库中相关文献的广泛搜集、阅读、梳理、总结和评述，形成了对技术创业现象的基本理论判断，确立了有助于挖掘高科技创业现象本质、解释创业现象内部关键要素之间作用关系的理论视角和研究变量，构建了研究所依托的基本理论模型框架。

在此基础上，本书采纳实证研究来检验所提出的理论模型。实证研究有助于检验已有理论的解释力，探索尚未引起关注的新问题，从而产生新的理论发现等。实证研究是在理论演绎的基础上，对现象内外部关系进行"量"的分析和考察，针对将要研究的问题构建一个测量工具，通过资料数据整理出数据资料，并利用统计工具来验证理论框架中的各关系假设，寻找有决策意义的结论。本书首先针对理论模型中所涉及的构面、概念以及变量的理论内涵予以深度挖掘，并借鉴已有研究文献来识别与之相匹配的变量测量方式，以此为依托，形成初步的研究框架和调研问卷，进行了探测性调研工作，从而修正所开发的量表并反思最初的研究模型。模型确定之后，为了最大限度地反映实践中的创业活动，使样本具有广泛的代表性，本研究受到国家自然科学基金重点项目"新企业创业机理与成长模式研究"（70732004）的资助，协同专业市场调查公司（天津森博市场信息咨询有限公司）一起在天津市 9 家创业中心内按照系统分层抽样的方法随机抽取了成立年限在 5 年之内的技术型创业企业。在此基础上利用对调查数据的统计分析来检验所演绎出的理论假设。在数据分析方法层面，采用了因子分析、相关分析以及信度检验等统计手段对研究变量进行统计；对于假设检验而言，主要采纳了多元线性回归、调节回归等技术，并根据变量特征选取了一般线性回归和定序回归模型来检验所提出的具体理论假设。使用的统计分析软件主要是 SPSS13.0 版本。

第四节　研究过程与结构安排

1.4.1　研究过程

本书以两条思路展开研究：一是有关创业团队、技术属性以及市场进入战略等相关主题的文献梳理，从而构建本研究的概念性模型与假设；另一条是基于研究对象的问卷调查和统计分析，以求验证概念性模型与假设，整本书的技术路线如图 1.3 所示。根据技术路线，本研究分三个阶段实施：

第一阶段：选题与开题（2009 年 1 月至 5 月）。首先，在导师的指导和自我研究的基础上，确定了以新技术企业市场进入战略为核心的毕业论文选题方向。在此基础上，对国内外相关的研究文献进行了系统梳理，包括市场进入战略、创业团队、先前经验、技术资产等主题，并结合我国技术创业活动的实践进行了思考，提出具体的研究问题，初步确立了研究的概念性模型与假设推演，并在多次团队讨论和导师严格把关的基础上提交了研究设想。

第二阶段：探测性调研与研究设计修正（2009 年 5 月至 7 月）。在开题报告和研究框架的基础上设计了首轮调查问卷，同时走访天津市小企业聚集区域，根据实际情况并结合研究目标分类选择并确定调研对象，开展了为期 2 个月的探测性调查工作。在此过程中，邀请了国家级创业中心主任（天津市科技创业中心主任）、科技型中小企业创新基金评审专

围绕创业团队、市场进入战略等相关主题进行文献梳理

2009 年 1 月-5 月

构建概念性模型与假设

分类确定研究目标

探测性调查与访谈

问卷调查与深度访谈

调查数据挖掘与分析

效果

否

是

统计结果分析与结论

研究结果梳理并撰写博士论文

验证假设与概念性模型

通过不断跟踪文献与团队研讨会来修正设想

2009 年 5 月-10 月

2009 年 10 月-2010 年 3 月

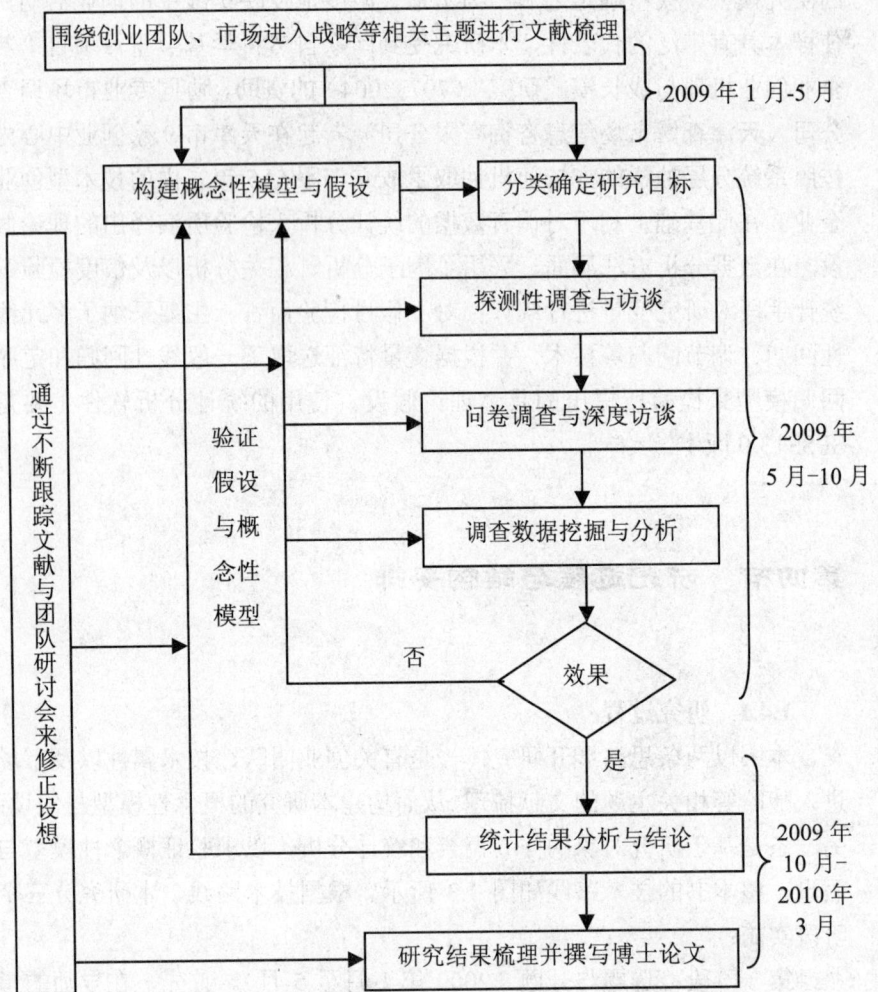

图 1.3　研究的技术路线

家、中小企业家代表对问卷的结构和内容设计进行了专家评审，并以此意见进行了第一轮的问卷修改。同时发放了 50 份探测性调查问卷，有效回收 33 份，在此基础上对调查问卷进行了初步的统计分析，包括自行设计量表的信度、效度检验，成熟量表的验证性因子分析、主要变量的相关分析等。在此基础上，对问卷进行了第二轮修改，并结合探测性调研过程的深度访谈（共访谈了 8 家企业）对研究设计进行反思，作了适当调整，最终确定正式调研的框架和问卷。

　　第三阶段：数据收集（2009 年 7 月至 9 月），协同专业市场调查公司在天津市内的国家级和市级创业中心内，依照分层系统抽样的原则，

随机抽取注册年限少于 5 年的新技术企业。利用电话回访考察样本数据填写的真实性，同时对问卷的完整性和逻辑性进行逐份考察，剔除无效样本，最终得到有效样本 150 份。

第四阶段：数据分析与论文撰写（2009 年 10 月至 2010 年 3 月），对所收集的有效样本进行整理，利用统计软件验证理论模型和假设，并从事博士论文的撰写工作。2 月份形成初稿，并在导师和团队成员提出的宝贵意见基础上，进行反复修改，形成终稿。

1.4.2　整体结构

基于上述技术路线，本书总共分为六章内容，各章之间的逻辑关系及其所要解决的关键问题可以用图 1.4 表示如下。

第一章，绪论。本章依据特定的研究背景，提出了本书的逻辑线索和核心问题，交待了研究目标和内容、研究意义、研究方法等，并从总体上介绍了整个研究的框架体系。

第二章，文献回顾与评述。在文献回顾部分，本章首先针对本研究的对象回顾了有关技术创业的兴起与蓬勃发展的现状、技术创业的独特性和主要的研究问题，为后续研究铺垫研究背景。然后本研究从初始条件的视角考察新技术企业初始战略的前因与结果变量，对该视角下的相关研究进行了回顾，进而识别已有研究的不足以及可能的拓展方向，从而导出本书的基本判断、研究问题和研究内容。在此基础上，对研究所依赖的理论基础如战略选择理论、认知与社会心理学理论等进行了系统归纳，明确了研究的理论知识基础。

第三章，理论模型与研究设计。在梳理前人研究的基础上，对本研究的关键变量进行了界定，以明晰研究的边界。然后对文章的整体模型进行了推导，主要包括三个部分：首先验证市场进入战略与新技术企业初期绩效间的作用关系，明确进入战略是否可以解释新技术企业初期绩效的差异，以及是否存在更有效的进入战略。其次，考察新企业初始战略的来源，验证创业团队先前经验与市场进入战略之间的主效应关系。第三，深入到战略决策的过程，分析可能影响团队决策的调节变量，包括技术资产属性与环境条件。这三个彼此关联且逐层递进的研究内容将整合成本书的研究模型，同时与具体的研究问题相呼应。

第四章，研究设计与研究流程。科学的研究结论依赖于严谨的研究设计，本研究突破了以往创业研究依赖学者便利性抽样的研究设计，大胆创新尝试了进行随机抽样的研究。在本章中，将介绍本书从探测性

新技术企业市场进入战略决策机制研究

第一章　绪论

研究背景与选题依据；研究问题、意义、内容与方法

第二章　文献回顾与述评

基础理论依据；相关研究梳理；阐述立论根据

第三章　理论模型与研究设计

界定关键概念；建立概念之间的逻辑联系；构建理论模型

问题2

创业团队经验构成与市场进入战略选择的主效应分析

问题1

市场进入战略与新技术企业初期绩效关系研究

问题3

技术独享性与环境宽松性的调节效应分析

第四章　研究设计与流程

研究设计的基本依据，变量选取与度量；问卷设计与探测性调研；随机抽样方案设计；分析方法

第五章　实证分析与结果

样本与数据；回归分析与假设检验；结果讨论与解释

第六章　结论与展望

主要研究结论；主要创新点；研究不足与未来展望

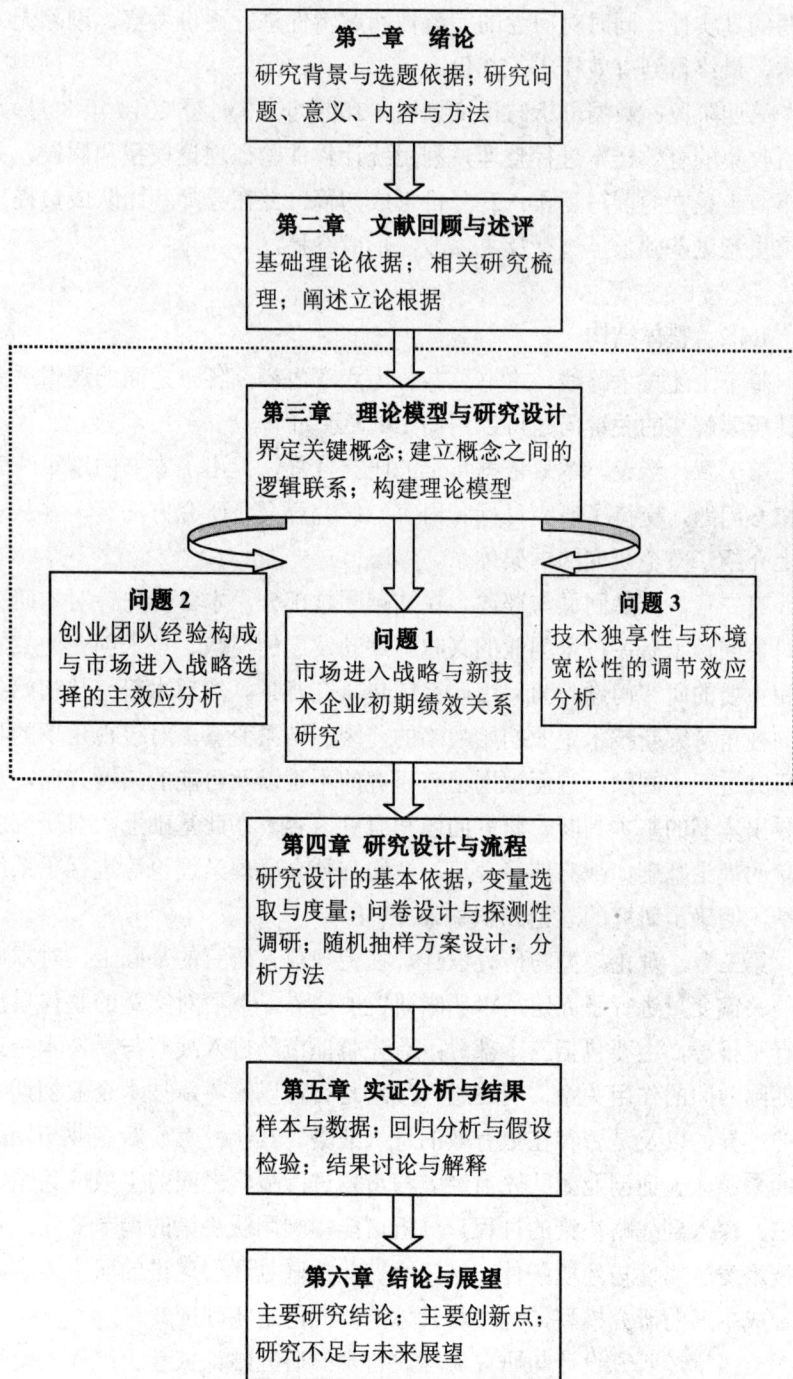

图1.4　本书结构安排示意图

调研到正式随机抽样方案的设计，以及主要变量的选取和测量方式、主要的统计分析方法等，为后文的实证检验能得出最具普适性和科学的结论做铺垫。

第五章，实证分析与结果。依照本书的随机抽样方案设计，本章汇报了具体数据收集过程及样本数据描述性统计分析、条目鉴别能力、同源方法偏差检验以及信度与因子分析的结果。在此基础上进行了回归分析和假设检验，由此得出本书的结论及其相应的解释。

第六章，结论与展望。在假设检验的基础上，对本书的整体研究进行总结和展望。提炼本书的主要发现和主要创新点，并总结研究的理论贡献以及对创业实践的指导意义。同时提出本书存在的不足和未来研究的展望。

第二章　文献回顾与述评

本部分首先对研究所涉及的基础理论进行梳理，主要包括高层梯队理论、社会认知理论、战略选择理论。其次对技术创业的兴起、独特性及最新研究进展进行汇报，这是本书所嵌入的理论情境及研究背景；然后，引出本书的研究视角，对初始条件与新技术企业成长关系的研究进行综述，识别现有研究中的问题及未来可能的研究机会，从而导出本研究的切入点。再次，对新企业战略研究、创业团队相关研究进行回顾和评述，旨在理清研究模型中关键变量的理论研究脉络，为后续扩展作铺垫。

第一节　本研究的理论基础

对尚处在理论构建阶段的创业研究而言，认真汲取来自社会学、经济学、心理学、管理学等相关学科的研究成果是重要研究思路之一。本节对与研究主题相关的理论做一梳理，主要包括高层梯队理论、社会认知理论、战略选择理论等。

2.1.1　高层梯队理论

本书是基于团队视角下的新企业初始战略选择研究，在已有关于创业团队的研究中，很多学者基于创业团队与高管团队的相似处，借鉴了高层梯队理论中的基本观点及研究思路。可以说基于既有企业情境下的高管团队研究为新企业创业团队的研究提供了强大的理论支持。以下对高层梯队理论以及该视角下的相关研究做一梳理，主要集中在高层梯队理论的介绍，并结合本研究的主题回顾高管团队与企业战略选择和组织创新方面的相关研究成果，在此基础上，对高管团队与创业团队从内涵界定到角色定位的差异作一区分，引出本问题的研究意义及尝试在新的理论视角下寻求创新的探索。

2.1.1.1　高层梯队理论的主要观点

在全球化背景下，面对瞬息万变而又充满不确定性的外部环境，单靠 CEO 或单个领导者的判断或决策无法适应大企业管理和国际化发展需要，即使是发展中的中小企业，要应对市场竞争求得生存发展，组建一支高效、协同的高管团队，依靠其集体的智慧与能力进行决策显得至关重要。因此，自 20 世纪 80 年代中期以来，以 Hambrick 和 Mason 为代表的战略学者提出了"高层梯队"理论（upper echelons），成为高管团队研究中的主导范式，产生了大量的研究成果。

高层梯队理论基于卡内基学派决策有限理性的观点，强调关注高层管理者，特别是整个高管团队在企业决策制定中的重要作用，该理论主要基于人口特征学方法，提出企业高管团队可观测的人口统计学特征（如年龄、任期、教育等）是管理者认知、偏好和价值观等心理学维度的替代变量，研究者可以通过研究它们来预测组织的战略选择和绩效[①]。卡内基学派的学者认为，复杂的决策主要是受行为因素影响的结果而非寻求经济最优化[②③]。一般来说，决策越复杂，人们越倾向于依靠行为因素作出决策。所以，对于那些复杂的、对组织有重要意义的战略选择而言，就特别适用于行为理论。决策者运用认知基础和价值观进行决策，这将在情景与最终感知之间起到过滤和筛选的作用，影响决策者关于正在进行什么和应该怎么做的感知[④]。

高层梯队理论学者认为，尽管企业的战略决策是高层管理者根据其认知基础和价值观做出的，可认知基础和价值观等心理学维度很难被测量或者测量的准确性不高，而管理者被观测的人口统计学特征（包括管理者的年龄、任期、职能经验、教育水平、社会经济地位、财务状况等）可作为其认知基础和价值观的可靠投射指标（Proxy）。因此，学者们提出可以通过研究可观测的管理者特征来预测企业的一些战略行为，并在此基础上提出了高阶理论研究的基本框架。事实上，到目前为止，国内

① Hambrick, D.C., Mason. P.A.. Upper Echelons: The Organization as a Reflection of Its Top Manager. Academy of Management Review, 1984, 9(2): 193-206.

② Cyert R. M., March J. G. A Behavioral Theory of the Firm.Englewood Cliffs, N.J.: Prentice-hall, 1963.

③ March J. G., Simon H. A.. Organizations .New York: Wiley, 1958.

④ 孙德升. 高管团队特征与企业慈善捐助关系——基于中国上市公司的实证研究. 南开大学博士学位论文, 2009.

外对于高管团队的研究所采用的主要方法都是人口特征学方法，从这一研究的主要发起者 Hambrick 和 Mason 到后来这一领域的众多学者如我国的富萍萍、魏立群、王智慧、彭四清、陈原、阎学煌等，都应用了这种研究方法对于中国高层管理团队问题展开研究①。

2.1.1.2　高管团队与战略选择和组织创新的相关研究

已有关于高管团队的研究主要关注了两个方面：一是考察高管团队组成的人口统计学特征变量对组织的战略选择和绩效的影响（e.g.，Hambrick，Cho and Chen，1996；Carpenter，2002）；二是考察高管团队的内部过程包括团队动力和沟通情况对组织绩效的影响（Smith et al.，1994；Ensley et al.，2002；Devarajan et al.，2004）。结合本书的研究领域，我们主要回顾有关高管团队与组织战略选择的相关研究，这些研究回答了拥有怎样特征的高管团队会倾向于不同类型的战略，细致看来，又可近一步细分为两方面：一是人口统计特征的内容分析，即特定的人口特质决定了管理者将会具备特定的观念，而这种特定的观念最终将导致某种行为模式和组织结果。二是人口统计特征的结构分析，体现为高管团队成员在年龄、性别、受教育程度和经验特征方面的异质性和同质性分析。团队异质性可能激发高管团队的创新性，但也会带来成员之间的沟通问题，如形成认知冲突甚至升级为情感冲突，从而诱发组织变革。人口特征同质性反映的是高管团队的惰性，企业最终战略的选择是高管团队人口特征内容与结构共同作用的结果。

1. 人口统计特征的内容分析

团队人口特征的内容分析反映的是高管团队在某些人口特征变量上的平均水平，如年龄、受教育水平和职业经历等，高管团队人口特征变量均值不同，可能表明高管团队在管理理论、经验和认知上的水平存在差异，从而会对公司创业战略产生不同影响。学者们提出年轻的管理者更倾向于大胆突破常规，风险偏好更高，而年长的管理者受体能和精力限制，信息的整合能力和决断力相对滞后和保守，加之常年供职于某个企业产生的组织承诺感和出于职业风险的考虑，因此倾向于回避风险的战略决策（如产品创新和无关多元化战略）②；再者，学者们认为高管成员教育水平高低而非教育类别与企业创新有关，高管团队受教育水平

---

① 高静美，郭劲光．高层管理团队（TMT）的人口特征学方法与社会认知方法的比较研究．国外社会科学，2006，7：29-46．

② 黄雪．机构投资者持股与高管团队人口特征关系的实证研究．湖南大学硕士学位论文，2008．

均值越大，则团队专业化程度和有效信息获取率越高，在变化的环境中更具适应能力，越有可能制定具有创新和变革特性的战略（Hambrick and Mason，1984；Tihan et al.，2000）。第三，就职业经历而言，Sambharya（1996）发现高管团队的海外经历与企业的国际化进程正相关，团队海外经历均值越高，企业越有可能进行国际化运作，成功的概率也越大。从我国学者的研究成果来看，陈传明、孙俊华利用2001—2006年中国制造业上市公司面板数据，研究企业家的人口背景特征与企业多元化战略之间的关系。研究发现企业家的学历与多元化程度正相关，拥有技术类专业背景的企业家的企业多元化程度更高，拥有财务背景的企业家的企业多元化程度不是更高而是更低。企业家年龄和多元化战略间呈"∩"形关系模型，企业家曾任职的企业数与多元化程度正相关，男性企业家经营的企业多元化程度更高[①]。张建君、李宏伟同样基于"高阶理论"考察了私营企业中企业家背景与多元化战略的关系，研究发现，高学历、年轻的以及创业之前曾担任过"企业负责人"的企业家更倾向于选择多元化战略，而且与销售额、净资产增长率等多个财务绩效指标正相关[②]。这两个研究都关注了处于经济转型时期的中国企业决策者们，在面临充满不确定的经营环境下，如何依靠集体认知来弥补个人认知的诸多不足，从而更好地做出决策[③]。

2. 人口统计特征的结构分析

高管团队人口统计特征的结构分析主要是指其在年龄、教育背景和职业经历等方面的组合情况，已有的研究主要考察其异质性与团队运作、企业战略选择及企业绩效的关系（Bantel，1989；Lant，1992；Bantel，1993；Murray，1989；Hambrick，1996；Keek，1997），在此基础上学者近一步深入研究的视角，验证了上述关系受到企业、团队所在社会背景、行业环境的调节影响。

人口统计特征构成异质性的高管团队拥有多样化的信息来源，认知模式更加广泛，在决策时能更好地解读来自内外部的信息，增强决策的创新性与有效性。与此相对，构成同质化的团队虽然更能理解彼此的观点，但也会因思维的局限而影响对外界信息的获取和接纳。也就是说，

① 陈传明，孙俊华. 企业家人口背景特征与多元化战略选择——基于中国上市公司面板数据的实证研究. 管理世界, 2008, 5: 124-133.

② 张建君，李宏伟. 私营企业的企业家背景、多元化战略与企业业绩. 南开管理评论, 2007, 10: 12-25.

③ 鲁倩，贾良定. 高管团队人口统计学特征、权力与企业多元化战略. 科学学与科学技术管理, 2009, 5: 181-187.

年龄、教育背景的构成影响着高管团队的知识构成、观念形成和工作取向，进而影响高管团队对外部环境的理解、战略选择、创新导向以至企业绩效（Hambrick，1984）。Hambrick（1998）与 Carpenter 等（2004）的研究都证实了团队异质性越高，创新导向就越明显。Jackson（1995）在总结工作团队中的差异性文化时指出，差异性增加将导致群体创造力和工作绩效的提高。而且，Bantel 与 Jackson 合作进行的一项研究发现，在商业银行大样本调研中受教育水平与职能背景经验上存在差异性的高层管理团队会给银行带来更多的创新[1]。综合国外研究的成果，学者们证实了高管团队构成的差异性与团队高度的创造力和创新正相关（McLeod，1992；Katz，1982；Murray，1989），因为团队组成的差异性带来了团队成员认知源的差异性，同时也激励了团队成员间的相互学习。

对高管团队构成与战略选择间作用关系的解析构成了近来研究的热点，学者深入到高管团队战略选择过程的黑箱中，探讨哪些情境因素会影响战略决策制定，并从环境条件和组织内部要素上寻找可能的调节变量，细化研究的边界条件。例如，Carpenter（2002）考查了环境条件、组织战略在高管团队异质性与企业绩效关系间的调节影响，发现当组织的国际化程度较低时，职能经验构成异质化的高管团队不容易取得好的经营绩效，二者呈负相关关系，尤其是在高管团队任期较短时就更为明显。在国际化程度较高的企业中，职能经验构成越多元化的高管团队更容易有较好的绩效表现[2]。李华晶、邢晓东以中国电子业上市公司为样本，对高管团队人口特征、激励约束水平和公司创业战略进行测度，在融合高阶理论和代理理论的基础上，对高管团队与公司创业战略关系进行实证研究。结果表明，高管团队人口特征和激励约束水平影响公司创业战略，高管团队激励约束水平在高管团队人口特征与公司创业战略关系之间发挥调节作用[3]。鲁倩、贾良定（2009）在验证高管团队人口统计学特征对企业战略的影响基础上，引入了高管团队对战略决策者影响力的调节作用，即高管团队在战略制定中施加其愿望、看法能力的大小，并基于中国 200 家上市公司的数据进行了实证检验，结果表明，高管团队权力高时，高管团队对多元化战略的影响要高于权力低的高管团队对战略的影响。

---

[1] 胡时珍. 国外高管团队异质性的研究进展. 科技信息, 2008, 29: 646-647.

[2] 王伟. 高管团队特征与企业 R&D 投资. 暨南大学硕士学位论文, 2008.

[3] 李华晶, 邢晓东. 高管团队与公司创业战略: 基于高阶理论和代理理论融合的实证研究. 科学学与科学技术管理, 2007, 9: 139-144.

基于高阶理论的高管团队与企业战略选择研究，在一定程度上为有关创业团队的研究提供了理论基础。但是基于既有企业情境下的高管团队与基于新创企业背景下的创业团队在组织环境、资源禀赋、决策机制等方面都存在差异。因此我们应该在明确二者异同的基础上展开进一步研究。

2.1.1.3 高管团队与创业团队的区别

对理论问题的深入探讨基于对关键概念的精准界定，定义的准确性决定了研究数据收集、测量的可靠性，并最终影响研究结果的科学性。在现有的关于新企业创业团队的研究中，多数学者将新企业创建后的高管团队等同于新企业的创业团队，不断放松着对创业团队的定义，模糊了创业团队与新企业高管团队之间的区别，甚至直接使用新企业生成之后的高管团队来替代创业团队（e.g.，Foo，Sin and Yiong，2006），并套用高层梯队理论的基本观点来解释创业团队对新企业战略选择等创业行为的影响。这尽管对于挖掘新企业生成之后的高管团队对新企业成长的作用机制具有理论操作价值，但过分宽泛的定义却不利于科学识别高管团队与创业团队二者之间的差异，同时忽视了在新企业的独特情境下，初始创业团队在新企业初期成长中扮演的重要角色，以致带来了研究结果的不一致。为此我们首先要明确高管团队与创业团队内涵与外延的异同点，为进一步的深入研究奠定基础。

1. 高管团队的界定

从理论体系上看，高管团队的界定往往都是以 Cyert 和 March 在1963 年提出的"主流联盟"（dominant coalition）概念框架为基础的。在实证研究中，学者们为获取可靠且有说服力的研究结论，选取不同方式界定高管团队的内涵，在针对高管成员的问卷调查及深度访谈中，最常用的就是根据管理者的头衔及所处的管理层级来界定高管团队的构成。伍莹[①]在其硕士论文中对近十年来国内外学者对高管团队的定义进行了总结，主要包括：Hambrick 和 Mason 在 1984 年最先指出高管团队是"所有的高级管理人员"。Fredrickson（1984）认为高层管理团队是通过和企业 CEO 讨论确定的，在相关经营决策中常规性发挥效用的经理人团队。West 和 Anderson（1996）指出"高层管理团队包括 CEO 指定的参与战略决策的高级经理"。Li，Xin 和 Tsui 等（1999）认为高管团队是指公司高层经理的小群体，包括 CEO、总经理、副总经理以及直接向他们汇报

---

① 伍莹. 国企、民企与外企高管团队传记特征与行为整合的比较研究. 中山大学硕士论文, 2008.

工作的高级经理，通常称为"领导班子"。此外，由于国家社会文化和经济环境的差异，国内外学者对于高层管理团队的界定存在着明显的差异，例如，我国学者魏立群和王智慧将高层管理团队的成员界定为具有总经理、首席执行官或者总裁头衔的高级管理人员，以及那些具有副总经理、副总裁、总会计师或者首席财务总监等头衔的高级管理人员[①]。高层管理团队的成员来自企业最高层，属于企业的战略制定与执行层，负责整个企业的组织与协调，对企业经营管理拥有很大的决策权与控制权。但不是所有高层管理者组成的集合都是团队，高层领导团队主要是指那些良性互动、认同共同目标、资源整合优化、高效能的领导班子[②]。

可见，在现有的研究中，学者们通常将具有某种头衔和职位作为判定高管团队成员的标志，并着眼于战略实施的具体过程，识别哪位成员作用重大，其具体原因又是什么，可见其界定不是绝对和孤立的。总体上来讲，学者们普遍认同，高管团队是处于企业管理较高层面的领导群体，负责整个企业的组织与协调，拥有企业经营管理的决策权与控制权，并会对企业战略制定与执行产生重大影响。

2. 创业团队的界定

学者们从不同角度界定创业团队，Kamm 等从所有权角度指出，创业团队是在创业初期就参与创业并拥有新企业所有权的两个或两个以上个体组成的团队[③]。Gartner 等从人员构成的角度指出，除了直接参与创业的个体，创业团队还应该包括占有一定所有权的外部投资者等对新企业战略和行为可能产生潜在影响的个体[④]。Chandler 和 Hanks 从参与时间的角度指出，除了不拥有新企业所有权的一般雇员，在新企业成立之初的高管团队成员或是在新企业运营前两年加入的新的高层管理成员都属于创业团队的范畴[⑤]。Vyakarnam 等认为创业团队就是参与新企业创办

① 魏立群, 王智慧. 我国上市公司高管特征与企业绩效的实证研究. 南开管理评论, 2002, 4: 16-22.

② 孙海法, 伍晓奕. 企业高层管理团队研究的进展. 管理科学学报, 2003, 4: 82-89.

③ Kamm, J.B., Shuman, J.C., Seeger, J.A., Nurick, A.J.. Entrepreneurial Teams in New Venture Creation: a Research Agenda. Entrepreneurship Theory and Practice, 1990, 14(4): 7-17.

④ Gartner, W.B., Shaver, K.G., Gatewood, E., and Katz, J.A.. Finding the Entrepreneur in Entrepreneurship. Entrepreneurship Theory and Practice, 1994, 18(3): 5-10.

⑤ Chandler, G.N., and Hanks, S.H.. An Examination of the Substitutability of Founders' Human and Financial Capital in Emerging Business Ventures. Journal of Business Venturing, 1998, 13(5): 353-369.

和管理的高层管理团队[①]。Ensley 等认为只要满足下列任意两个条件的个体都可被视为创业团队成员：参与创业、拥有所有权、以某种方式参与战略决策[②]。学者们认同律师、会计师和顾问等外部专家，仅作为专业人士为新企业创建提供咨询和专业指导，因此不能算作创业团队成员（Mitsuko，2000）。

综合学者们给出的定义可以看到，创业团队定义的焦点主要集中在是否拥有新企业所有权、何时加入创业过程以及是否在创业过程中起到关键的决策作用。只有那些在新企业筹建或创业初期就加入，并对企业筹建及关键决策行为起重要影响的人员才算作创业团队成员。同时，大多数学者认为兼职的律师、会计师、顾问等外部专家不应该算作创业团队。此外，通常来讲创业者都拥有新企业的所有权，但股份的多少并不是判断创业团队的依据[③]。

3. 高管团队与创业团队的内涵异同

通过以上概念界定发现，在对创业团队的界定中，成员是否从事高管职位并不是关键，而高管团队主要是从成员从事的岗位及在决策中扮演的角色方面界定的。尽管当创建团队人员都持有高层管理者岗位的时候，二者会有重合，但是这两个团队在概念界定和实证度量上是不同的。创业团队不会随着公司的发展而增加，而随着高管成员加入公司，创业团队成员的离开，团队构成会继续变得不同。就对企业的影响来看，创业团队是从无到有创建并引领新企业从小到大发展起来的成员，它在很大程度上决定了企业的初始战略、结构、行动和绩效。与既有企业高管团队相比，创业团队对新企业绩效具有更大、更长久的影响（Eisenhardt and Schoonhoven，1990；Finkelstein and Hambrick，1990）。相对而言，既有企业高管团队面临的是一个成型的组织环境，有规范的组织常规和决策模式。在做出战略选择的时候，创业团队与高管团队的决策依据是不同的，高管团队囿于既有的组织常规，同时有以往的成功经验为其决策做支撑，并且有财力和人力去做市场调查（Busenitz and Barney，1997），这些对于生成期或初创期的新企业来讲都是不具备的。因此说，高管团

---

① Vyakarnam, S., Jacobs, R., and Handelberg, J.. Exploring the Formation of Entrepreneurial Teams: The Key to Rapid Growth Business.Journal of Small Business and Enterprise Development, 1999, 6(2): 153-165.

② Ensley, M.D., Pearson, A.W., and Amason, A.C.. Understanding the Dynamics of New Venture Top Management Teams: Cohesion, Conflict and New Venture Performance. Journal of Business Venturing, 2006, 17(5): 365-386.

③ 王飞绒, 陈劲, 池仁勇. 团队创业研究述评. 外国经济与管理, 2006, 7: 16-22.

队与创业团队二者之间既有相同点也存在着明显的差异，后续研究应在严格界定创业团队的基础上，采取科学分类来对创业团队进行研究。基于此，本书严格区别新技术企业的初始创业团队与随后高管团队二者之间的差异，将创业团队界定为在创业之初就全职加入新企业的创建过程、参与新企业的战略决策制定并拥有企业股份的成员，不包括兼职的律师、会计师等人员。由于创业团队在一定程度上扮演了高管团队在战略决策和影响组织绩效方面的重要作用，因此相关的研究可以借鉴高阶理论的思路，但由于二者战略决策过程影响因素的不同，应该尝试结合新的研究视角，由此提出本书的基本判断：新技术企业的初始战略是创业团队基于先前经验而达成的集体决策，透过经验挖掘其背后的认知模式，以及认知模式如何影响创业行为的机理。本书借助了社会认知理论下的基本知识展开研究，以下对该理论的基本观点及其在创业领域内的应用加以梳理。

2.1.2 社会认知理论

这部分首先对社会认知理论（Social Cognition Theory）的主要内容进行回顾，理清其理论目标和基本观点。在此基础上，梳理基于认知视角下的创业研究，包括研究缘起、发展脉络、主要关注的问题及其对本研究的借鉴意义等，为本书铺垫理论基础。

2.1.2.1 社会认知理论的主要观点

社会认知理论是从社会心理学的角度探讨人在认知过程中会受到哪些社会学方面因素的影响，以及这些因素怎样影响人们的认知过程。相关的研究在 20 世纪 70-80 年代兴起，90 年代得到迅猛发展。社会认知是社会心理学与认知心理学结合的产物（见图 2.1），现在已经成为社会心理学中一个非常重要且相当活跃的研究领域[①]。社会认知理论主要来源于皮亚杰的认知发展理论、格式塔学派和勒温的场论，学者们通常认为它作为一个独立研究领域开始于 20 世纪 70 年代中期或 80 年代初期。1980 年美国心理学会认可在《人格与社会心理学》杂志中开辟"社会认知"专栏。此后又出版了《社会认知》杂志（1982 年），以及怀威尔和斯库尔主编的《社会认知手册》（1984 年）。从此，社会认知研究在当代心理学研究中逐渐占有了一席之地[②]。自从社会认知（social cognition）

---

① 陈俊. 社会认知理论的研究进展. 社会心理科学, 2007, 1: 59-62.
② 李晓侠. 关于社会认知理论的研究综述. 阜阳师范学院学报（社会科学版）, 2005, 2: 87-89.

作为一个专业概念被提出来后，不同学者就从各自的研究角度给出了不同的定义。李晓侠（2005）对国内外各学派的定义进行了汇总，其中信息加工心理学认为社会认知研究包括所有影响个体对信息的获得表征和提取因素的研究，以及对这些过程与知觉者判断之间关系的思考；而社会心理学家则认为社会认知代表着一种观点，即对认知过程的理解是认识人的复杂的社会行为的关键。弗拉维尔（Flavell）1998年提出：社会认知的对象是人以及人类的事件，它是关于人和人的行为的知识与认知。我国学者方富熹将社会认知界定为个体对自己和他人的认识。时蓉华认为社会认知是个人对他人心理状态、行为动机和意向做出推测和判断的过程。

社会认知理论的基本观点主要是：人们并不被动地面对世界中的种种事物，相反，他们把自己的知觉、思想和信念组织成简单的、有意义的形式。不管情境显得多么随意和杂乱，人们都会把某种概念应用于它，把某种意义赋予它。对于世界这种组织、知觉和解释，影响着我们在所有情境尤其是社会情境中的行为方式。因此社会认知过程是个体对自己或对他人心理与行为的感知与判断过程，借此可以认识人的复杂的社会行为。可以说，社会认知是个体社会行为的基础，个体的社会行为是社会认知过程中作出各种裁决的结果（陈俊，2007）。简单地说，其研究内容就是一个形成社会图示（Social Schema），并且已形成的社会认知继续对今后的认知产生影响的过程。这里图示就是对获得的信息进行组织和加工后在人脑中形成的认知系统；社会图示是指经过对来自社会环境的信息进行选择和加工后在人脑中组织起来的认知系统。

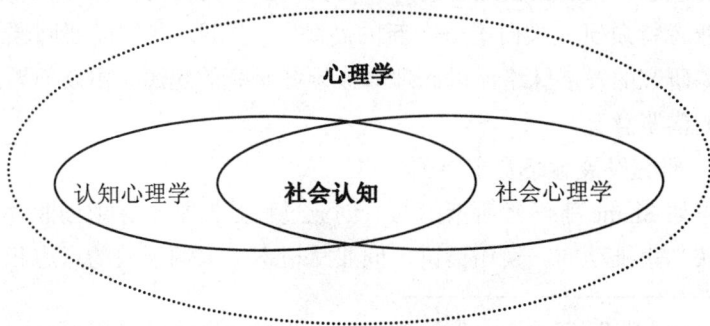

图2.1　社会认知的理论根基

2.1.2.2 社会认知视角引入创业研究

1. 源起——特质论外的解释

在创业研究早期，众多学者试图从心理学和行为科学角度出发挖掘创业者较之一般管理者在人格、态度与人口统计特征方面的差别及独特人格特质，试图借此回答，为什么一些人具有创业意向而另外一些人没有，以及为什么某些人能够创业成功。但是经过长达 20 余年的努力，特质论的研究并没有取得令人满意的研究成果。研究表明，创业者所具有的这些性格特征在非创业者身上也有体现，那些不具备这些性格特征的人在实践中也取得了成功，而且创业者之间性格特征的区别甚至比创业者与非创业者之间的区别还要多。创业者特质论不仅没有勾勒出创业者轮廓，甚至将创业者描绘为充满矛盾的超现实人物，研究陷入困境[①]，因此学者们开始尝试新的视角，寻找特质论外能够解释创业者个体在创业过程中重要作用的证据。

20 世纪 80 年代开始，西方学者将社会认知的理论观点引入创业研究，Shane，Baron，Krueger 等著名创业学者对此给予了充分肯定和重视。创业研究领域主流期刊"Journal of Business Venturing（《创业学杂志》）"和"Entrepreneurship：Theory & Practice（《创业理论与实践》）"分别在 2002、2004、2007 年围绕创业认知研究进行了专门讨论。在 2007 年发表的"2007 创业认知研究的中心问题"一文中，Mitchel，Busenitz，Bird 等七位著名学者一同呼吁加强该方面的研究，促进创业研究领域"thinking-doing"的链接[②]。随着一批具有心理学研究背景的学者崛起，通过构建更加切合的模型，开发出新的研究工具，发展和引入更具有代表性的概念，拓展到创业者能力、动机、认知与行为研究领域，将传统的创业者特质研究推向了一个新的高潮[③]。以下，我们简要回顾一下创业认知研究的发展脉络，以此理清该领域研究的起源、主要问题及对本研究的借鉴意义。

2. 研究发展脉络及主要关注点

正如 Shane 等学者所指出的，创业过程是发端于并由创业者（或创业团队）来推动的。换句话讲，创业从根本上来源于人的意志和人的行

---

① Gartner W.B.. Who is the Entrepreneur Is the Wrong Question.American Journal of Small Business, 1988, 12: 11-32.

② 丁明磊，王云峰，吴晓丹. 创业自我效能与企业家认知及创业行为关系研究. 商业研究, 2008, 11: 139-142.

③ Baum, J. R., Locke, E.A.. The Relationship of Entrepreneurial Traits, Skill and Motivation to Subsequent Venture Growth.Journal of Applied Psychology, 2004, 89: 587-598.

为。从本质上讲，认知视角认为，我们思考、所说或者所做的都受到思维过程的影响，通过认知机制我们获得、转化、储藏和使用信息来完成大量任务。认知和社会心理学理论将会对解析人类行为提供一个新的观点（如决策制定、问题解决、行为的自我约束），同时也为我们解释创业者及创业过程中的诸多问题提供了有益的研究工具。这促使近年来从认知视角研究创业问题的文章逐年增多，并日益成为创业研究中最富前景的一个流派（Mitchell et al.，2002；Baron and Ward，2004）。在对研究进行梳理之前，我们先对创业认知给出一个规范的定义，以便于统筹全书的理解。创业认知是人们在机会评价、新企业创建和成长过程中用来评估、判断和作决策时所用的知识结构。换句话说，创业认知就是有关理解创业者如何利用简化的心理模型将以往不联系的信息联结起来，这有助于他们识别或发明新的产品或服务，而且整合必要的资源来开发或促进新企业成长（Mitchell et al.，2002）。

追根溯源，在一些经典创业理论中，学者们就曾提到知觉（Perception）和解析（Interpretation）等认知因素在创业过程中扮演了重要角色。经济学家奈特（Knight，1921）在《风险、不确定性和利润》一书中，提出创业研究应搞清楚风险（Risk）和机会（Opportunity）这两个基本概念，风险的知觉和机会的知觉往往被创业者人为地分割开了。熊彼特（Schumpeter，1950）在《经济发展理论》一书中，则将创业者视为某些具有特定倾向的群体，他们通常高估自己的成功概率。经济学家柯兹纳（Kirzner，1979）在《知觉、机会和利润：创业理论研究》中首次指出创业是一个机会发现活动，创业者往往对机会保持高度警觉性（Alertness）[①]。这三位学者的经典观点中已经渗透出认知特征在创业中的重要性。

20 世纪 90 年代中期创业者认知（entrepreneurs cognitions，Bird，1992）和创业认知（entrepreneurial cognition，Busenitz and Lau，1996）的概念开始流行起来，该流派的研究兴起。根据系统的文献分析，最早有关创业认知的研究开始于对认知偏见以及战略决策中的启发式决策（Busenitz，1992），和对认知的可行性与合意性（feasibility and desirability）、计划行为、自我效能（Krueger，1993；Krueger and Carsrud，1993；Krueger and Dickson，1994）的研究。同时，学者们尝试以创业认知为基础的建构来区分创业者与非创业者（Mitchell，1994）。此后，

---

① 苗青. 基于认知的中小企业创业研究. 人类功效学, 2005, 3: 66-68.

Palich 和 Bagby（1995）利用认知理论来解释创业风险承担，Mitchell 和 Chesteen（1995）证明从认知的角度去指导创业教育和培训要比传统的仅指导商业计划的方法更有效，更有助于创业技能的提升，这拉开了创业认知视角下的研究序幕。

Baron（1998）的研究开启了接下来一波有关创业认知的研究高潮，他对创业者的诸多认知模式展开研究，例如反事实思考，归因风格，计划偏差，自我证明等，这些认知模式都有助于揭示创业者的行事方式。McGrath（1999），Simon，Houghton，and Aquino（2000）分析了诸如过度自信、控制幻想、对小数定律的误信等认知偏差如何塑造创业者的行为选择。Shane 指出："创业是一个过程化概念，创业者的行动理由和行动方式是亟待研究的命题。洞察创业者的认知方式也就揭开了创业过程的奥秘。"[1]这一预言激发了更多学者对认知的兴趣。Marlin 肯定了认知观点在管理研究中的应用前景，这是因为"人们思维、言语和行动都受到认知过程的影响"。Busenitz 等利用认知模型解释为什么创业者更擅长的启发式决策逻辑有助于解释创业者如何思考及作战略决策[2]。我国学者刘忠明等从认知的角度研究企业创立的过程，利用一个跨文化认知模型分析个体和文化因素如何影响企业的创建过程，发现企业家创业认知受到社会和文化环境因素的共同影响[3]。

创业认知领域的研究内容包括认知科学中所有可以对创业过程起到重要作用的问题，从形成创业意向开始、到发现创业机会并加以开发，直至在新企业的运营中解决困难和未预料到的问题等等（e.g.，Krueger，2003；Mitchell，Busenitz，Lant，McDougall，Morse and Smith，2002）。以下简要梳理相关研究内容，并将重点放在创业者认知模式对机会发现等创业行为的影响上。

（1）创业者认知模式的独特性。考察创业者的思想方式、内容及过程与既有企业的管理者有何不同(e.g.，Mitchell，Smith，Morse，Seawright，Perdeo and McKenzie，2002)，得出创业者具有安排认知（arrangement cognitions）、意愿认知（willingness cognitions）和能力认知（ability

---

① Shane, S.. Prior Knowledge and the Discovery of Entrepreneurial Opportunities.Organizational Science, 2000, 11(4): 448-469.

② Busenitz, L., and Barney, J.. Differences between Entrepreneurs and Managers in Large Organizations: Biases and Heuristics in Strategic Decision-making. Journal of Business Venturing, 1997, 12: 9-30.

③ 刘忠明, 魏立群, LowellBusenitz. 企业家创业认知的理论模型及实证分析. 经济界, 2003, 6: 57-62.

cognitions）等独特认知模式，在所有这三个维度上表现出较强能力的创业者能够在特定的商务环境中做出比非创业者更好的决策——他们在这些情景下具有更好、更丰富的认知脚本（cognitive script，Mitchell et al.，2002）。

（2）创业者的认知偏见。创业认知领域的研究表明，创业者相比一般人群来讲会更多地受到诸如"认同偏差"（confirmation bias）、过度自信（overconfidence）等认知偏见的影响①。这可能是因为创业活动的复杂性与异质性促使创业者比一般人考虑更多的问题，因此也更容易受到认知偏见的影响，但也恰恰是由于这些认知偏见的存在，使得创业者更倾向于在思想上弱化对创业风险的感知，夸大主观驾驭力量，并在创业过程中依靠诸如"自我效能"等心智模式克服困难，推进新企业的成长。

（3）基于认知观的创业机会识别。机会识别通常被认为是创业领域的核心概念，同时也是创业认知研究的核心（Krueger，2003，P105）。因此对该主题的研究向来是重点，所得出的结论也最为丰富。创业认知领域的研究借助了认知心理学的前沿理论来解释创业机会作为一种特定的刺激组合模式是如何被创业者识别和判定的。对于"为什么某些人能发现机会而其他人却不能"，主流观点将个体发现机会归结为创业警觉，即个体对为满足市场需求及未充分使用资源或能力的敏感力②。具体而言，拥有创业警觉这种认知图示的创业者能够对机会保持敏感，并倾向于寻找，并注意到市场中的变化和不均衡点（Gaglio and Katz，2001）。此外研究证明，拥有良好的警觉图式的人掌握着诸多关于变化本质、特定产业特征以及社会环境情况的复杂信息。正是由于这些复杂的、具有适应性的思维模式，使得创业者能够"跳出思维框框"，发现别人无法看到的创业机会。以 Baron 为首的学者进一步从认知观的角度探究机会识别的问题，认为"机会识别有赖于个体的认知结构。这种认知结构是创业者以往生活的体验，包括了概念、原型、样例以及其他形式的信息存储。这些结构作为一种基本框架促使个体将彼此无关的外界变化和发生的事件组合起来，并赋予它新的商业内涵，从而构建了机会知觉"（Baron，2004）。Venkataraman（1997）认为个体独特的先前知识构成了知识走廊，它是机会识别的重要因素。知识走廊得益于工作经历、教学背景，它影

---

① 我国学者苗青（2006）在其博士论文中总结了创业者的认知偏差，包括反事实思维、情绪扰动、归因风格、规划谬误和自我文饰五类。

② Kirzner, I.. Entrepreneurial Discovery and the Competitive Market Process: An Austrian Approach. The Journal of Economic Literature, 1997, 35: 60-85.

响了创业者的能力发挥，比如综合能力、思考能力、解析能力和应用能力等等。Shane（2000）通过对那些开发高校新技术的创业者的案例研究发现，（1）任何特定的技术变革都会产生一系列创业机会，但这些机会并非对所有潜在创业者而言都是同样显而易见的；（2）任何特定创业者只能发现与其先前知识相关的机会①。其他一些研究也得出了相同的结论：获得独特信息或者更好地利用已有的信息对于机会识别意义重大（Sigist，1999；Simsek，2002；MeGrath and MaeMillan，2000）。

3. 创业认知对本研究的借鉴意义

通过以上的总结，我们了解到社会认知理论对创业现象的独特解释力，创业认知领域的研究在特质论的视角之外解释了创业者的思维模式及其在创业过程中的决策依据，例如做出创业决策、识别机会、应对新企业创建过程中的系列决策难题等等。社会认知理论作为一种研究工具扩宽了有关创业过程及创业行为的研究视野，推动着创业理论的构建。基于此，本书从该视角探讨创业团队在创建新技术企业过程中的市场进入战略选择问题。透过创业团队的经验构成，分析其所表现出来的认知模式，以及基于这种认知模式而做出的创业行为选择。这样的理论逻辑拓展了现有创业认知领域的研究边界，不仅仅局限于创业者及创业团队的机会识别问题，而是更深入地探究到复杂的创业过程中。

我国学者苗青在其博士论文中对基于认知观视角下的创业研究进行了综述，他总结道，目前有关创业认知研究逐渐开始从"决策前期"向"决策中"的认知特征转化（见图 2.2）。所谓决策前期是指创业者在新企业创建之前的决策行为，包括决定成为创业者、识别和评价创业机会等。这些研究大部分集中在 90 年代，取而代之的是对于创业信息解析和认知加工方面的研究，以及决策实施和执行方面的研究，即扩展到了新企业创建之后创业行为的分析②。例如，Gatewood 等（1995）考察了具有稳定的、内在驱动的创业意图（Internal and stable locus of causality）以及较高自我效能的创业者在创业过程中会更容易坚持，同时也更容易获得成功。Busenitz 和 Barney（1997）考察了创业者和大型企业管理者在战略决策制定中的认知风格差异。作者基于行为决策理论中的非理性决策模型，证明相比于大型企业的管理者，创业者做出战略决策的过程中更容易受到决策偏见（主要是过度自信和过度表现）的影响，并更多

---

① 田莉，池军. 基于过程视角下的技术创业研究：兴起、独特性及最新探索. 技术经济与管理研究，2009，6.

② 苗青. 基于规则聚焦的公司创业机会识别与决策机制研究. 浙江大学博士论文，2006.

地采用启发式决策方法。

在这一趋势下，本研究通过考察新技术企业在创建之初如何通过市场进入战略的选择，进而将产品与服务推向市场，回答"为什么有的新企业能够成为市场上的创新者，有可能缔造一种新的商业模式并进而创造财富神话，而更多的企业以模仿者的身份参与市场竞争"。这一系列的逻辑推演，将为进一步延伸创业认知工具的应用范围，更好地解析创业者及创业团队成员的创业行为提供依据。

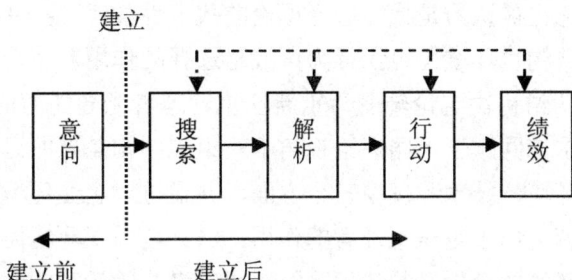

图 2.2　创业的认知阶段性特征

资料来源：苗青，基于认知的中小企业创业研究[J].人类工效学，2005 年 3 月第 11 卷第 1 期。

2.1.3　战略选择理论

2.1.3.1　战略选择理论的主要观点

本书考察创业情境下的新企业初始战略选择问题，基于战略选择理论的基本假设提出研究思路，并结合创业团队战略决策的特殊性引入新的视角。战略选择理论承认管理者的主观能动性，认为组织及其运作模式不是自然形成的，而是组织决策的结果，管理者的战略选择在其间起到了重要的作用。他们可以对组织的"营运领域（domain of operations）"做出某些决策，进而创造或选择环境并推动了组织及其运作模式的演进。也就是说，管理者可以通过积极的"战略选择"来改变组织的环境、结构及运作模式[①]。从另一方面讲，不同的环境条件需要不同的战略与之适应，采用与环境条件相适应战略的企业会取得较高的绩效（Tushman，1985）。在该理论看来，不同的环境条件对企业而言意味着不同的机遇与威胁，力求成长的企业需要有一个适宜的战略选择和目标与之适应（Dutton and Duncan，1987）。因此，为了实现企业成长，企业必须具备识别和利用环境变化带来机会的能力，并选择与环境条件相适应的战略

---

① 罗珉．战略选择论的起源、发展与复杂性范式．外国经济与管理，2006，1：9-16．

及行为方式，否则企业会因业务活动受制于环境而无法实现成长[①]。

美国管理史学家小阿尔弗雷德·D. 钱德勒（Chandler）在对战略与结构关系的研究中提出的战略—结构—绩效范式（strategy-structure-performance paradigm，简称 SSP 范式）被视为"战略选择论"诞生的催化剂，表明的是企业组织高层管理者选择一种能够使其实施既定战略的组织结构形式。管理学家约翰·柴尔德（Child，1972）将钱德勒的论点又向前推进了一步，首次提出"战略选择"（strategic choice）这个概念，因此柴尔德也被认为是战略选择理论的代表性学者。他 1972 年的经典论文《组织结构、环境与组织行为：战略选择的作用》使得组织行为学的研究重点从结构决定论转变为重新注重管理者领导能力的作用[②]。在该文中，柴尔德回顾了不同理论视角下对组织结构差异的讨论，将它们归结为组织环境、技术和规模三个方面，并通过对企业环境和绩效两方面的论述强调突出了组织管理者的作用：（1）就组织环境而言，柴尔德认为对组织环境的分析必须认识到组织决策者决策活动的作用，他们拥有"设定"（enact）环境的权力。"组织经营范围如何？服务对象是谁？选择什么样的员工队伍？"决策者们对上述问题做出的决策都决定了环境影响力的限度。这说明组织与环境的边界在很大程度上也是决策者定义的。（2）从组织绩效方面来看，柴尔德认为，组织绩效不仅仅是组织的一个结果，也是组织的一个输入。由组织决策者确定的组织绩效标准及其实现程度是影响组织结构差异的重要原因，而组织结构对组织绩效的影响则不一定明显，因为组织绩效更大程度上受到了诸如环境选择、市场战略、技术水平等等战略选择因素的影响[③④]。

另两位举足轻重的研究者是 Miles 和 Snow，1978 年他们出版了经典著作《组织的战略、结构和过程》一书[⑤]，继承了 Child 的战略选择模型，提出四种战略类型，即防御型（defender）、超前型（prospector）、分析型（analyser）、反应型（reactor）。研究强调了最高决策者和领导者

---

① 柳燕. 创业环境、创业战略与创业绩效关系的实证研究——基于汽车行业大型跨国企业的创业经验，吉林大学博士论文，2007.

② Child, John.Organizational Structure, Environment and Performance: the Role of Strategic Choice, Sociology, 1972, 6: 1-22.

③ 柳燕. 创业环境、创业战略与创业绩效关系的实证研究——基于汽车行业大型跨国企业的创业经验，吉林大学博士论文，2007.

④ 李剑力. 创新方式选择与企业绩效关系实证研究——基于探索与开发理论视角，南开大学博士论文，2008.

⑤ Miles, R., Snow, C.. Organizational Strategy, Structure and Process. New York: McGraw-Hill, 1978.

作为组织与环境联系桥梁的作用，并将其细化为三个方面：（1）组织领导者决定了认识，组织对其管理者认为重要的事物做出反应而会忽视他们认为不重要的事物；（2）领导者通过对环境的扫描进而决定其关注点；（3）领导者的决策确定了战略、结构和业绩的边界。学者 Starbuck（1976）和 Weick（1977）提出了"战略选择论"模式，加深了人们对组织机构如何察看或管理其环境的理解，并强调了管理者的主动行为。他们认为，组织环境是由管理者施加行为而产生的动态背景，组织会对他们所察看和确认的环境状况做出反应（罗珉，2006）。

沿着战略选择理论的发展脉络，学者们的各种论断都体现了战略选择对企业生存发展的促进作用，进一步论证了组织的成功来源于对以下几个关键问题的把握：（1）清晰界定组织未来的发展定位与成长愿景；（2）分析环境变化的动因、轨迹及发展方向；（3）保持企业竞争能力与环境变革的动态平衡；（4）鼓励与激发组织成员的共同愿景，发挥组织文化的驱动力。此外需要特别提出的是战略选择理论在强调人和组织的战略主动性的同时，更强调战略与环境、战略与组织结构的匹配对组织绩效的促进作用。

2.1.3.2　有关企业战略选择的实证研究

在战略管理研究中，有关战略选择的研究大多针对的是既有企业，将战略选择作为组织和环境变量的结果，是管理层在综合其所面临的环境做出的满意化决策。相关的实证研究包括如下几类内容：第一类，有关战略选择的研究考察了战略决策制定的过程以及哪些因素影响了组织的战略选择。研究者通常利用归纳式、量化研究与深度访谈研究相结合的方式来探讨战略决策制定的微观过程（Rajagopalan and Spreitzer，1996），涌现出了大量的研究成果。例如在对于古巴导弹危机的研究中，Anderson 发现决策制定过程是按次序进行的，同时与如何获得成功相比，决策制定者更加关注如何避免失败[①]。Mintzberg 等通过对 25 家战略制定的实地研究，提出了一个战略决策制定的整个模型，试图描述决策制定过程中的复杂性[②]。Nutt 评估了 78 家服务型组织的决策制定，并识别出 5 种不同类型的决策制定过程，每种决策过程在一些关键维度上都

---

① Anderson J.R.. The Architecture of Cognition.Havrvard University Press: Cambridge, MA.1983.

② Mintzberg H., Raisinghani D., Theoret A.. The Structure of "Unstructured" Decision Processes. Administrative Science Quarterly, 1976, 21(2): 246-275.

存在差异，例如战略构思产生的过程等等①。Bourgeois 和 Eisenhardt（1988）考察了在高速变化环境下的战略决策过程，通过对 4 家半导体行业企业的考察，发现成功的企业是那些能够管理诸多充满矛盾的决策问题的企业，例如，能够谨慎并快速地作出决策②。在随后的研究中，Kunreuther 和 Bowman（1997）基于对跨国化学公司的研究提出了战略决策制定的动态模型。Papadakis，Lioukas 和 Chambers（1998）在对 39 家制造业企业的 38 个战略决策的研究中，发现决策制定受到诸如高管团队特征及外部环境等一系列因素的影响。

对于战略选择的前因变量，不同流派的学者都对此给出了合理的解释，综合这些前因变量主要包括，竞争对手企业的战略（Greve，1996，1998）、高管团队的特征（Smith and White，1987；Bantel and Jackson，1989；Sambharya，1996；Boeker，1997a；Westphal and Fredrickson，2001）等，这些因素激发了不同的战略选择，例如产品和市场决策。具体而言，Greve（1996）基于制度理论（DiMaggio and Powell，1983），考察了美国半导体企业的战略选择问题，主要关注某一组织是否模仿竞争对手的市场定位。作者发现公司的网络结构促进了市场定位的扩散，这些变量与惰性有关，可能促进或阻碍市场定位的扩散③。此后，Greve（1998）同样利用半导体产业中的样本，检验了地理接近程度、市场份额、公司竞争对手以及本地的竞争者是否会影响市场定位。实证研究的结果表明这四个建构都会影响企业的市场定位④。

基于高阶理论的视角（Hambrick and Mason，1984），学者们考察了高管团队的特征如何影响战略选择。例如 Smith 和 White（1987）的研究考察了 173 家企业的 CEO 继任者的 370 个案例，探讨职业类型如何与公司战略相关。他们发现，工作经验窄的 CEO 会选择单一业务及纵向整合的战略，而具有多样化背景的 CEO 倾向于采取与大企业组合联盟或采取非相关多元化的战略⑤。Bantel 和 Jackson（1989）以 199 家银行企业

---

① Nutt PC.. Types of Organizational Decision Processes.Administrative Science Quarterly, 1984, 29(3): 414-450.

② L. J. Bourgeois, III and Kathleen M.Eisenhardt.Strategic Decision Processes in High Velocity Environments: Four Cases in the Microcomputer Industry .Management Science, 1998, 34(7): 816-835.

③ Greve H.R.. Patterns of Competition: The Diffusion of a Market Position in Radio Broadcasting.Administrative Science Quarterly, 1996, 41: 29-60.

④ Greve H.R.. Managerial Cognition and Mimetic Adoption of Market Positions: What You See is What You Do. Strategic Management Journal, 19(10): 967-989.

⑤ Smith M, White M.C.. Strategy, CEO Specialization, and Succession.Administrative Science Quarterly, 1987, 32: 263-280.

为研究对象，考察了高管团队特征与企业创新之间的关系。作者发现创新性的银行通常由那些具有高学历和职能多样化的高管团队来管理的[①]。Sambharya（1996）在对 54 家跨国公司的研究中，考察了高管团队成员的海外经历是否与国际多元化战略相关。实证研究的结果表明，拥有多样化海外经验的高管团队更愿意进入多个国家的市场[②]。Boeker（1997）考察了高管人员的流动如何带来既有企业的战略变革。从对 67 家半导体生产商的实证研究中，Boeker 发现，那些从产业内的其他企业雇佣来的高管人员更愿意进入与其原先企业相同的产品市场[③]。Westphal 和 Fredrickson（2001）考察了 406 家企业，检验董事会成员的经验是否可以预测上市企业的公司战略。结果显示董事会成员的经验对于企业产品、市场及地理多元化战略的选择具有显著影响[④]。

第二类研究关注领导者所选择的具体战略内容（类型）如何影响组织绩效，这是战略管理领域内大多数研究的关注点，同时也是在战略管理中研究的最充分的主题。在这里并不对这些文献进行回顾，而只是出于完整性的考虑对该领域的研究脉络进行一个简要的梳理。流传较广的战略内容分类包括，Porter（1980）提出的三类基本竞争战略：成本领先战略、差异化战略和聚焦战略[⑤]。Porter 指出每一种基本战略在创造和保持竞争优势方面都有不同的途径和作用。

有关战略选择的研究主要关注战略选择、战略决策制定以及战略内容的前因变量和结果等几个领域。其中，有关战略内容的前因变量和结果变量的研究文献与本书的研究最为相关。有关战略变革和内容的前因变量为强调既有企业战略选择的影响因素提供了重要的解释。实证研究证明，特定的前因变量预测了战略选择和内容，表明战略选择即不是随机的，也不是单纯的分析练习。研究已经表明个体因素，例如认知、组织因素（如冗余资源）都解释了企业为什么会选择某种战略。同时有相当多的研究考察了战略变革的前因变量，而相对较少有研究关注战略内

① Bantel, K.A., Jackson, S. E.. Top Management and Innovations in Banking: Does the Composition of the Top Team Make a Difference? Strategic Management Journal, 1989, 10: 107-124.

② Sambharya R.B.. Foreign Experience of Top Management Teams and International Diversification Strategies of U.S. Multinational Corporations.Strategic Management Journal, 1996, 17(9): 739-746.

③ Boeker W.P.. Executive Migration and Strategic Change: The Effect of Top Manager Movement on Product- market Entry.Administrative Science Quarterly, 1997, 42: 213-236.

④ Westphal J.D., Fredrickson J.W.. Who Directs Strategic Change? Director Experience, the Selection of New CEOs, and Change in Corporate Strategy.Strategic Management Journal, 2001, 22: 1113-1137.

⑤ Porter M.E.. Competitive Strategy: Techniques for Analyzing Industries and Competitors. Free Press: New York, NY, 1980.

容的决定因素。在这些少数研究中，也主要关注的是既有企业的战略选择，而非新创企业。正如 Kisfalvi[①]所提出的，现有研究没有关注个体创业者的个体特征与其优先选择和战略方向之间的关系。结果，现有研究没能考察初始条件的作用，例如创业者的以往经验。这些都为本研究的问题引入和深入研究做了铺垫。

总之来自战略管理领域的证据，验证了管理者人口特征和认知要素与既有企业战略选择行为之间的内在联系，为将这一视角引入新创企业的创业行为研究奠定了一脉相承的基础。众所周知，任何既有企业都是从新企业成长起来的，企业的战略在很大程度上取决于其创业期的选择，新企业通过选择不同的市场进入战略，将其固定在不同的发展路径上，透过路径依赖的作用机制，演化成企业未来的战略模式。但新企业不是规模小的大企业，而是具有其内在的独特性，完全借鉴既有企业战略选择的结论会抹煞这种独特性，并有可能得出错误的结论（Delmar，1997；Delmar and Davidsson，1998；Wiklund，1998）。本书在这一背景下进行拓展，融合了高层梯队理论和社会认知理论的视角，针对技术创业的独特性，考察创业情境下新企业初始战略的决策逻辑。

第二节　技术创业的兴起、独特性及最新研究成果

本书是基于技术创业背景下的深入研究，本章对研究所嵌入的研究情景进行简要回顾，解析知识经济时代的高端创业形式——技术创业的兴起、独特性及最新研究探索，从而引出本研究的问题。

2.2.1　技术创业研究的兴起与独特性[②]

如果说创业是对经济关系创造性地破坏和重构的话，那么其核心就是对于技术变革的创业开发[③]。正如在过去 20 年中所发生的那样，新技术的快速涌现和普及应用极大地推动了新一轮创业热潮。例如，互联网技术带来了电子商务类众多新技术企业的创建，成为了"价值链革命化"、

---

① Kisfalvi V.. The Entrepreneur's Character, Life Issues, and Strategy Making: A Field Study. Journal of Business Venturing, 2002, 17: 489-518.

② 本节内容是作者已发表的文章。田莉, 池军. 基于过程视角下的技术创业研究: 兴起、独特性及最新探索. 技术经济与管理研究, 2009, 6.

③ Phan, P.H., Foo, M.D.. Technological Entrepreneurship in Emerging Regions.Journal of Business Venturing, 2004, 19(1): 1-5.

"重新界定了市场模型"的重要力量。同时随着人类基因图谱的逐步解析，将可提供大量生物医疗技术与产品开发的市场机会，并促进未来生物技术产业的蓬勃发展。但是技术创业远远不止于互联网或生物技术的应用，而是包含了更广泛的领域内基于特有技术能力和创新技术基础之上的新企业创建行为。

技术创业是科技成果商业化的重要方式，是连接技术发明、技术创新与新产品或新服务的桥梁，正日益成为经济发展的引擎和重要推动力。许多新兴国家甚至将其作为引爆下一轮经济发展的驱动因素。尤其是在新一轮经济危机的调整期，新技术的研发及其所衍生出的高科技创业企业将成为最终引领全球经济走出谷底的力量。实践的发展推动着理论研究的前行，在此背景下有关技术创业的研究逐渐开始获得学者们的关注，成为创业与技术创新体系研究的重要课题之一。在管理学顶级期刊如《管理学期刊》（Academy of Management Journal）、《管理科学季刊》（Administrative Science Quarterly）和《战略管理杂志》（Strategic Management Journal）上出现了越来越多有关技术创业的文章（Busenitz et al.，2001），《创业管理杂志》（Journal of Business Venture）和《创业理论与实践》（Entrepreneurship Theory and Practice）这样一些创业研究专刊上，也开始有了关于技术创业的专题研究[1][2]和一些以此为主题的研讨会，这对于该领域内知识的积累和扩散起到了极大的推动作用[3]。

技术创业以赢利的方式将技术和商业结合起来，同技术管理之间有着很强的知识联系，这使得它与一般意义上的创业活动区分开来，体现出其独特性。首先，传统的创业研究关注于创业者与创业行为的独特性；而技术创业则更强调技术、产业技术环境和制度因素在新企业创建过程中的影响作用，也就是说，新技术企业的建立依赖于技术系统的建立以及他们所嵌入的制度环境。其次，新技术作为有价值的创业机会最重要的来源，在机会的属性上具有一定的独特性：一是机会窗口的短暂性。当其他企业认识到新技术的潜力并致力于模仿这种机会时，机会的价值就会迅速降低。二是竞争对手可以采用能够替代现有新技术的并行技术开发路径，导致更加新颖的新技术替代最初的新技术（如果它没有被迅

---

① Scott Shane, Venkataraman S.. Guest Editors' Introduction to the Special Issue on Technology Entrepreneurship.Research Policy, 2003, 32: 181-184.

② Phan, P.H., Foo, M.D.. Technological Entrepreneurship in Emerging Regions.Journal of Business Venturing, 2004, 19(1): 1-5.

③ 2000 年 5 月和 2010 年 12 月马里兰大学史密斯商学院举办了两场有关技术创业的专题研讨会，学者们就技术创业研究的理论与方法论层面展开了热烈讨论。

速商业化），因此新技术企业面临着特有的成长性管理挑战和约束，它的发展依赖于能否获得促进技术开发的诀窍或资源，以实现快速成长，并降低技术不确定性和管理知识流的活动。第三，新技术的商业化受到专利保护强度以及互补性资产可得性的严重制约。由此可知，在理解技术创业活动时，应更多地吸收技术战略、技术管理、技术经济学以及技术社会学等领域的理论。

通过系统的文献分析与整理发现，学者们已经开始对技术创业现象予以关注，进行了初步的探讨并为未来研究提供了一些重要主题，如人们为什么会成立新技术企业？创业者的个人特征如何影响新技术企业的发展？什么战略提升了新技术企业的绩效？等等。但总的来说，技术创业是一个探索相对较少的主题，这就为进一步的学术研究提供了大量的机会。本书将在明晰技术创业内涵与类型的基础上，从创业过程的视角对于现有的技术创业研究进行梳理，提炼技术创业的研究框架，明确今后深入研究的可能方向。随着技术创业对经济与社会发展的贡献逐渐被认识，对于技术创业相关领域的研究进行梳理，理清研究的脉络和发展方向，更好地指导技术创业的实践，显得迫切而富于重要的意义。

2.2.2　技术创业企业的生存与成长——基于初始条件视角下的研究

技术创新的价值需要通过进入市场转化为商业利润，通过新企业的生存和成长而最终转化为更广意义上的经济和社会价值，诸如推动产业升级、技术换代、带动就业等等。但事实上，新技术企业的失败率是极高的，很多生存下来的新企业也仅仅是"勉强度日"[1]，远远达不到熊彼特所说的具有创新、成长导向和财富积累特征的新企业标准[2]。

就新企业高失败率的原因而言，Stinchcombe 在其开创性的文章中给出了解释，发现新创企业的组织成员由于无法很快适应新的角色与工作关系，同时相对于外部购买者和供应商来讲缺乏以往的成功记录，因此很容易失败，并将这种原因归结为"新进入缺陷"[3]。此后学者们在对不同产业和类型的新企业中都验证了这一结论（e.g.，Carroll and Delacroix，1982；Freennan，Carroll，and Hannan，1983；Singh，Tucker，

---

① Cooper A.C., Gimeno-Gascon F.J., Woo C.Y.. Initial Human and Financial Capital as Predictors of New Venture Performance .Journal of Business Venturing, 1994, 9: 371–395.

② Schumpeter, J.A.. The Theory of Economic Development. Cambridge: Harvard University Press, 1934.

③ Stinchcombe A.L.. Social Structure and Organizations. In, March J. G. eds.. Handbook of Organizations. Chicago: Rand McNally, 1965: 142–193.

and House，1986）。但是新进入缺陷的提出针对的是普遍意义上的新创企业，并没有特别针对技术型创业企业。综合技术创业的独特性，诸如技术窗口的短暂性和新技术内含的隐性知识（Kirzner，1973）使得新技术企业的生命周期相比一般的新创企业大大缩短，如果不能在短期内提取技术创新的商业价值，实现快速成长的话，就很可能因为技术的更新换代或市场不接受而使新企业招致失败。

技术创新的本质是为了获取商业利润，而单一的创新技术是无法撬动价值链的整体价值的，因此新技术企业必须拥有能够将创新引入市场的互补性资产的支持，例如生产能力、分销渠道、客户及供应商关系以及售后服务等①。但是新企业通常具有很少的资源禀赋，无力支撑互补性资产的投资，从而影响其独享技术创新利润的能力，加大了失败的风险。

除此之外，新进入缺陷的观点同样忽视了这样一个问题，同样是处在初创期的新企业在绩效表现上的差异很大，像百度和分众传媒这样的新企业在短期内实现了快速成长，而其他大部分则走向失败，或仅仅是能够生存下来。因此尝试新的视角分析，并结合新技术企业的独特性来解释新企业的初期生存与成长，试图识别并培育出具有高成长潜力的技术型创业企业就显得迫切和有意义。

在众多的理论流派中，同样是提出新进入缺陷观点的 Stinchcombe 还关注到了一个富有新意的现象，即新企业会受到其创建时情况的影响，如环境条件、资源水平、初始战略等。在创建之后，出于组织对效率的追求，或是受到传统、嵌入性利益、思想体系的惰性驱使，或是因为缺乏竞争等原因，初始的结构（或其中一部分）会继续发挥作用②。这些论证随后被组织生态学和创业领域的学者进一步深化了，逐渐衍生出一个富有解释力的研究视角，即新企业创建时的初始条件在很大程度上决定了其初期生存③，并通过路径依赖的作用对新企业随后的生存和成长起到了极大影响（e.g.，Eisenhardt and Schoonhoven，1990；Shane and Stuart，2002；Beckman，Burton and O'Reilly，2007）。这为新企业生存率与成长性上的巨大差异提供了独特的解释，将其追溯到新企业生命周

---

① Teece D.J.. Profiting from Technological Innovation: Implications for Integration, Collaboration, Licensing and Public Policy.Research Policy, 1986, 15: 285-305.

② Stinchcombe A.L.. Social Structure and Organizations. In, March J.G., eds.. Handbook of Organizations.Chicago: Rand McNally, 1965: 142-193.

③ Singh, Jitendra V., and Charles J. Lumsden.Theory and Research in Organizational Ecology.Annual Review of Sociology, 1990, 16: 161-195.

期的最前端，对于系统地剖析新企业的创业机理与成长模式，理解创业活动对经济与社会发展产生贡献的机制等具有重要的意义。本研究将从初始条件的视角出发，考察新企业初始战略的选择问题。在引出问题之前首先对该视角下的研究进行回顾，进而识别已有研究的不足以及可能的拓展方向，从而导出本研究的基本判断、研究问题和研究内容。

第三节　研究视角——初始条件与新企业生存及成长关系研究回顾

本部分主要围绕初始条件研究的发展脉络、主要观点、现有研究中的问题及未来可能的研究机会等来梳理初始条件视角下的创业研究，目的在于阐述初始条件对于新企业生存与成长的解释潜力。

2.3.1　初始条件视角研究的发展脉络及主要观点

组织理论的学者们一直致力于解释组织多样性的问题，其中最富影响力的就是所谓的"组织烙印假设"。根据这一学说，组织之间的差异并不是因为他们适应变化的环境所致，而是由于创建时期特殊的技术、经济、政治和文化情景。通过构建特定的组织结构和实践方式，创建时的初始条件对于新组织的生存与成长具有重要影响。Stinchcombe（1965）第一次关注到特定历史条件对组织创建时的影响。他在一篇名为"社会结构与组织"的文章中观察到，"在某一时期创建的组织通常与在另一时期创建的组织具有不同的社会结构"（1965：154）。他假设，由于不同的历史情境在资源的类型和分配上有所不同，尤其是经济和技术，或是文化和政治因素的差异，致使在不同时期创立的组织是不同的。在创建之后，出于组织对效率的追求，或是受到传统、嵌入性利益、思想体系的惰性驱使，或是因为缺乏竞争等原因，初始的结构（或其中一部分）会继续发挥作用。

Stinchcombe 的这些假设主要被组织生态学和创业领域的学者进一步深化了。组织生态学领域的学者主要探讨初始条件与组织死亡率的关系（Singh and Lumsden，1990：17）。创业学者证明了初始条件的多个维度，如初始环境条件、初始战略、资源禀赋、创业者及创业团队等因素对新企业死亡率及随后成长性的影响（e.g., Eisenhardt and Schoonhoven,

1990；Boeker，1988；Shane and Stuart，2002；Beckman，Burton and O'Reilly，2007）。因此有关初始条件的研究能够为解释新企业生存率与成长性上的巨大差异提供独特的视角，将其追溯到新企业生命周期的最前端。本书对 1982—2008 年间发表于 ASQ、AMJ、AMR、JBV、SMJ 等管理学和创业研究的顶级杂志中有关新企业初始条件的研究文献进行了汇总，并着重介绍 2000 年以后该领域内的较新研究成果。

Stinchcombe 和其他领域学者的研究提出了一些富有启发性的观点，但是对于组织烙印现象的研究仍然有许多悬而未决的问题，有待进一步的探讨和提升。其中一个主要未解决的难点在于，虽然以往的探讨能够理解初始阶段的各要素如何影响新企业的生存与发展，但至今研究人员对于这种烙印作用实际发生的过程仍然所知甚少，相关的实证研究在测度上也存在不足。事实上，新企业绩效影响因素的文章中关于"系统的研究创建因素以及他们对新企业随后绩效关系的研究还刚刚起步"[①]。

为此，本书旨在对此脉络的研究进行梳理，针对具体研究主题及研究内容做细致的刻画与描述，但并不局限于文献综述，而是从中提炼出现有研究悬而未决的问题，及未来可能存在的研究机会。文章的落脚点旨在总结关于初始条件与新企业成长的研究框架，为今后进一步的研究提供启示。通过系统的文献分析，本书对已有研究按类别和主题进行了划分，从类别上看，主要可分为两大类：一是验证初始条件的各要素，包括环境、战略、资源、创业者及团队等对新企业初期生存与成长绩效的影响。又可分为四大主题，主要包括：外部控制观点，即探讨新企业初创期的环境条件，如市场发展阶段及竞争情况等；战略选择观点，即新企业在创建期的战略选择及其演化；资源观，即新企业在创建时所带入的资源存量如何影响组织的命运；以及创业者和创业团队视角，主要探讨创业者及团队人力资本和社会资本对新企业初期生存及成长的影响。二是检验初始条件影响的时间效应，即初创期的战略、资源禀赋、创业者及团队特征的影响在新企业随后发展过程中能在多大程度上持续发挥作用。

2.3.1.1 初始环境条件

有关初始条件的外部控制观点提出，组织形成时的环境条件塑造了新企业的组织形式，对组织的战略、结构和绩效具有持续的影响。这是

---

① Cooper, A.C. & Gimeno-Gascon, F.J. Entrepreneurs, Process of Founding, and New Firm Performance. In, D. Sexton and J. Kasarda, eds.. The State of the Art in Entrepreneurship.Boston, MA: PWS Kent Publishing Company, 1992.

因为创建时的环境是新企业生存和成长所需资源的重要来源[1][2]。环境中资源稀缺程度以及竞争情况会影响新企业死亡率及成长的空间、战略定位及组织变革的可能性。

种群生态理论的研究探讨了初始环境条件对组织死亡率的影响。Carroll 和 Hannan 提出一个模型将创建期的种群密度与组织生存率联系起来，认为在高密度期创建的组织随年龄增长将会有较高的死亡率[3]。Brittain 和 freeman 以及 Carroll 和 Delacroix（1982）的研究表明，较高的种群密度通常导致了新企业较高的死亡率[4]。越多的组织参与竞争，企业会更难获得并控制必需的资源，对新企业而言尤其如此。Swaminatha 利用美国酿酒厂和阿根廷报业组织的数据验证了初始种群密度和竞争密度对组织死亡率的影响。提出所谓的"淬火"模型，即最初的不利条件会淘汰那些内在更脆弱的组织，存活下来的会是内在坚强的组织，有更低的死亡率。这一模型扩展了组织生态学的前沿研究，检验了初始环境条件对组织在生命周期不同阶段中存活率的影响[5]。

至于初始环境条件对于新企业成长性的影响，Carroll 和 Delacroix 发现在连续高需求条件下成立的报业企业，如在产业成熟期和经济扩张期的新企业要比在低需求期的新企业成长得更快[6]。Eisenhardt 和 Schoonhoven（1990）的研究检验了初始环境（市场阶段）对企业成长的影响。利用美国半导体产业的新企业为样本，发现新企业在成长阶段的市场中要比在新兴和成熟市场上具有更高的成长性，这些市场中所蕴含的资源机会给新企业带来了相当程度的优势，为其进入提供了足够的空间。同时，成长中的市场上，主导设计范式正在形成之中，市场份额的不稳定也为新企业重新建立竞争格局提供了机会。而低需求和高不确定性的新兴市场，或规模大、需求稳定和缓慢增长的成熟市场则带给新企

① Aldrich, H.E.. Organizations and Environments. Englewood Cliffs, NJ: Prentice Hall, 1979.

② Dess, G. G., Beard, D. W.. Dimensions of Organizational Task Environments. Administrative Science Quarterly, 1984, 29: 52–73.

③ Carroll, G.R. & Hannan, M.T.. Density Delay in the Evolution of Organizational Populations: A Model and Five Empirical Tests. Administrative Science Quarterly, 1989, 34: 411–430.

④ Brittain, J. & J.Freeman.Organizational Proliferation and Density-dependent Selection. In, J. R. Kimberly and R. Miles (eds.). The Organizational Life Cycle. Jossey-Bass, San Francisco, CA, 1980: 291-338.

⑤ Anand Swaminatha. Environmental Conditions at Founding and Organizational Mortality: a Trial-by-fire Model .Academy of Management Journal, 1996, 39(5): 1350-1377.

⑥ Carroll, G. and Delacroix, J.. Organizational Mortality in the Newspaper Industries of Argentina and Ireland: An Ecological Approach. Administrative Science Quarterly, 1982, 27: 169–198.

业很少的机会，使其相比于既有竞争者来讲处于劣势[①]。Bamford，Dean 和 McDougall 利用美国 1988 年新创立的 140 家独立银行企业数据考察了初始环境条件对其绩效的影响，并验证了这种影响的时间效应。结果表明初始环境中的资源充足度、动态性及竞争强度足以影响新银行成长后六年中的较大成长变异[②]。McDougall 等发现在高成长和低成长环境中的新企业在进入规模、新产品开发和战略选择上都具有显著差异。他们进一步提出在创建新企业的时候，市场吸引力（高成长性）是最重要的考虑因素之一[③]。

关于初始环境条件对于组织战略和组织变革可能性的影响，Stinchcombe 在其开创性的文章中，介绍了环境条件在组织创建期的烙印影响，他提到"在某一阶段成立的组织与在另一时期创建的组织相比有着不同的社会结构（1965：154）。Kimberly（1975）的研究表明，在二战前和二战期间成立的受保护的工厂通常具有复兴导向，而那些在二战之后成立的工厂具有生产导向。在对社会志愿者服务机构的研究中，Tucker，Singh 和 Meinhard（1990）发现创建期有利的制度环境增加了核心组织变革的可能，而创建期不利的制度环境则导致组织变革的边缘化。Romanelli（1989）利用美国计算机产业 1957-1981 年内建立的 108 家新企业的纵向数据实证检验了环境条件（资源可得性以及竞争聚集度）对新企业初期绩效的直接影响以及在战略选择与绩效之间的调节作用。研究得到如下结论：通常来讲，采用专一战略（Specialist）的要比采用通用战略（Generalist）的新创企业存活率更高。但是当产业需求处于上升期的时候，采用通用战略的新企业绩效更高；另一方面，通常来讲，采用激进型战略（Aggressiveness）要比采用效率型（Efficiency）战略的新创企业存活率更高。但是当产业需求处于下降期的时候，采用效率型战略的新企业绩效更高。总的来讲，研究结果验证了在行业销售额增加

① Eisenhardt K. M., Schoonhoven C. B.. Organizational Growth: Linking Founding Team, Strategy, Environment and Growth among U.S. Semiconductor Ventures, 1978–1988. Administrative Science Quarterly, 1990, 35: 504-529.

② Bamford, C.E., Dean, T.J., McDougall, P.P.. An Examination of the Impact of Initial Founding Conditions and Decisions upon the Performance of New Bank Start-ups. Journal of Business Venturing, 1990, 15: 253-277.

③ McDougall, P.P., Covin, J.G., Robinson, R.B., Jr., & Herron, L.. The Effects of Industry Growth and Strategic Breadth on New Venture Performance and Strategy Content.Strategic Management Journal, 1994, 14: 137-153.

第二章 文献回顾与述评

的情况下，新企业存活率将会提高①。

综合以上研究知道新企业创建时的环境条件，如资源的充足度、动态性及复杂性、产业发展阶段等特征对新企业所能获得资源、初始战略选择存在重要影响。在已有的研究中，学者们或是将环境因素作为主要的解释变量纳入研究模型，或将其作为关键的控制变量②或调节变量③④加以考察。总之环境是组织赖以生存和获取资源的大环境，创建期的环境条件对于组织的战略、结构和生存及成长通常具有即期和长期的影响。

2.3.1.2　初始战略

有关组织能在多大程度上改变他们的战略、结构和过程来适应环境变革一直是组织研究中的核心争论点（Astley and Van de Ven，1983）。一些学者认为组织战略具有相当的惰性，并提出组织受到其变革能力的限制（Quinn，1980；Miller and Friesen，1984；Hannan and Freeman，1984）。而战略选择学派的研究者们则认为企业具有相当的能力来调整组织适应变化的环境（Child，1972）。近些年来这两种观点有了一定的融合（Hambrick and Finkelstein，1987；Tushman and Romanelli，1985），提出企业既具有适应性也具有惰性。例如，一些研究者利用间断均衡模型来说明组织通过长时间的发展，偶尔被间断性的根本变革所打断（Romanelli and Tushman，1994）。Kelly 和 Amburgey（1991）认为经理人员对组织变革有重要的判断，但是这仍然受到历史条件的局限。基于以上观点，既然组织以往的战略会限制当前的战略选择，同时环境、管理者因素会催生战略变革的发生，那么检验其具有惰性或适应能力决定因素的逻辑起点就在组织创建的最初阶段。

因此有关初始条件的内部导向理论提出初始战略选择的重要性，认为新企业所要进入的领域和未来发展目标等主要战略选择在其初创期就决定了，如果组织在初创期具有主导型的战略，设置与战略相匹配的职能结构，所有者参与管理，那么这些具有内部一致性的构建会使初始战

① Romanelli, E.. Environments and Strategies of Organization Start-up Effects on Early Survival. Administrative Science Quarterly, 1989, 34(3): 369-387.

② Charles E. Bamford, Thomas J. Dean & Thomas J. Douglas.The Temporal Nature of Growth Determinants in New Bank Foundings: Implications for New Venture Research Design. Journal of Business Venturing, 2004, 19: 899-919.

③ Heirman A., Clarysse B.. The Imprinting Effect of Initial Resources and Market Strategy on the Early Growth Path of Start-ups.Academy of Management Best Conference Paper, 2005.

④ Zott, C., Amit, R.. Business Model Design and the Performance of Entrepreneurial Firms. Organization Science, 2007, 18(2): 181-199.

略在新企业创建之后的多年内一直保持，并发挥持续性影响。而创建后的某些关键事件，如绩效落差、创业者及团队成员的变革以及环境条件会影响其初始战略得以继承的程度。Boeker 利用半导体产业的新企业实证检验了其创建时所采取的初始战略以及初始战略发生变化的条件，由此探讨了组织惰性和适应性观点的有效性。结果显示初始条件和企业创建后的事件对于抑制或促进战略变革起到了重要作用，验证了上述观点[①]。

在该主题下，学者们早期关注新企业在创建初期的产品特征、进入方式、市场类型及战略宽度等对其随后绩效的影响，回答了新企业采用什么产品、通过怎样的渠道、进入什么样的市场等问题。如 Feeser 和 Willard 提出新企业在初始战略上的差异会影响其成长速度，形成所谓的高速和低速成长的新企业。这些战略选择主要包括：产品、市场、技术的选择；最初市场聚焦点的稳定性；进入时机；市场范围的聚集度等[②]。Boeker（1989）界定了新企业通过向市场提供该领域内领先的创新产品（对应首动者战略）、改进型产品（对应追随者战略）、精益简约的低价产品（对应低成本战略）；或者提供满足于特定消费群体的定制（独特）产品（对应市场细分战略）来进入市场。Eisenhardt 和 Schoonhoven 具体探讨了新技术企业的初始战略选择，认为最相关差异是在核心技术的创新程度上。经过实证检验，验证了中等创新的技术战略会在创业初期给新企业带来成长优势[③]。Bamford，Dean 和 McDougall（1997）以独立新创银行企业为样本，获得了其创建时的初始条件及成立 5 年后的绩效数据，证明宽幅战略会提升新企业绩效。

近年来，学者们多从战略的整体层面，界定新企业的进入战略（商业模式）是创新的还是模仿既有企业，是专注于效率的提高还是引入新的机制，不再局限于某单一维度的战略选择及其对新企业绩效的影响。例如 Lévesque 和 Shepherd[④]在充分探讨新企业进入战略决策复杂性的基础上（早进入会带来高死亡率，同时模仿进入会牺牲潜在利润），以国际

① Boeker, W.. Strategic Change: the Effects of Founding and History. The Academy of Management Journal, 1989, 32(3): 489-515.

② Henry R. Feeser, Gary E. Willard.Founding Strategy and Performance: A Comparison of High and Low Growth High Tech Firms .Strategic Management Journal, 1990, 11: 87-98.

③ Eisenhardt K. M., Schoonhoven C. B.. Organizational Growth: Linking Founding Team, Strategy, Environment and Growth among U.S. Semiconductor Ventures, 1978–1988. Administrative Science Quarterly, 1990, 35: 504–529.

④ Lévesque, M., Shepherd, D.A.. Entrepreneurs' Choice of Entry Strategy in Emerging and Developed Markets. Journal of Business Venturing, 2004, 19: 29-54.

第二章 文献回顾与述评

创业企业为研究对象，重点为新企业何时进入以及如何进入市场提供了指导，并将外部环境因素纳入考虑，即考察发展中国家和发达国家经济体的差异。作者提供了一个系统的分析方法来决策最优的进入战略，即是否延迟进入，以及采取高模仿还是低模仿的方式进入。模型的启示是，利用高模仿进入战略的成本/利润比，在发展中国家要比在发达国家低，即在发展中国家，利用高模仿方式进入会更有利。Zott 和 Amit（2007）关注新企业商业模式的选择问题，即新企业进行交易的内容、结构以及治理方式，商业模式的建立旨在通过商业机会的开发来创造利润（Amit and Zott，2001）。具体分为效率导向型与创新导向型两类。效率型的商业模式是指以提高交易效率、降低交易成本为目的的模式。创新型的商业模式是指通过新的方式开展经济交换，将以往没有联系的交易方联系起来，或以新的方式将其联系起来或是设计新的交易机制。作者利用 190 家在美国和欧洲证券交易所上市的创业企业为样本，实证检验了商业模式的选择对新企业绩效存在何种影响，并考察环境因素（具体考察资源的充足度）在其中起到怎样的调节作用。研究结果从整体上验证了商业模式对创业企业绩效的影响。最显著的发现是，创新导向型的商业模式无论在环境资源充足或稀缺的情况下都会对绩效带来积极影响；而效率型的商业模式仅在资源稀缺的情况下会提高绩效。如果要同时兼顾创新/效率型的商业模式，则会降低新企业的绩效[1]。

正如 Lumpkin 和 Dess[2]所提出的，新企业最重要的行动就是新的进入。这种新的进入可以通过新产品（服务）或已有产品（服务）进入新的或既有市场来实现。因此，从战略的整体层面研究其通过模仿还是创新的方式进入某一市场，以及何时进入是目前研究的重点，验证这样的初始战略对新企业短期和长期绩效的影响，而并不仅仅是考察战略的单一维度。同时结合战略选择的情景依赖性，将环境因素纳入模型，验证其调节作用。进一步的研究应该对产业选择进行细分，因为不同产业在发展阶段、产业技术环境等方面存在显著差异，从而影响新企业的进入难度和商业模式的选择。此外，学者们早已认为环境是一个多维度的概念（Dess and Beard，1984），如资源充足度、复杂性及动态性，这些都会影响组织的生存与成长。同时，其间也存在着互动，已有的研究一般

---

[1] Zott, C., Amit, R.. Business Model Design and the Performance of Entrepreneurial Firms. Organization Science, 2007, 18(2): 181-199.

[2] Lumpkin G.T., Dess G.G. Clarifying the Entrepreneurial Orientation Construct and Linking it to Performance. Academy of Management Review, 1996, 21: 135-172.

仅考虑环境的某一维度，这是一个明显的局限，并构成未来研究可能的扩展空间。

2.3.1.3 初始资源禀赋

初始资源禀赋，即新企业在创建时所带入的资源存量如何影响组织的命运是一个在组织生态、演化理论和创业研究中都普遍关心的问题。许多学者都在试图利用资源基础论的观点来解释创业过程以及新企业的战略行为。近年来，资源论（RBV）的代表人物 Jay Barney 也在关注创业研究，希望从创业活动中挖掘出独特资源的来源。按照他们的观点企业可以被看作一套资源与能力的集合。企业资源是否有价值、稀缺、难以模仿、不可代替决定了新企业是否能够经受住创建初期竞争环境的检验。同时，创业过程被看作是创业者获取和开发资源的过程，新企业的绩效在很大程度上取决于创业者所能获得的资源的性质，而且在初创期创业者要依照自身的资源禀赋做出基本战略选择，如选择组织的基本构成单元、商业模式等等，这将决定组织今后发展的更深层次的结构，并将带来随后发展中新的可能的资源集，也就是说，资源开发过程是路径依赖的。例如在创建期缺乏资源的新企业不得不采取一些旨在最小化成本的举措，例如采购便宜的原材料或避免雇佣高薪水的员工。同时资源短缺会阻碍员工投资于组织专署技能的开发，因为员工们会质疑组织的生存能力，以致是否能够收回这些专属知识投资。与此类似，资源匮乏的新企业在面对供应商和客户时的议价能力会很低，这在高新技术产业更加明显，资源匮乏会使新企业在联盟合作中让渡更多的新产品和技术开发的权利，来换取其对研究项目的资助等等。由此可见，新企业的初始资源禀赋决定了组织的决策制定，并将新企业定位在不同的发展路径上。

资源是一个多维度的建构，Barney[①]曾经将其分为四个维度：财务、物质、人力和组织资源。其中组织资源是指嵌入到公司中的系统、常规及关系，反映出企业如何整合及转化其他的初始资源（Galunic and Rodan，1998）。这类资源很难在新企业创建之初就获得，而是需要随着发展不断积累，这意味着在创建初期，新企业在组织资源上并没有太大差异。因此，有关新企业初始资源禀赋的研究主要关注财务资源、物质资源（主要是技术资源）及创业者及创业团队的人力、社会资本等要素。

[①] Barney, J.B.. Firm Resources and Sustained Competitive Advantage.Journal of Management, 1991, 17: 99-120.

初始财务资源，包括企业不同类型的钱财资源，例如创业者的自有资本、股权投资者的投资或债权人的债务资本等。Castrogiovanni[①]提出新企业的初始资金被用来满足三个目的：1. 采购经营企业所必需的资产；2. 在新企业初创期，其现金流通常是负的，初始资金可以用来维持经营；3. 用来缓冲管理层的决策失误、环境不确定性以及其他不可预见性的困难，因此初始资金的增加会带来绩效的改善。在创建初期，拥有更多财务资源的新企业可能积累更多的战略资产，构成其竞争优势的来源（Lee et al.，2001）。Cooper 等（1994）认为初始注册资金赋予新企业适应环境的能力，并确立相对于竞争者的竞争地位。Duchesneau 和 Gartner（1990）考察了新企业的初始财务资源，发现具有较充裕财务基础的新企业会获得更高的盈利性。Bruderl，Preisendorfer 和 Ziegler（1992）发现初始资金匮乏的新企业，其失败率会显著提高。

人力资源包括创业者及团队成员的经验、判断、智力、关系及视野。对于新企业来讲，创业者及创业团队是新企业最关键（如果不是唯一）的人力资本（Van de ven et al.，1984）。正如 Brush，Greene 和 Hart 所提出的，新企业所面临的挑战就是，如何在仅有一个好的创意思想（即所识别到的创业机会）的前提下，通过创业者及团队的人力和社会资本，识别所需的资源，并将其吸引到新企业之中，用于机会的开发，并最终将个体拥有的资源优势转化为组织实体资源，进而形成企业的核心能力和竞争优势。因此新企业的人力资源担负着识别、吸引、整合各种资源，并将个体资源转化为组织资源的关键角色[②]。有关创业者及创业团队人力资本及社会资本可以视为新企业初始条件的单独维度，即下文将要介绍到的第四部分，创业者及创业团队维度。这里仅介绍基于资源基础论视角看待创业者及团队人力、社会资本的研究。主要有，Shane 和 Stuart（2002）基于社会资本理论提出，创业者的社会资本构成，即与风险投资者的直接或间接连带关系对于新企业的失败率、吸引风险投资和初始上市融资三个关键里程碑事件的影响。文章利用麻省理工学院（MIT）1980-1996 年间专利转让成立的新企业数据进行了实证检验，结果从整体上验证了创业者的社会资本对新企业随后绩效的影响，当创业者与风

---

① Castrogiovanni G. Pre-startup Planning and the Survival of New Small Businesses: Theoretical Linkages. Journal of Management, 1996, 22: 801–822.

② C.G. Brush, P.G. Greene, M.M. Hart, H.S. Haller. From Initial Idea to Unique Advantage: The Entrepreneurial Challenge of Constructing a Resource Base. Academy of Management Executive, 2001, 15: 64-78.

险投资家具有直接和间接联系的时候，新企业更容易获得风险投资，而且不容易失败。同时，获得风险投资是初始上市融资的一个重要决定因素[①]。Burton，Sorensen 和 Beckman（2002）提出创业者以往的从业经历决定了其在社会结构中的位置及所能获得的资源，构成创业者的一种社会资本，进而探讨了既有组织的社会结构对创业的影响。这突破了以往研究对创业者具有什么经验以及创业者背景等人力资本特征的考量，而是强调了经验从哪里来这一可能影响创业者社会资本的因素。从具有声望的既有企业衍生出来的创业者会拥有信息优势，这有利于其识别新的机会。同时先前雇主的创业声望（Entrepreneurial Prominence）可帮助新企业降低外部认知的不确定性。作者利用硅谷的新创企业为样本，证明了创业声望与初始战略以及获得外部融资都是有关联的。从具有创业声望的既有企业中衍生出来的新企业更可能成为创新者，并更可能获得外部融资[②]。

物质资源，包括新企业所使用的技术、厂房及设备、原材料和所处的地理位置等。对新企业来讲，在创建初期通常具有很少的物质资产，其创新性的技术通常构成了主要的物质资产，尤其是对新技术企业而言。Aspelunda，Berg-Utbya 和 Skjevdal 基于 80 家挪威和瑞典的新技术企业数据，探讨了创业团队特征和技术资源对于其渡过高风险初创期的影响。结果表明创业团队职能经验上的异质性越高，新技术的突破性越高，新企业失败的风险越低。该结果支持了现有关于提倡将内部资源作为战略制定基础的观点，并强调了在商业化过程中，有效管理内部资源的重要性，以及新技术企业资源发展的路径依赖性[③]。Kelley 和 Rice 同样以新技术企业为研究对象，关注其初始技术资源的质量（具体考察技术资源的创新性）与新企业创建后以技术为基础的战略行为之间的关系。文章利用二手数据和专家打分相结合的 67 家计算机和通讯产业的新企业数据进行实证检验，结果表明当新企业的初始优势是基于某种创新技术的时候，它就具有了有价值的资源，有激励通过技术驱动的战略行为来利用这些创新技术。具体而言，当技术资源的质量较高时（在本研究中即技术创新性更强时），新企业更可能采取战略行动申请技术专利，同时更

---

① Scott Shane and Toby Stuart.Organizational Endowments and the Performance of University Start-ups. Management Science, 2002, 48: 154-170.

② Burton, M.D., Sorensen, J. B., Beckman C. M.. Coming from Good Stock: Career Histories and New Venture Formation. Social Structure and Organization Revisited, 2002, 19: 229-262.

③ Arild Aspelunda, Terje Berg-Utbya, Rune Skjevdal.Initial Resources, Influence on New Venture Survival: A Longitudinal Study of New Technology-based Firms .Technovation, 2005, 25: 1337-1347.

可能形成战略联盟。这表明不仅仅是初始技术资源在战略行动中扮演了重要角色，同时这些资源的质量也是十分重要的[①]。

综上，许多学者关注各类资源对新企业生存与成长的独立影响，得到了一些富于启发性的结论，但是却没能充分考察各类资源之间的可能的交互作用，这是与 RBV 理论相悖的。该理论认为企业是一系列资源的集合体，企业的长久竞争优势来源于管理人员所建构的资源集合。因此，从整体上考虑资源的构造及其之间的相互作用是十分重要的，而这在现有的研究中还非常缺乏。Heirman 和 Clarysse（2004）在这一问题上作了初步尝试，并给未来的研究以重要的启示。他们认为资源与环境及情景要素之间的联系无法通过单独考察资源来理解，而应该植根于建构观（Configuration）的思想下。作者提出新技术企业在初始财务、物质及人力资源上存在显著差异，因此可以按照其初始资源的特征划分不同的初始资源构造，并考察其如何与技术领域、产业特征、组织来源及创业动机相联系。文章根据对新技术企业的一手调查数据进行了实证检验，证明了其在初始资源上的显著差异，并识别出四种不同的初始资源建构，即"风险投资支持的新企业"、"勘探型新企业"、"产品型新企业"及"过渡型新企业"[②]。突破了以往文献中仅仅将新企业划分为风险投资支持型和非支持型两大类，更好地刻画了其多样性，同时证明不同类型资源之间能够互相增强或替代，而且初始资源与非资源要素（产业特征、组织根源等）之间是系统相关的。该研究提供了一个分析初始资源与新企业生存及成长的方法，从建构观的视角分析资源的整体异质性，捕捉到了组织之间的复杂性，提升了对于不同资源之间如何相互作用的理解；同时，资源建构相比于单一维度的资源来讲，能够更好地解释新企业的生存和成长。此外，作者考察了资源与环境之间的互动作用，进一步检验了资源分类的外部效度，为今后研究拥有不同资源建构的新企业的早期发展路径及绩效奠定了基础，也明确了该主题下未来研究的方向。

2.3.1.4　创业者及创业团队

关于新企业的先前研究已经表明，创业者及创业团队作为创业活动的主体，在很大程度上决定了企业的初始战略、结构、行动和绩效。现有文献中分析了创业者及创业团队人力资本、社会资本等特征与新企业

---

① Kelly, D.J., Price. M.P., Rice.Technology-based Strategic Actions in New Firms: the Influence of Founding Technology Resources. Entrepreneurship Theory and Practice, 2001, 26(1): 55-73.

② Ans Heirman & Bart Clarysse.How and Why do Research-Based Start-Ups Differ at Founding? A Resource-Based Configurational Perspective.The Journal of Technology Transfer, 2004, 29: 247-268.

生存概率以及生存下来的新企业的成长绩效之间的关系。并具体将人力资本区分为一般性人力资本和特殊性人力资本。在早期的实证研究中，学者们主要关注创业者的一般性人力资本，如年龄、教育程度、工作经验的有无和长短，以及特殊人力资本，如创业者是否具有某特定产业的工作经验或是否从事过创业及管理活动等，取得了较为丰富的研究成果。如 Eisenhardt 和 Schoonhoven（1990）研究创业团队规模、团队成员以往共同工作经历、团队成员产业经验的异质性对半导体产业内新技术企业成长的影响，结论是存在积极影响。Cooper 等（1994）研究创业者一般性人力资本、管理诀窍、产业专属知识等对新企业生存与绩效的影响，结果支持了创业专属知识和管理诀窍对新企业生存与成长绩效的积极影响，验证了父母的创业经验（通过间接学习）会增加子辈创业者生存的可能性，但是对高成长绩效没有影响。

Vyakarnam 和 Handelberg（2005）对创业团队与新企业成长的研究进行了综述，认为现有的研究已经对创业团队作了充分的探讨，研究主题涵盖了产业经验、工作经验、职能背景的互补性（技术/市场）、规模、成员间的共同工作经历/团队任期、网络和连带关系等六个方面。进一步的研究不能停留在单一视角下，而需要细化这些主题，并深入探究影响的作用机理①。事实上，近年来已经有学者开始对创业团队如何影响新企业绩效进行了更为深入、细致的研究，他们或是通过引入新的调节、中介变量，或是通过寻找匹配关系，来深入刻画创业者及创业团队对新企业生存与成长的影响，并开始尝试突破截面研究的局限，利用动态跟踪的方法，考察创业者及团队的流动性、创业团队演化等问题及其对新企业绩效的影响，尝试打开烙印现象的黑箱。例如，早期的研究提出创业团队的产业从业经验与创业经验对新企业绩效存在积极影响（Cooper and Bruno，1977；Gimeno et al.，1997；Shane and Stuart，2002；Bosma et al.，2004），而 Delmar 和 Shane（2006）则从这一论断出发，采取更加细致的观点来考察上述经验对于新企业生存与销售额的影响，利用瑞典 223 家成立于 1998 年的新企业样本进行了实证研究，结果表明团队经验提高了新企业的存活率和销售额，但是这种影响并非是线性的，同时随着时间而变化。具体而言，创业团队的先前创业经验可以提高新企业的生存率，但是这种积极影响随着经验的增加而递减。这是因为创业者

① Vyakarnam, S., Handelberg, J.. Four Themes of the Impact of Management Teams on Organizational Performance Implications for Future Research of Entrepreneurial Teams.International Small Business Journal, 2005, 3: 236–256.

的先前经验为指导新企业的创建过程，减少创业者的错误提供了相关知识。每一份经验的增加为指导创业过程提供了额外的知识，但是这种额外知识增加的比率却是递减的（Cyert and March，1963）。结果，创业团队从第二次、第三次或第四次创业经验中获得的知识不可能与第一次创业中获得的知识一样多，因此对绩效带来的影响就会小些。另一方面，先前创业经验对销售额的提高具有正向影响，但随着新企业年龄的增加，经验的影响逐渐降低。因为在新企业开发的初期阶段，通常仅仅是一个创业思想，创业者的知识构成了企业绩效的大部分影响因素。在随后的发展中，新雇员的加入、组织常规的建立、学习曲线效应的递减等因素都开始影响新企业的绩效，致使拥有经验和没有经验的新企业在绩效上的差异会随着企业的年龄而下降[①]。这二位学者的研究具有重要的理论意义，突破了以往文献中过于简单的解释——创业团队的经验提高了新企业绩效，强调应该具体探讨这种影响对于新企业生存与销售增长的不同之处，以及影响的非线性及其与年龄之间的交互作用。

Beckman 将创业团队的组成，具体而言是团队成员先前工作的隶属性与新企业采取探索性或开发性行为联系起来。创业团队成员若来自同一公司，则会更多地进行开发性活动，具体表现为着重进行渐进性创新，注重执行、完善现有的流程及提高效率的行为，因为他们具有共同的认知基础，并能够快速行动。相反，如果团队成员来自不同的公司，则具有多样化的思想和外部联系，这会鼓励其探索性行为，即那些为引进突破性创新、创造新的产品和市场而广泛搜索、尝试及不断变革的行为。同时具有共同和多样化的隶属关系的创业团队，会增加组织的双元能力，有利于新企业的成长。这些结果都表明，团队构成是探索与开发行为和组织双元能力的先导因素。创业团队更多地受到其工作经历而非现在岗位的影响，而其企业探索和开发行为在团队刚刚创建时就已经造就了，进一步验证了初始条件对新企业能力形成和不同行为本源的影响[②]。Beckman，Burton 和 O'Reilly 考察了硅谷地区新技术企业创业团队的组成、流动对新企业吸引风险投资和上市的影响，发现拥有广泛的先前工作关联以及多样性的先前经验的创业团队通常具有较好的绩效。此外，新的高管人员的进入以及创业者的离开都增加了企业上市的可能。这一

---

① Delmar, F., Shane, S.. Does Experience Matter? The Effect of Founding Team Experience on the Survival and Sales of Newly Founded Ventures .Strategic Organization, 2006, 4: 215-247.

② Beckman, C.. The Influence of Founding Teams Company Affiliations on Firm Behavior, Academy of Management Journal, 2006, 49: 741-758.

发现表明，团队经验、组成和流动率可以给企业带来新鲜视角，同时增加了企业成功的可能性[①]。Beckman 和 Burton（2008）通过检验创业团队的演化问题，对比了有关创业企业生命周期和路径依赖两种观点。通过实证检验证明创业团队的先前经验和初始组织职能结构可以预测随后高管团队成员的背景以及组织职能结构，由此表明初始条件会限制组织随后的发展。具体而言，如果创业团队的先前经验过于聚焦，则很难在新企业中设置其经验中尚未包括的职能，而且无法在随后的发展中开发出完善的职能结构。同时创业团队的先前经验和新企业最初的职能结构会影响企业初期绩效，经验丰富的创业团队更可能会组建起职能完备的新企业，从而更容易获得风险投资并较快上市。该研究通过检验高管团队经验背景和组织职能结构的来源，证明创业者对随后高管团队的组成和企业绩效具有持续性的影响，验证了新企业成长的路径依赖观点[②]。

综上，学者们对初始条件的各个维度如何影响新企业的成长做了较为全面而细致的研究，验证了其存在清晰而显著的影响。同时，随着研究的逐渐深入，学者们采用更加细微的观点及动态研究的视角来探讨此影响所发生的边界条件和影响机制，取得了丰富的研究成果。

2.3.2 初始条件影响的时间效应

Stinchcombe 提出由于组织对效率的追求或是受到传统、嵌入性利益、思想体系的惰性驱使，或是因为缺乏竞争等原因，创建时的初始条件（或其中一部分）会继续发挥作用，并对组织的战略、结构和绩效具有持续性的影响[③]。由此，引发了学者们对初始条件影响时间效应的探讨，并构成"组织烙印"学说中的研究重点。Eisenhardt 和 Schoonhoven 发现创业团队和初始环境条件随着时间具有倍增的作用，也就是说，较强和较弱的新企业之间的差距会拉大。他们总结到，新企业的初始条件会表现出正向反馈的行为，起初的、微小的或哪怕是偶然的优势，例如较大规模的团队和成长阶段中的市场，都会为未来创造新的优势。大型团队会有更丰富的技能，可以去构建战略联盟、筹集资金以及满足潜在顾客。一旦他们的企业获得最初的成功，其他的顾客、投资人和联盟者

① Christine M., Beckman, Diane Burton, Charles O'Reilly. Early Teams: The Impact of Team Demography on VC Financing and Going Public.Journal of Business Venturing, 2007, 22: 147-173.

② Christine M., Beckman M., Diane Burton. Founding the Future: Path Dependence in the Evolution of Top Management Teams from Founding to IPO. Organization Science, 2008, 19: 3-24.

③ Stinchcombe, A. L.. Social Structure and Organizations. In, March J. G., eds.. Handbook of Organizations.Chicago: Rand McNally, 1965: 142-193.

都会被吸引，因为他们更愿意与成功的新企业做生意，并随着时间而将优势扩大①。Bamford，Dean 和 McDougall 采取一种折中的观点，提出新企业既具有惰性也有适应性，认为初始条件和决策对初期绩效存在影响，但是他们的预测能力会随时间而降低。作者利用新创银行企业的样本数据检验了初始的环境条件、战略选择及资源禀赋对其创建后六年中的资产回报率及市场销售额的影响，证明具有显著影响，但影响呈明显的递减趋势②。Bamford，Dean 和 Douglas 同样利用新创银行企业的样本数据进行实证研究，证明新企业的资源和决策选择从时间上看是不稳定的，也就是说，其资源选择和决策在初始阶段及随后的发展过程中虽然有一定的关联，但变化很大，这说明新企业具有适应性。同时，该研究验证了新企业的初始资源和决策选择的重要性，即初始条件对于新企业成立 5 年后的成长仍然具有影响，而且考虑初始资源和决策变量能够更好地预测新企业成长，从另一个侧面表明企业存在惰性因素③。Delmar 和 Shane 的研究表明创业团队的经验提高了新企业的生存率和销售额，但是这种影响是非线性的，随着新企业的年龄增加而递减④。Boeker 则具体分析了影响初始战略发生变化的条件，如绩效、组织年龄、创业者任期等因素⑤。

综上，有关初始条件时效性的研究将初始条件的各个维度与新企业初期成长过程联系起来，在这个纵向过程中试图揭示新企业在多大程度上受到历史条件的影响，哪些事件可以削弱或增强其影响，从而有利于进一步将烙印作用发生的过程和机理阐释清楚。但是这类研究仍然是刚刚起步的，学者们一般是通过获取新企业创业后数年的成长绩效数据，检验初始条件的各个维度能在多长时间内发挥作用，并检验这种影响呈递增或低减趋势，但未对此达成一致观点，未来的研究还要深化，解释

① Eisenhardt K. M., Schoonhoven C. B.. Organizational Growth: Linking Founding Team, Strategy, Environment and Growth among U.S. Semiconductor Ventures, 1978–1988. Administrative Science Quarterly, 1990, 35: 504-529.

② Bamford, C.E., Dean, T.J., McDougall, P.P.. An Examination of the Impact of Initial Founding Conditions and Decisions upon the Performance of New Bank Start-ups.Journal of Business Venturing, 1990, 15: 253-277.

③ Bamford, C.E., Dean, T.J., Douglas, T.J.. The Temporal Nature of Growth Determinants in New Bank Foundings: Implications for New Venture Research Design. Journal of Business Venturing, 2004, 19: 899-919.

④ Delmar, F., Shane, S.. Does Experience Matter? The Effect of Founding Team Experience on the Survival and Sales of Newly Founded Ventures .Strategic Organization, 2006, 4: 215-247.

⑤ Boeker, W.. Strategic Change: the Effects of Founding and History.The Academy of Management Journal, 1989, 32: 489-515.

已有研究中产生相悖观点的原因。

2.3.3　研究评述及未来可能的研究机会

通过对有关初始条件与新企业成长现有研究的梳理，发现其对于当下发展迅速的创业研究具有极大的指导作用。创业研究关注企业生命周期前端的活动，有关初始条件的研究恰恰契合了这一主题，扩宽了有关新企业成长决定因素的研究边界，为有关新企业创业机理与成长模式的研究提供了支持。目前该领域的研究已经得到越来越多学者的重视，并取得了一定的研究成果。但是作为对未知领域的探索，相关研究仍然存在诸多问题及可能提升的空间。

首先，无论是组织生态理论、演化理论或是创业领域的学者，都认同了初始条件的各个维度对新企业在即期和长期的影响。但是关于烙印过程是如何发生的仍然是一个有待打开的黑箱。例如种群生态和演化理论关注于种群层面的初始条件，例如种群密度或产业年龄，或是关注初始事件发生的比率，而没能解释初始阶段的烙印过程实际上是如何发生的，或是并没有将创建作为一个过程来考察其本身。创业领域的研究关注了创业者及创业团队的属性，如心理特征、人口统计学特征、社会资本等因素，但同样没有对创业者构建新企业的过程给予足够的重视。

其次，现有关于初始条件的实证研究在测度上存在三方面的不足：第一，难以获得有关初始条件的客观数据。这是因为新企业在初创期面临着极高的死亡率，通常在相关报道能够捕捉到其信息之前，就已经死亡了。事实上，从现有文献来看，很多新企业的研究集中于年轻企业而不是新企业，采用的自变量也大部分是创建几年后的指标。实际上，该领域的多数研究所使用的样本把创业型新企业定义为年龄低于 8 年的企业，甚至有研究将不超过 15 年的企业界定为新企业，这不会对新企业初期成长研究提供任何贡献。很明显，缺乏企业初创时的客观数据已经限制了该领域的研究努力。第二，有关初始条件与新企业绩效关系的探索还因为缺乏恰当的绩效度量指标而遭遇困难，创业者经常拒绝将财务信息透露给研究者，因此这类数据的精确性值得怀疑。更为重要的是，对于高科技企业而言，创业初期绩效很难用财务指标来测度，因此，找到合适的因变量指标成为一个难题。近年来，研究者们开始尝试利用新企业创建初期的关键绩效里程碑事件，如获得风险投资、首次公开上市（IPO）等作为初期绩效的度量，这是个更好的尝试，也由此得出了更富启发性的结论，但所得出的观点并不系统，还需要进一步的整合与提炼。

第三，从研究回顾中看到，大多数有关初始条件的研究都是横断面的，这直接导致了现有研究无法刻画烙印现象的实际发生过程。

因此，未来在研究内容和设计上应着重刻画初始条件如何影响新企业生存与成长的过程，打开烙印过程发生的黑箱。为此，研究不应局限于横截面考察，而应该拉宽研究的时间跨度，注重开展跟踪式设计，从中提炼出影响组织烙印过程发生的关键事件，如环境及制度的变革、创业者及创业团队的流动、新企业绩效等因素，由此刻画初始条件对新企业创业过程的影响机理与路径。在实证研究的测量上，首先应注意选择刚刚创建的新企业，在初始点上考量有关初始条件各个维度的数据，聚焦于新企业（new venture），而非年轻企业（young venture）。其次，应注意选择恰当的绩效指标，突破传统财务指标的考核，针对新创企业的特点，选择诸如关键绩效里程碑事件和新企业在人员、收入和总资产上的增长等指标作为初期成长绩效的考核。最后，正如一些学者所提出的初始资源禀赋对于新企业的生存和成长的影响是不同的，某些要素如创业团队的经验可能为新企业的生存提供支撑，但是却不足以推动销售额和利润的增加（Brüderl and Schussler，1990；Fichman and Levinthal，1991），这说明绩效是一个多维度的构念（Cameron and Whetton，1983；Cooper and Gimeno-Gascon，1992）。因此采用不同绩效度量指标可能会带来检验结果的差异，即初始条件重要与否取决于组织的目标和所选用的绩效指标（Bamford，Dean and McDougall，1990）。未来的研究也应该进一步深入剖析初始条件的各个维度对新企业生存和成长（细分不同的成长绩效指标）的不同影响。

2.3.4 初始条件与新企业成长的研究框架

通过以上的研究综述及未来可能的研究方向，作者试图提炼有关初始条件与新企业成长的研究框架（见图 2.3），从而给未来的研究以启示。

在图 2.3 中，解释组织烙印过程发生的黑箱是有关初始条件与新企业成长未来研究的核心内容。要考核新企业创建后的关键事件，如新企业初期绩效落差、新企业年龄、创业者及团队变革、环境等外部因素的冲击等是如何作用于初始条件的各个维度，从而带来新企业在初期绩效上的差异，以及随后的战略变革、团队演化或资源基础的形成等问题。即初始条件和新企业创建后一段时间的状态是两个横截点的状态，其中的动态过程和演化机理构成了未来研究的中心。

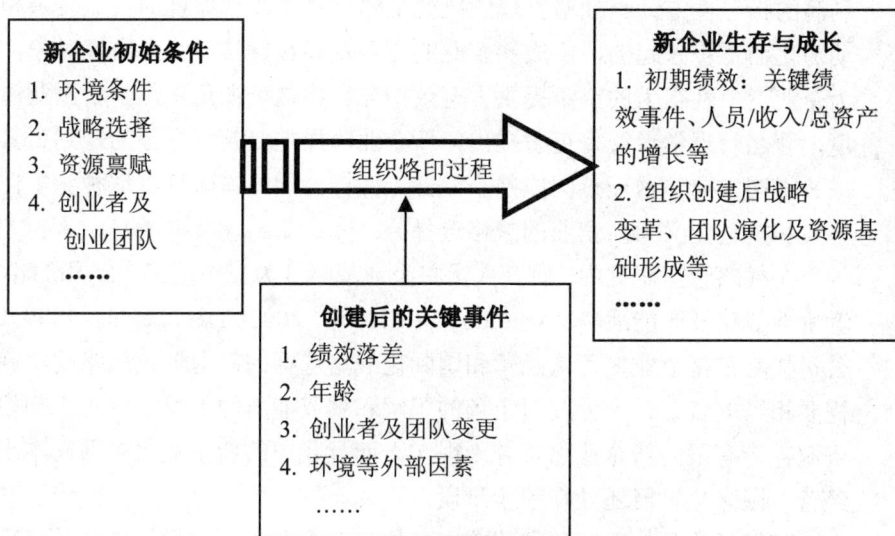

图 2.3 初始条件与新企业成长的研究框架

资料来源：作者整理。

第四节 新企业战略研究综述

创业是新企业从应对生存压力开始到不断谋求发展壮大的过程，特别是处于生成期和初创期的新企业，如何在激烈的市场竞争中生存下来，实现经济与社会层面的贡献，不仅是创业管理的重点，也是政府、创业支持机构重点解决的问题。战略视角下的研究发现，新企业同样需要战略，通过选择有效的竞争性策略，获取维持生存的必要资源，新企业可以获得更好的成长，实现其促进产业内技术创新和结构升级的贡献。梳理现有关于新企业战略研究的成果发现，很多研究借鉴既有企业战略管理研究的思想，对新企业战略的独特性关注不足。可以说对新企业战略的研究仍停留在探索性的层次，深度还远远不够。本部分将沿着已有研究的逻辑梳理相关成果，从中找到本书的可拓展空间。

2.4.1 新企业战略选择的研究回顾

2.4.1.1 新企业战略选择的内涵与研究发展脉络

战略是企业生存发展的逻辑链条，是企业获得竞争优势并赚取超额利润的指导性方针。战略管理的研究是随着企业经营环境的日益复杂和动荡化而逐步兴起的，以成熟企业的业务发展和日常经营为研究对象，为企业竞争性行为的决策提供了有效指导。将这一视角聚焦于新企业情境，著名管理学者德鲁克曾提出，新企业同样需要制定合理的规划为其成长指明方向，这一点同成熟企业并无两样。因此本研究将这种竞争性方案和规划定义为新企业的战略选择。

在战略管理研究中，研究人员将企业战略分为三个层面：公司战略、竞争性战略及职能战略（Arnoldo and Nicolas，2003；David et al.，1999）。公司战略是指企业多角化经营和国际化战略选择的问题，该战略的实施需要相当的资金、人力及对市场的了解和驾驭能力的支撑，这对于初始资源甚为有限的新企业而言并不现实，而且我国的新企业大多面向本土经营，国际化扩展还处在起步阶段。

职能战略是按照总体战略或业务战略对企业内各方面职能活动进行的规划，新企业的组织常规还未形成，创业团队成员经常一身兼数职，因此职能战略的规划还未提上日程。所以，有关新企业战略的相关研究主要是分析其竞争性战略[1]。

在具体的研究过程中，研究人员往往也是借鉴了成熟企业战略研究的范式。早期主要从如何规避与大企业竞争的角度出发，认为新企业要想在市场上求得生存和发展必须借用合适的战略来避免与大企业直接竞争，如专注于某一特定产品或将经营运作限定在某一区域内，通过提供独特的产品与服务进而创造竞争优势。由于这种细分市场可能对规模大的企业缺乏吸引力或容易被忽略，因而避免了与大企业的直接对抗。近来的研究新发现，积极进取、主动实施竞争战略的新企业更容易获得成功，这引发了学者们的进一步思考：新企业应当选择何种竞争战略实现快速成长。

清华大学技术创新研究中心的姜彦福教授及其研究团队依托教育部人文社会科学重点研究基地重大项目的支持（04JJD630002），对有关新企业战略主题作了诸多深入探讨，成为国内该领域的研究先驱，本章的研究回顾在参考了该团队相关研究成果的基础上整合汇总而成。其中姜彦福教授指导的博士生，现中央财经大学的副教授林嵩，出版了《创业战略：概念、模式与绩效提升》专著[2]，系统梳理了有关新企业战略研

① 林嵩，张帏，姜彦福. 创业战略的选择：维度、影响因素和研究框架. 科学学研究，2006，2：79-84.

② 林嵩. 创业战略：概念、模式与绩效提升. 北京：中国财政经济出版社，2007.

究的发展脉络和主要观点，并将有关新企业战略选择的研究划分为三个阶段[①]。第一阶段：20 世纪 80 年代以前。这一时期新企业的战略研究主要是从新企业如何规避与大企业的竞争角度出发，例如新企业可能选择特定的产品或者特定的区域市场，而这个机会可能对大企业无较大的吸引力。从研究涉及的战略内容来看，焦点相对分散，缺乏系统的归纳和整合。第二阶段：20 世纪 80-90 年代。研究人员已经尝试从整体上提出战略分析的框架，如 Porter 的竞争战略分析框架等。这些分析框架很快被应用于创业研究领域，学者们借鉴成熟企业战略管理的思路来探讨新企业战略选择问题，取得了一定的研究成果（Hobson and Morrison，1983；Miller，Camp，1985；Covin and Slevin，1989）。但显而易见的是，由于企业资源禀赋和发展阶段的不同，新创企业战略制定的出发点、战略的具体内容以及实施效果，必然与成熟企业存在差异，因此直接套用既有企业战略管理的思路和内容会给研究结果带来混淆，缺乏针对性和解释力度。因此研究人员开始思考，成熟企业的战略规划是否适用于刚刚成立的中小型企业，并尝试针对新企业的独特性考察创业战略的内涵，构建专属于新企业的战略选择框架，由此引发了第三阶段的研究热潮。第三阶段：20 世纪 90 年代至今，针对新企业独特性的战略选择研究。在这一阶段，随着创业研究的蓬勃发展，研究人员逐渐意识到了新企业战略的独特构成，并开始引入"维度"概念，学者们从创业战略是一个多层次、多维度概念出发，提出各自的维度划分，并且应用大样本数据或者典型案例进行验证，涌现出许多有代表性的成果[②]。

成熟企业和早期新企业战略选择的研究主要集中于考察环境因素的影响（e.g.，Haiyang Li，2001；Zahra and Bogner，1998；Eisenhardt and Schoonhoven，1990；Romanelli，1989），并没有从创业自身的特点去分析新企业战略选择的特有模式。近年来，越来越多的学者开始认识到创

---

① 对新创企业战略研究轨迹的梳理最早见于：林嵩. 新创企业的战略研究轨迹及其模式选择. 改革，2007，6: 118-122.此后该文章观点汇总为林嵩的博士论文及专著。

② McDougall, P., Robinson, R. B.. New Venture Strategies: An Empirical Identification of Eight "Arche types" of Competitive Strategies of Entry. Strategic Management Journal, 1990, 11: 447-467; Carter N.M., Stearns T.M., Reynolds P. D.. New Venture Strategies: Theory Development with An Empirical Base. Strategic Management Journal, 1994, 15: 21-41; Park, S., Bae, Z.. New Venture Strategies in a Developing Country: Identifying a Typology and Examining Growth Patterns Through Case Studies. Journal of Business Venturing, 2004, 19: 81-105; Haiyang Li.. How does New Venturing Strategy Matter in the Environment-performance Relationship. Journal of High Technology Management Research, 2001, 12: 183-204; 王一军，王筱萍，林嵩. 创业战略的维度构建——概念内涵及发展模式.江西财经大学学报，2009，3: 46-50.

业机会是创业过程中的核心要素（Shane and Venkataraman，2000；Timmons，1999），并提出以创业机会为线索开展创业研究，由此学者们尝试构建创业机会导向的新企业战略制定模式，并认为创业机会的实际开发过程正是创业者制定创业战略、实现企业良性成长的过程。创业战略的制定模式从根本上讲就是创业机会的开发模式，不同特征的创业机会对应着某种更为合适的创业战略。例如，林嵩、张帏、姜彦福（2006）基于中国创业企业的深入案例，进行了有关创业机会特征与新创企业战略选择的探索性研究。文中回顾了五种创业战略类型——市场竞争战略、市场进入战略、市场定位战略、技术创新战略、产品范围战略，并根据市场优势和技术优势两个维度将创业机会进行了分类，提出了机会导向的新创企业的战略制定模式[①]。田莉以技术创业企业为研究对象，剖析了新技术企业创业机会的来源和类型，并从技术属性与产业技术环境两个维度对机会类型进行了划分，提出了二者匹配视角下的机会导向型新技术企业商业化战略，研究视角更加聚焦且具有针对性[②]。

新企业战略选择的研究经历了一个从宽泛到集中，从借鉴成熟企业战略管理范式到关注新企业独特性提出创业战略概念、维度并与创业过程关键要素进行匹配的研究过程。视角更加集中和具有针对性，所得出的结论对新企业的指导意义也更强，这些都从一个侧面反映出近年来创业研究规范化、系统化，并尝试构建本领域研究范式，向独立学科发展的倾向。

2.4.1.2　新企业战略选择的影响因素

上文分析了新企业可供选择战略类型的内涵与维度概念，但是仅仅研究战略选择本身是难以说清其来龙去脉的。因此，研究人员进一步考察新企业战略选择与什么因素联系最为紧密，所识别到的影响因素包括：环境因素、创业者特征、风险投资背景等等。

和既有企业战略管理研究相类似，大多数新企业战略研究都集中在考察环境因素对战略规划的影响。新企业面临"新进入缺陷"（Stinchcombe，1965），缺少资源、知识，拥有较少的经营记录，与供应商以及顾客的联系也较少。因此更加依赖于外部获取生存与发展所必需的资源，环境条件也就成了其制定创业战略的重要依据。Romanelli 利用

---

① 林嵩，张帏，姜彦福. 创业机会的特征与新创企业的战略选择——基于中国创业企业案例的探索性研究. 科学学研究, 2006, 4: 268-272.

② 田莉. 机会导向型的新技术企业商业化战略选择——基于技术属性与产业环境匹配的视角. 经济管理, 2008, 19: 40-43.

美国计算机产业 1957-1981 年内建立的新企业的纵向数据进行了实证研究。研究发现，采用专一战略（Specialist）的要比采用通用战略（Generalist）的新创企业存活率更高。但是当产业需求处于上升期的时候，采用通用战略的新企业绩效更高；另一方面，通常来讲，采用激进型战略（Aggressiveness）要比采用效率型（Efficiency）战略的新企业存活率更高。但是当产业需求处于下降期的时候，采用效率型战略的新企业绩效更高[①]。McDougall 等检验了特定环境下战略的影响，发现在高成长市场上的新企业采取宽幅战略会成长得更快，而在低成长市场上的新企业采取聚焦战略会成长得更快[②]。

除环境要素之外，现有研究还考察了诸如创业者特征、风险投资背景等因素对新企业战略选择的影响。创业者及其团队成员是创业活动的主体，他们对创业机会的把握及创业行为的选择和决策，是促进新企业生存及成长的关键因素。创业者对新企业的高度心理归属感和掌控力，使其十分相信自身的经验和能力，并且这些要素也恰恰在影响着其决策行为，其中包括新企业的初始战略决策。这一观点来源于战略选择理论的视角（Child，1972），即管理者具有选择组织经营领域/范围的能力，在新企业创建时，由于没有历史记录或现成的范式可套用，创业者通常具有高度的战略选择权（Andrews，1971；Biggadike，1979；Child，1972；Weick，1979）。因此，理解创业者的偏好及其战略决策的过程是战略选择的重要影响变量。陈浩义、葛宝山[③]提出了基于创业者资源禀赋的创业战略选择模型。文章认为新企业的战略选择是在对外部环境、自身资源和能力分析和评价基础上的决策过程。创业者作为创业战略的决策主体，其自身资源禀赋，包括企业家精神、对环境的认知能力、战略能力和思维能力直接影响到新创企业战略的形成过程。同时由信息技术革命等因素驱动的社会转型以及创业活动本身的高复杂性使得人们发现单靠个人的力量难以创建成功的企业，因此创业团队的重要性凸显出来。随着团队创业现象的普遍化，创业团队逐渐引起越来越多学者的重视。相关的研究也从关注单个创业者转向了关注创业团队对新企业创建的作用。实证表明创业团队对公司创业绩效尤其是对获利率、存活率、成长

① Romanelli, E.. Environments and Strategies of Organization Start-up Effects on Early Survival.Administrative Science Quarterly, 1989, 34(3): 369–387.

② McDougall, P.P., Covin, J.G., Robinson, R.B., Jr., & Herron, L.. The Effects of Industry Growth and Strategic Breadth on New Venture Performance and Strategy Content.Strategic Management Journal, 1994, 14: 137-153.

③ 陈浩义，葛宝山.基于创业者资源禀赋的新创企业战略选择研究.改革与战略, 2008, 3: 27-30.

潜力有重要影响，这是因为创业团队更容易制定出合理的获得统一认可的公司战略，在战略执行时能够获得团队一贯的支持。

新企业的初期资源禀赋极其有限，经营的高风险性也使得传统的银行融资难以实现，从而催生了风险投资等新融资主体。风险投资方的加入为新企业带来了急需的资源、管理技巧，但他们通常也通过股权置换等方式分享新企业的决策权，使得创业者要不断地向其汇报经营情况，咨询他们的建议，同时，风险投资方通过参与新企业的决策影响其战略制定，甚至是组织发展方向。这无疑都会给创业者的战略选择行为带来影响。龙勇、常青华以高技术企业为研究对象，探讨了高技术企业创新类型对融资策略和企业联盟行为的影响，以及风险资本对企业联盟行为的影响。研究结论表明，企业不同融资方式的选择和产品的自身特性都将影响企业的战略联盟行为。从融资类型的角度，风险投资会对企业建立产品/市场联盟具有积极影响，而债务融资的企业倾向于采用市场联盟加强同其他企业的合作；风险投资对高技术企业的发展具有重要影响，特别是对创新程度较大的高新技术企业。一方面帮助这些企业解决资金问题，同时还为企业提供公司治理、人力资源、战略联盟等方面的帮助，使企业更好地实现产品市场目标，从而推动高技术创业企业迅速健康发展[①]。

从文献回顾上来看，有关新企业战略选择影响因素的研究还处在刚刚起步的阶段，研究最为丰富的因素是环境层面的变量，这与成熟企业战略选择研究的思路是一致的。对于创业者及创业团队，以及外生因素如风险投资及竞争对手等变量的研究还非常少见。同时在为数不多的相关研究中，更多的停留在理论推演与模型构建阶段，相关的实证研究凤毛麟角。因此，着力对该问题的深入探讨将有助于理清新企业战略选择的前因变量，并在理论推导的基础上展开规范的实证研究，有助于更好地理解新企业战略决策的过程与机理。

2.4.1.3　新企业战略选择与企业绩效关系的研究

对于战略与企业绩效间关系的研究一直是战略管理领域的焦点。在创业研究中，学者们所关注的一个根本问题就是考察新企业战略选择对其绩效的影响。有关研究根源于 Sandberg 和 Hofer（1987）的成果，随后许多学者将这一话题深化。与以往创业研究中关注创业者特质不同，Sandberg 和 Hofer 发现战略选择在决定不同类型新企业绩效问题上具有

---

① 龙勇, 常青华. 创新类型、风险资本对高技术企业联盟行为的影响. 科技与对策, 2009, 7: 76-79.

显著的作用。他们利用生存性和股东回报率（ROE）相结合来度量新企业绩效[①]。Feeser 和 Willard 的研究也证明具有高成长性和低成长性的新企业在所选择的战略上存在系统性差异[②]。此后学者不断深入探讨究竟哪种战略选择有助于新企业的生存和成长，考察战略选择类型与新企业绩效之间的直接效应，并不断加入权变因素的影响，使得战略—绩效间的作用模型更加系统、全面。例如一些理论视角认为，新企业最适合采取细分市场战略或聚焦战略（Abell，1980；Porter，1980；Vesper，1990）。Porter（1980）提出细分战略允许企业将有限的资源集中在专一市场，从而满足客户的需求，建立市场位置并开发某一知识基础。这种聚焦战略会为新企业带来竞争优势。采取细分战略可以避免与大型既有企业的直接竞争，因为他们的细分市场并不对既有企业构成威胁，因此不会招致报复性行为（Scherer and Ross，1990）。现有关于新企业战略的理论都提到细分战略所可能带来的竞争优势，可以为新企业赢得财务和人力资本优势。与这些理论形成鲜明对比的另一种观点提出宽幅战略也可以给新企业带来成功（Biggadike，1979；McDougall，Covin，Robinson and Herron，1994；Miller and Camp，1985；Sandberg，1986）。这里所谓的战略宽度是指新企业向市场提供的产品/服务的种类与数量的结合体。例如Biggadike 发现相比采取适当的或聚焦战略，以宽幅产品线进入市场的新企业可以占据更广阔的市场[③]。该研究得到了 Sandberg（1986）的响应，他发现新企业绩效与采取广泛的市场定位及宽度产品线之间存在正相关。Buzzell 和 Gale 发现宽幅产品线与市场份额的增加相关，同时也是新企业成长的一个关键因素[④]。Duchesneau 和 Gartner 调查了 26 家果汁分销商并发现积极的进入战略和广泛的市场关注点会带来新企业在市场份额和赢利性上的双重增长[⑤]。这与利用 PIMS 公司创业新企业数据库中的样本所得的结论一致（e.g.，Biggadike，1979；MacMillan and Day，1987；Tsai，MacMillan and Low，1991），即宽幅战略会给新企业带来较

① Sandber, W. R., Hofer, C. F.. Improving New Venture Performance: The Role of Strategy, Industry Structure, and the Entrepreneur. Journal of Business Venturing, 1987, 2(1): 5-28.

② Feeser, H. R., Willard, G. E.. Founding Strategy and Performance: A Comparison of High and Low Growth High Tech Firms.Strategic Management Journal, 1990, 11: 87-98.

③ Biggadike R.. Corporate Diversification: Entry Strategy and Perjbrmance. Cambridge: Harvard University Press, 1979.

④ Buzzell, R. D., Gale, B. T.. The PIMS Principles: Linking Strategy to Performance.New York: Free Press, 1987.

⑤ Duchesneau, D. A., Gartner, W.B.. A Profile of New Venture Success and Failure in An Emerging Industry. Journal of Business Venturing, 1990, 5: 297-312.

好的绩效，因为他们可以获得母公司在财务、管理系统方面的支持，并可以回应竞争对手的战略报复（Miller and Camp，1985；Kekre and Srinivasan，1990）。

对战略—绩效间作用关系的调节变量展开研究的学者包括Bamford，Dean 和 McDougall（1997）以新创企业为研究对象，考察新企业初始战略与其成立 5 年后的绩效数据，同时加入了初始资源禀赋在战略选择与新企业绩效之间的调节效应。实证研究的结论表明，采取宽幅战略的新企业的经营绩效会更好，但需要更多的初始注册资金的支持，这一结论证明新企业战略的有效性依赖于其初始资源禀赋的权变影响。McDougall 等（1994）的研究检验了在特定环境下战略选择的影响。他们发现在高成长市场上的新企业采取宽幅战略会成长得更快，而在低成长市场上的新企业采取聚焦战略会成长得更快。

2.4.2 对本研究的借鉴意义

学者们已经很早就认识到了战略规划在应对新企业高死亡率和低成长绩效间的关系，从探讨新企业战略规划的必要性、复杂性和独特性入手，逐步理清创业战略的概念内涵、维度划分，并从概念模型的构建开始逐渐深入到了实证研究的探讨。

但是在有关新企业战略选择与绩效间关系的系统性研究方面尚存在一些问题。首先，对新企业战略的结果变量与绩效间关系的探讨已经比较充裕了，但对于前因变量，即什么因素影响创业者做出某种战略选择的关注还很少。其次，在研究对象的选取和新企业战略的度量方面，现有研究往往采用年限、规模等变量来识别新企业，认为生存年限低于8-10年的都是新企业（Biggadike，1979；McDougall et al.，1994），将新企业与小企业混为一谈。而对战略选择的度量也多选择了企业成立数年后的战略（Eisenhardt and Schoonhoven，1990；McDougall，Covin，Robinson and Herron，1994；Stearns，Carter，Reynolds and Williams，1995）。但是新企业在最初成立的几年中，其战略可能随着企业的演化而发生演化和聚合（Romanelli，1989），那些带来最初成功的战略可能并非当下所采取的战略（Boeker，1989）。因此，在创建后度量战略或许无法提供初始战略与绩效关系的正确检验。

本书扩展了现有研究的仅研究新企业战略选择概念与内涵本身，并主要关注战略选择结果变量的研究套路。从新企业的初创期度量其初始选择问题，以新技术企业为研究对象，探究初始战略的本源问题。这在一定程度上将现有关于新企业战略的研究向前推进了一步，通过对其前因变量的考察理清来龙去脉，更好地为实践中的创业活动提供指导。

第五节　创业团队研究综述

2.5.1　团队创业的普遍性及创业团队的界定与类型

随着知识经济的兴起，技术创业等高端创业活动逐渐占据主流，这类创业活动的高复杂性和高风险性，远远超出了单个创业者的驾驭能力，整合志向相投的创业团队一起应对复杂而繁多的创业活动显得更为必要。实践进一步表明新企业的创建和发展依赖于团队合作，尤其是当企业没有历史可循的时候，团队成员的相互依赖和集体努力，为新企业的发展注入了最原始的动力，成为新企业初期最宝贵的资源。Robert Reich 提出"创业团队才是英雄"的论断，表明新企业的成功来源于创业团队的才能、干劲及承诺，而非单个创业者缔造的神话[①]。Schefcyzk 和 Gerpott 认为一流的创业团队能够带来大量的知识、经验、技能，并提升对公司的承诺，这些因素在新企业的创建和成长过程中发挥着重要作用[②]。有关初始条件的研究也证明了创业团队在很大程度上决定了企业的初始战略、结构、行动和绩效，与既有企业相比，对新企业绩效具有更大、更长久的影响（Eisenhardt and Schoonhoven，1990；Finkelstein and Hambrick，1990）。尤其是对新技术企业而言，技术机会的短暂性和易模仿性加大了新企业初期面临的不确定性。而这类企业在初创期所拥有的物质资产很少，创业团队的人力和社会资本以及自身的创新技术，几乎构成了全部的初始资源禀赋，更有学者提出在新企业创建的头几年，恰恰是创业团队支撑了企业的发展（Schefcyzk and Gerpott，2001）。在梳理本书的理论基础时，笔者已经借由与高管团队的比较，给出了对创业团队的界定：在创业之初就全职加入新企业的创建过程，参与新企业的战略决策制定，并拥有企业股份的成员，不包括兼职的律师、会计师等

---

① Robert B.Reich.Entrepreneurship Reconsidered: The team as Hero .Harvard Business Review, 1987, 65: 77-83.

② Michael Schefcyzk, Torsten J.. Gerpott.Qualifications and turnover of managers and venture capital-financed firm performance an empirical study of German venture capital investment.Journal of Business Venturing, 2001, 16: 145-16..

人员。

在创业团队类型划分方面。Kamm 等（1993）从创业团队与机会发现先后关系角度，将创业团队划分为领导型团队（Lead entrepreneur approach）与民主型团队（Group approach）两种类型，前者是领导创业者发现机会并做出创业打算后再组建而形成的团队，后者是多个个体共同发现创业机会进而做出创业打算之后形成的团队。Harper 从创业团队内部成员特征构成角度，将创业团队划分为管理型团队、创业型团队以及混合型团队三类，管理型团队由缺乏创业精神而擅长运营管理的人员构成，创业型团队由富于创业精神但在管理经验方面较为欠缺的人员构成，混合型团队则是上述两类团队的交集[①]。可见创业团队类型的划分维度主要是围绕创业过程中的关键要素展开的，例如创业机会识别、主要决策力及内部角色分工等几方面。本书将从团队内部构成的角度，以成员先前经验的属性为依据划分团队类型，这有助于识别到创业团队带入新企业的初始资源禀赋，并挖掘经验背后影响团队成员认知模式，进而作用于创业行为选择的机理。科学识别新企业生成之前和创建初期的创业团队角色和作用，才最真实地还原了创业团队在新企业初创期的关键作用。

2.5.2　创业团队相关研究评述

目前有关创业团队的研究主要集中在创业团队的形成、发展和构成、内部的人际互动过程（interpersonal interaction）以及对新企业绩效的影响等几个方面。这里并不对所有有关创业团队的研究作系统评述，而仅仅是对与本研究相关的学术成果进行梳理，主要包括创业团队的组成方式和结构特征以及创业团队对新企业绩效的影响两方面的研究内容。

2.5.2.1　创业团队的组成方式与结构特征

创业团队的组成与结构反映的是团队成员的集体特征，这一直是创业团队研究的重点。该主题下的研究考察了为促使新企业成功运营需要创业团队成员具备哪些基本的资源、知识和技能。这些被学者们界定为创业团队的人力资本和社会资本[②]，并可进一步划分为创业团队的基本资源，与新企业的生存与成长绩效相关联。具体包括创业团队的规模、

---

① Harper, D.. Towards a Theory of Entrepreneurial Teams.Journal of Business Venturing, 2008, 23: 613-626.

② Benson, H., Davidsson, P.. The Role of Social and Human Capital among Nascent Entrepreneurs.Journal of Business Venturing, 2003, 18(3): 301-331.

先前经验、职能背景的互补性、共同的工作经历、团队任期和团队的网络连带关系等。

1. 知识与经验

在创业领域的研究中，学者们将创业者及创业团队的知识与经验看作其所拥有的一种资源禀赋，发现先前知识和经验会影响新企业生成、机会发现、融资及绩效等关键变量，逐渐延伸出特质论外的一些解释，成为近年来创业研究中的一个热点，观点呈现出多元化和细致化的趋势，将创业过程的诸多要素串联在这一新的解释视角下。概括起来先前经验主要有以下几类：（1）行业经验，即曾经在新企业同一行业工作过的经验（Delmar and Shane，2006）；（2）创业经验，即创建并管理新企业的经验（Ucbasaran，Westhead and Wright，2009）；（3）管理经验，即从事领导及管理岗位的经验（Stuart and Abetti，1990）；（4）与新产品开发、特定的技术研发及某类顾客打交道的独特经验（Timmons，1994）；（5）其他职能经验，如从事研发、市场营销、财务等工作的经验。随着团队创业日趋成为知识经济时代的主流创业形式，突破单个创业者的视角，从团队层面考察先前经验的组合特征，例如先前经验的隶属性和相关性成为近期研究的一个新亮点，考察了团队成员间经验的隶属关系（affiliation）和经验与新企业所在行业及职能的相关性等，这类研究因为视角的前探性和互动性而带来了更丰富的结论，并对实践中的创业活动具有更大的指导意义。例如，学者们提出创业团队成员拥有新企业所处行业的相关知识对于创业成功十分重要。具有在某一特定产业内工作经验的创业团队成员会将他们掌握的有关该产业如何运营的知识带到企业中，这对于那些达到一定规模不可避免面对产业范围竞争的企业来讲十分重要。Cooper 和 Bruno（1977）发现团队成员以往在相似产业内的市场和技术经验是尤为重要的。Stuart 和 Abetti（1986）延伸了这一概念，将以往创业经验及一般管理经验包括进来。Vesper（1976）认为不仅是管理经验，在不同职能领域内的一系列经验同样是新企业取得更好绩效的指标。同样，Timmons（1994）提出创业者通常有坚实的基础、广泛的管理技能和在多个职能上连续多年工作所积累的技术诀窍（例如，销售、市场、生产和财务）。但是他强调，关键的是拥有一个技能互补的团队，而不是仅仅依靠单一个体拥有全部的技能。Roure 和 Keeley（1990）同样发现就产业经验和知识而言，团队的完整性是成功的一个主要预测指标，以往共同工作的经验与新企业的成功创建相关联（Eisenhardt and Schoonhoven，1990；Roure and Keeley，1990）。创建团队成员间以往的共同工作经历可以带来更快速的决策制定（Eisenhardt and Schoonhoven，1990），更高的信任、协调（Stinchcombe，1965）、一致性（Goodstein and O'Reilly，1988）以及沟通（Zenger and Lawrence，1989）。团队的决策速度在高速变化、不稳定的环境下是十分重要的（Eisenhardt and Schoonhoven，1990），例如高技术产业内。

2. 团队规模与任期

团队成员的人数与新企业的成长有很强的关联（Cooper and Bruno，1977；Doutriaux，1992；Eisenhardt and Schoonhoven，1990）。规模更大的团队成员意味着有更多的人完成创建新企业的诸多工作，因此有更多的机会进行专业化的决策制定。Kazanjian（1988）强调了新企业面临着大量的困难，这需要更大的创业团队。但是团队规模同样影响团队间冲突的水平（Bales and Borgatta，1966）以及异质性。Katz（1982）对于研发团队的研究发现了团队任期与绩效之间的非线性关系，这是因为团队经历了不同的阶段。此外，他们还发现在一起工作较长时间的团队会变得更安于现状，形成选择性的认知，并越来越多地依靠团队自身的专业知识。因此，他总结说较长任期的团队最终会在适应性和创新性上变得很弱。Vyakarnam 和 Handelberg（1999）在他们的探索性案例研究中发现了相同的问题。

3. 团队构成

在有关创业团队构成特征的研究中，学者们关注最多的是有关团队成员在技能、知识和能力等方面的异质性或同质性问题。团队异质性是指成员之间主要态度、价值观和认知风格的不同，包括人口统计学特征上的差异。从 20 世纪 60 年代起，异质性作为团队的一种人口结构特征就引起了社会学家的关注。近年来，组织领域的研究者也将异质性作为一个重要的自变量，尤其是基于高阶理论下（Hambrick and Mason，1984）的高管团队研究将有关异质性的探讨推向了高潮，他们关注高管团队成员在诸如年龄、教育背景、性别、种族、受教育程度、任期年限等人口特征变量上表现出的差异性，考察这些因素对组织绩效、战略选择等的影响（Hambrick and Chen，1996；Smith et al.，1994；Wiersema and Bantel，1992；刘树林、唐均，2004）。在创业研究中，许多学者借鉴高阶理论的研究，探讨创业团队构成的多元化（异质性）。一般来说，创业团队构成多元化可以理解为不同专业技能、年龄结构和价值观的成员组成团队的情况。专业和职业背景多样性主要是指创业团队成员在受教育和培训、工作经历、职务背景等方面存在差异，这方面的研究主要考察创业团队成员职业背景多样性对创业进程（如团队成员的社会沟通和社会融合等）与团队产出（如创新、战略制定和实施、财务绩效、反应速度）等产生的影响[①]。

综合大量的研究表明，新创企业的成功在很大程度上取决于创业团队，正是创业团队为新企业带来了知识、经验、能力、声誉和合作创业者的社会网络，这几乎构成了新企业在创业初期全部的初始资源禀赋（Aspelunda，Berg-Utbya and Skjevdal，2005）。经验研究与实证检验也都证明，上述因素在新企业的创建和成长过程中发挥着重要的作用（Davidsson and Honing，2003）。这里需要注意的一点是，大多数早期研究从创业团队成员的人口统计特征和个性特征角度展开，但这只解释了团队异质性和多元化特征的少部分变异。一些学者指出（Eisenhardt and Schoonhoven，1990；Hambrick and D'Aveni，1992），挖掘人口统计特征背后不可测量的心理变量特征，例如创业者认知层面的因素，考量其对创业行为和新企业绩效的影响，可以弥补只考虑人口统计变量带来的缺陷[②]。因此研究学者们应该尝试新的理论视角，例如借助社会认知理论的"显微镜"，透过团队构成的表现特征，剖析其背后的认知过程，深入到行为层面更好地回答此问题，这将成为未来研究的一大亮点。

2.5.2.2 创业团队的人际互动过程与创业行为研究

对创业团队构成特征的研究集中在考察团队构成的"内容"，是一种静态的分析，而没有深入到其背后的潜在建构，考量成员间互动的"过程"。因此随着研究的深入，学者们已经越来越注意深入到创业团队的人际互动过程和创业行为层面，挖掘其作用于新企业绩效的机理与路径，这成为了进一步研究的热点。

有关团队互动过程研究的推理来源于社会心理学的研究。Watson等人对190多个创业团队的人际互动过程及其有效性进行了调查和分析，将团队互动过程提炼为四个维度：领导力（leadership）、人际灵活性（interpersonal flexibility）、团队承诺（team commitment）和助人性（helpfulness）[③]。Lechler（2001）对创业团队中的人际社会互动过程与创业绩效的关系进行了研究。研究认为，团队的组成，包括团队的结构

---

① 石磊. 论创业团队构成多元化的选择模式与标准. 外国经济与管理, 2008, 4: 52-58.

② 王飞绒, 陈劲, 池仁勇. 团队创业研究述评. 外国经济与管理, 2006, 7: 16-22.

③ Watson, W. E., Ponthieu, L. D., Critelli, J. W.. Team Inter Personal Process Effectiveness in Venture Partnerships and Its Connection to Perceived Success.Journal of BusinessVenturing, 1995, 10(3): 393-411.

特征，如团队的规模、层级、领导风格等，和团队的人员特征，如成员的个性特征和人口统计学特征，会影响团队成员的社会人际互动，这些互动包括：沟通、协调、相互支持、规范、凝聚力和冲突解决。而团队组成和团队人际互动共同影响创业团队的任务绩效，这些任务绩效包括：计划和战略、组织和人员配置、网络关系、财务、营销、生产和研发。这些任务绩效和团队成员人际互动共同决定了创业绩效。研究证实，团队成员社会互动的各个维度都与创业绩效显著正相关[①]。Vyakarnam 和 Handelberg[②] 基于 Keck[③] 的研究成果，进一步对有关创业团队的研究进行了梳理，总结了四大主题，即创业团队的资源禀赋、团队结构和人际互动过程、任务领导力以及创业团队间的整合情况对任务进程的影响。这四个主题强调了团队形成与发展的复杂性，也说明利用单一视角的变量进行研究会带来一定的风险，导致过分集中于正规度量的变量，而忽略非正规的和无形的变量。因此，进一步的研究需要细化这些主题，并深入探究影响关系作用机理的黑箱，基于动态视角考查创业团队作用于新企业绩效的路径。

2.5.2.3　创业团队与新企业绩效关系研究

创业团队是知识经济时代下的创业活动主体，研究创业团队的目的在于明确团队在新企业创建与成长过程中的关键角色，理清创业团队对新企业生存与成长绩效的影响。这样才有可能通过有效的团队管理提高创业活动的成功率，实现其经济与社会价值。在现有研究中，创业团队与新创企业绩效关系问题是一个探讨较多的话题，并渗透到有关创业团队的多方面研究中。研究证明创业团队会对新企业创业绩效产生很大影响，表现在生存率、盈利能力及成长性等诸多方面。研究首先验证了团队创业相对于个体创业在当创业环境下的必要性，并发现由团队所创建的新企业的平均存活率和成长性要高于由个人创建的企业（Lechler，2001）。在此基础上，研究人员进一步探究创业团队构成特征及人际互动关系与创业绩效的关系，并与新企业发展的不同阶段相联系，探讨其在不同成长阶段中对新企业绩效发挥的影响，分为创业启动阶段、新企业成长阶段和后续经营阶段等。

---

① 周劲波. 多层次创业团队决策模式及其决策绩效机制研究. 浙江大学博士论文, 2005.

② Vyakarnam, S., Handelberg., J.. Four Themes of the Impact of Management Teams on Organizational Performance Implications for Future Research of Entrepreneurial Teams. International Small Business Journal, 2005, 3: 236–256.

③ Keck, S. L.. Top Management Team Structure: Different Effects by Environmental Context. Organization Science, 1997, 8: 143–156.

概括来讲，对团队组成和结构特征与新企业绩效的研究（诸如对团队规模、层级、经验背景等），往往将创业团队视为一个整体，考察团队成员在这些维度的整体平均值和分布性等统计特征对新企业绩效的影响。在对团队构成异质性与同质性的讨论中，有学者提出，构成异质化的创业团队更可能取得好的经营绩效。例如，Cooper 和 Daily（1997）发现在技能、知识和能力构成上实现互补的创业团队，拥有更高的团队决策效率。成员之间的互补与多元构成是新企业取得高经营绩效的关键因素。Filley 等人（1976）发现，同质化的创业团队更善于完成常规任务，而多元化、互补的团队在完成非常规任务上拥有决策优势。这验证了创业团队的构成是影响创业团队效率和创业绩效的重要因素。Gulati 和 Higgins 发现在职能背景和先前知识上具备多样性组合的创业团队，相比于那些构成单一的团队会更快实现 IPO（初始上市融资）[①]，这被看作是新企业成长过程中的关键绩效里程碑事件（Shane，2003）。而另一种观点则认为，人们比较喜欢与同类型的人进行互动，因此，多元化不利于成员间的互动，因为由多元化引发的人际冲突会对创业团队的最终绩效或成果产生负面影响。例如，田莉基于中国情景下新技术企业样本的研究证明，在新企业的初创期，创业团队职能经验异质性并不利于新企业的绩效，作者给出的解释是对于新技术企业而言，初创期应该着力对创新技术与产品的开发，对生产、营销等职能的需求相对弱化，创业团队的构成主要以研发人员为主，不应过于多样化[②]。Chowdhury 认为创业团队人口统计特征异质性（包括经验构成的异质性）对新企业绩效并没有显著性影响，对于创业团队而言，关键在于如何提升团队认知全面性与团队承诺，而不是过分追求团队成员之间人口统计特征的差异[③]。

在对创业团队背景经验的研究中，Roure 和 Maidique 对 8 家受风险投资资助而成立的电子类新企业进行了探索性研究，提出新企业的初始条件，即在获取风险投资前的初始禀赋与其未来能否成功创业有关。作者在文中提出了一系列待检验的研究命题，例如创业团队成员拥有在高成长企业中的工作经历，在新企业中仍担任与以往类似的职能职务，团队成员以往共同工作经历以及团队职能分工的完备程度四个因素，与新

① Gulati, R., Higgins, M. C.. Which Ties Matter When? The Contingent Effects of Interorganizational Partnerships on IPO Success. Strategic Management Journal, 2003, 24: 127-144.

② 田莉. 新技术企业初始资源禀赋与初期绩效关系研究. 中国科技论坛, 2009, 9: 52-57.

③ Chowdhury, S.. Demographic Diversity for Building an Effective Entrepreneurial Team: Is It Important? Journal of Business Venturing, 2005, 20: 727-746.

企业的创业绩效正相关①。Beckman 和 Burton 进一步验证了相关结论，创业团队成员的先前经验是创业投资方考量的重要因素，先前经验丰富的创业团队更容易获得投资方的认可与资助，更容易吸引并招募到经验匹配和富有能力的高管团队，不断为新企业的发展注入推动力，从而获得良好的创业绩效②。Beckman，Burton 和 O'Reilly 考察了硅谷地区新技术企业创业团队的组成、流动对新企业吸引风险投资和上市的影响，发现拥有广泛的先前工作关联的创业团队会给企业带来新鲜视角，增加了成功的可能性③。

创业团队成员间人际互动过程对创业绩效影响的研究主要包括团队成员间的冲突与沟通、团队内的权力斗争等。首先来看有关团队冲突的研究。团队冲突分为认知冲突和情感冲突，学者们提出即使是经验、知识很丰富和组织决策能力很强的创业团队，冲突也是普遍现象。Chenhall（2004）认为，冲突一方面能够改善决策质量，另一方面由于弱化了个体之间共事的能力而损害决策质量。研究普遍认为，由于认知冲突集中于工作任务，是指就如何达到共同目标的判断性差异，因此通常对决策和企业绩效具有积极影响；而情感冲突集中于成员个体之间的不相容或争端，通常显示为彼此之间的非难，因此会对决策和企业绩效带来负面效应④。在梳理已有研究的基础上，二位作者还结合转型经济时期的中国创业实践，实证考察了创业团队内认知冲突与合作行为对公司绩效的影响，验证了创业团队内认知冲突与合作行为、公司绩效均呈显著正相关，创业团队内合作行为与公司绩效呈显著正相关。这一发现有助于创业团队合理利用认知冲突来传承创业团队企业家精神和促进企业成长。其次，有关团队互动的研究验证了沟通是影响团队决策有效性的重要因素。该主题下的研究以学者 Tjosvold 的理论为代表，他运用竞争与合作理论对团队沟通问题进行了深入探讨，提出当团队成员重视彼此间的合作关系，拥有共同愿景时能够形成开放性的沟通，形成融洽的团队氛围；而成员间的竞争或各立门户则会带来思维的狭窄，进而阻碍彼此间的沟通，影

① Roure, J. B., Maidique, M. A.. Linking Prefunding Factors and High-technology Venture Success: An Exploratory Study. Journal of Business Venturing, 1986, 1(3): 295-306.

② Beckman, C. M., Burton, M. D.. Founding the Future: Path Dependence in the Evolution of Top Management Teams from Founding to IPO.Organization Science, 2008, 19: 3–24.

③ Beckman, C., Burton, D. D., O'Reilly, C.. Early Teams: The Impact of Team Demography on VC Financing and Going Public. Journal of Business Venturing, 2007, 22: 147-173.

④ 卢俊义，程刚. 创业团队内认知冲突、合作行为与公司绩效关系的实证研究. 科学学与科学技术管理，2009, 5: 117-123.

响成员间的互动，甚至带来团队内争权夺利的斗争。一旦团队内部产生为获取权利而进行的政治斗争，企业内部信息流动就会受到限制，资源的内部配置效率也会降低。当斗争升级时，管理者将精力过多内耗于内部权力之争，降低了优质的管理能力，这都会严重降低团队决策的有效性，从而影响企业绩效（Eisenhardt and Bourgeois，1988）。对新企业而言，内部沟通问题的影响将更大，因为初始资源的稀缺和机会窗口的稍纵即逝都不允许创业团队将更多的时间精力内耗，而应该全力配置到对创业机会的开发上。

虽然创业团队所拥有的诸如技能、经验、社会网络等资源对新企业的成功创建与成长至关重要，但团队成员间的人际互动过程以及基于此而采取的创业行为和决策，更是直接影响着新企业的成败[①]。因此透过复杂的群体互动过程，将静态的团队构成特征与动态的创业行为联系起来，说明个体创业团队不仅仅是作为一个状态存在具有研究意义，它更应该表现为一种动态的形成与互动过程，有关该主题下的研究也成为本研究的理论背景。

2.5.2.4 总结

通过以上对国内外创业团队研究成果的梳理，可以得到如下结论：

首先，随着团队创业成为新时代下创业活动的主流形式，对于创业团队的研究已逐步兴起，成为创业研究的一个重要领域。创业团队由于组合了不同特征的创业者，不仅可以延续创业者个体视角下的研究要素，而且带来了人际互动过程下的研究，内容更加丰富，过程也更为复杂。但是团队研究是一个比较成熟的领域，现有关于创业团队研究同样是建立在已有团队理论的基础上的。这在一定程度上忽视了创业团队的独特性。本书认为创业团队并非新企业高管团队，更不是若干个体特征简单叠加，未来研究应该突出团队创业实践相对于个体创业的独特性和我国制度转型与文化传统的独特情境，展开有针对性的研究。同时结合国内的实际情况，开展特定行业背景下创业团队的相关研究。由于不同行业环境的市场化程度、竞争模式和策略各不相同，创业团队的组合方式、发展历程和内部成员的互动模式也会相应地存在差异。高技术行业背景下的团队创业现象尤其应得到重视[②]。

其次，创业团队研究的理论基础还比较薄弱，许多研究面向实践层

[①] 杨俊，田莉，张玉利，王伟毅. 创新还是模仿：创业团队经验异质性与冲突特征的角色. 管理世界，2010，3.

[②] 刘燕，吴道友. 创业团队研究的理论视角及其进展. 人类工效学，2008，3：66-68.

面，在探讨如何选择创业伙伴、组建创业团队最佳时机、如何管理团队运营等问题。理论层面的探讨主要集中于考察影响团队效率的因素，以及创业团队对新企业绩效的直接效应。实证检验还停留在对具体现象的概括和描述水平上，缺乏深入的定量研究。国内学者的相关研究还主要是在国外理论与实证研究的基础上提炼和总结有关创业团队问题的模型和最新研究进展的综述上，急需在中国情境下提炼我国创业实践的具体问题，并通过规范的实证研究进行验证，并同国外背景下的相关研究进行比较，识别中国情境下创业团队形成、管理和更迭等一系列重要问题，得出面向本土的解释。

第三章 理论假设与模型构建

本章主要是在文献分析和归纳的基础上，对本研究的关键概念进行界定，并根据相关理论研究，推导出研究假设和理论模型，以明确各个研究要素之间的相互作用关系。

第一节 关键概念界定

科学的研究基于对问题的清晰界定，这要求对所研究的关键变量首先给出准确的度量，以有助于统一全书的研究口径，在充分理解相关要素概念和内涵的基础上，进一步对变量之间的作用关系进行推导，完成从点到面的逻辑推演，更好地回答本书的研究问题。

3.1.1 创业团队构成——基于先前经验的构成分析[①]

在上一章的理论回顾中，梳理了已有研究关于创业团队的类型划分，例如 Kamm 等（1993）从创业团队与机会发现先后关系角度，将创业团队划分为领导型团队（Lead entrepreneur approach）与民主型团队（Group approach）两种类型，前者是领导创业者发现机会并做出创业打算后再组建而形成的团队，后者是多个个体共同发现创业机会进而做出创业打算之后形成的团队。Harper（2008）从创业团队内部成员特征构成角度，将创业团队划分为管理型团队、创业型团队以及混合型团队三类，管理型团队由缺乏创业精神而擅长运营管理的人员构成，创业型团队由富于创业精神但在管理经验方面较为欠缺的人员构成，混合型团队则是上述

---

① 本章节有关先前经验的研究是作者已发表的成果，成果最早汇报于第四届（2009）中国管理学年会——创业与中小企业管理分会场，后发表于田莉，龙丹. 创业过程中先前经验的作用解析——最新研究成果综述. 经济理论与经济管理，2009，11：41-45.

两类团队的交集。

本书基于创业团队先前经验的类型划分其构成特征，重点关注团队成员在加入新企业之前的经历，以此来判断他们带入新企业怎样的初始资源禀赋，透过经验构成特征考量其内含的认知模式。以先前经验为索引进行分类，主要是基于如下原因：在创业研究的早期，心理和行为科学领域的学者持有个体决定论的观点，在他们看来，创业是少数人天赋使然的特殊行为过程，个体选择成为创业者并赢得创业成功是因为他具备某些独特的人格特质，并试图识别出创业者在成就欲望、控制源、风险承担倾向等方面的独特人格特质，创业特质论长期占据创业研究主导地位。但是，长达二十余年的研究努力并没有取得实质性进展，不仅没有勾勒出创业者轮廓，甚至将创业者描绘为充满矛盾的超现实人物，逐渐被研究人员所摈弃。虽然创业者特质论得到了一些含混不清的结论，但在实践领域，创业团队在新企业创建与成长过程中处于主体性地位，风险投资家在评估投资项目时关注创业团队的现象仍然十分普遍。理论研究的忽视与现实评估的重视带来了亟需深入解析的悖论现象，学者们也在尝试新的切入点来解释创业者特有素质在创业过程中的作用。

在这样的背景下，同样是个体视角下的研究给出了新解释，研究发现创业者的先前经验会影响新企业生成、机会发现、融资及绩效等关键变量，逐渐延伸出特质论外的一些解释（Vesper，1979；Marrett，1980；Cooper and Dunkelberg，1987；Boeker，1988；Shane，2000；Sorenson and Audia，2000；Shane and Khurana，2003 ；Sorenson，2003）。同时，在创业实践领域，有先前经验的创业者更容易获得风险投资家偏好，新企业存活率相对较高，这进一步验证了理论研究的正确性，有关先前经验的研究成为近年来创业研究中的一个热点，观点呈现出多元化和细致化的趋势，并大有成为机会学派之外的另一个主流研究领域的发展势头，将创业过程的诸多要素串联在这一新的解释视角下。

创业者及创业团队成员的先前经验对于初创期的新企业而言是一种宝贵的初始资源禀赋，对新企业生存与初期成长起到了如下三方面的作用：第一，抵补新进入缺陷的影响（the liability of newness）。前人众多研究表明，困扰新企业的最大问题就是新进入缺陷，即相对于成熟企业而言，新企业在学习机制、合法性、资源和外部关系等方面存在明显不足，以至于难以实现成长①。学者们基于行业环境、企业行为等不同层次，从多个角度挖掘出克服新进入缺陷的良方，比如，行业特性（Eisenhardt and Schoonhoven，1990；Caves，1998）、战略联盟（Stuart et al.，1999）、社会资本（Elfring and Hulsink，2003）等等。其中，先前经验对克服新进入缺陷的显著影响引起了学者们的广泛关注。在新企业成立之前，先前经验通过影响个体认知进而作用于创业者行为，如发现机会，从而影响新企业的生存与成长（Shane and Venkataraman，2000）。创业者所参与的活动受到学习曲线的影响，先前的工作经验越丰富，所创立的新企业越多，便能更快地适应在新企业中的角色，也更善于组建企业，获取资源，吸引顾客和供应商并招募到合适的员工。由于先前经验可以转移，新企业在学习曲线上的位置部分地取决于创业者先前经验，因此先前经验在一定程度上能克服新进入缺陷（Bates，1990；Gimeno et al.，1997）。

第二，社会网络效应（social network）。有先前经验的创业者，基于先前经历，与顾客、供应商和其他利益相关者建立了一定的社会网络（Bruderl et al. 1992；Gimeno et al. 1997）。在创业活动中，社会网络丰富的创业者更容易整合到充裕的创业资源，新企业在创业初期的绩效会更好②。比如，说服工程师来加入新企业，说服供应商与新企业合作，并依此从资源提供者那里吸引到投资。Brush，Greene 和 Hart 在对奔迈掌上电脑公司（Palm Computing）和掌上之春电脑公司（Handspring）这两家新技术企业的案例研究中发现，创业者拥有的复杂且无形的知识资源有助于其获取其他有形资源（例如财务和物质资源）③。此外，Shane 和 Stuart 通过分析 134 家 MIT 公司历史数据，得出创业者具有行业经验能扩大新企业的社会网络，极大地促进新企业获得 IPO 的可能④。

第三，路径依赖（path dependence）。当今市场竞争日益激烈，机会转瞬即逝，创业者的先前经验成为创业者快速决策的依据。依据 Penrose

---

① Stinchcombe A. L.. Social Structure and Organizations. In, March J. G, eds.. Handbook of Organizations. Chicago: Rand McNally, 1965: 142-193.

② 张玉利，杨俊，任兵. 社会资本、先前经验与创业机会——一个交互效应模型及其启示. 管理世界, 2008, 7: 91-102.

③ Candida G. Brush, Patricia G. Greene & Myra M. Hart.From Initial Idea to Unique Advantage: the Entrepreneurial Challenge of Constructing a Resource Base. Academy of Management Executive, 2001, 15: 64-78.

④ Shane, S., Stuart, T.. Organizational Endowments and the Performance of University Start-ups.Management Science, 2000, 48(1): 154-170.

增长理论，创业者的先前经验是组织把握机会、实现成长的重要资产[①]。在创业过程中，人们倾向于关注和自己已有知识相关的信息（Von Hippel，1993）。有先前经验的创业者熟悉相关信息，进入角色快，依赖先前经验，甚至凭着直觉（intuitive）行动（Lord and Maher，1990），在决策过程中切中要害，减少不确定性。比如，Shane 运用案例研究方法证明，具有市场、顾客、如何服务市场方面知识的创业者，能快速识别新技术变革带来的市场机会，并基于自身的知识积累和主观判断，有针对性投入相应的人力、财力和物力，谋求企业成长。创业者基于先前经验而积累起来的知识，使得他们可以了解机会在哪里，如何通过系统的信息搜索以及社会网络来克服新进入缺陷，利用路径依赖的作用而加快决策速度，实现机会的潜在价值[②]。这种集成的知识需要时间的积累、行为与情境的锤炼，从本质上来讲，体现出资源基础论中所提到的资源所具有的有价值、稀缺、难以模仿、不可交易、无法替代的特征，从而有助于新企业建立起事前及事后的竞争隔离机制（Alvarez and Busenitz，2001；Peteraf，1993）。

自 20 世纪 90 年代初期，创业者先前经验的研究进入创业学者的视野，学者们纷纷从各个理论视角剖析先前经验，出现了一批研究成果，概括起来先前经验主要有以下几类：（1）行业经验，即曾经在新企业同一行业工作过的经验（Delmar and Shane，2006）；（2）创业经验，即创建并管理新企业的经验（Ucbasaran，Westhead and Wright，2009）；（3）管理经验，即从事领导及管理岗位的经验（Stuart and Abetti，1990）；（4）与新产品开发、特定的技术研发及与某类顾客打交道的独特经验（Timmons，1994）；（5）其他职能经验，如从事研发、市场营销、财务等工作的经验。学者们借此分析具有某种特定经验特征的创业者或团队成员会对新企业绩效、战略选择等结果变量的影响，可以将其称为经验构成特征的内容分析。另一方面，在团队创业逐渐成为创业主流形式的前提下，从团队层面考察成员间经验的组合与构成特征成为了更具现实意义的话题。学者们从团队经验构成的异质性、先前经验间隶属关系（Affiliation）以及团队成员经验与新企业所在行业或目前所从事职能的相关性（Relatedness）等入手，考察经验间的组合特征对创业行为的影响，如战略选择与变革（Fern，2006）、探索与开发式行为导向（Beckman，

[①] Penrose, E. T.. The Theory of the Growth of the Firm. Wiley: New York, NY. 1959.

[②] Shane, S.. Prior Knowledge and the Discovery of Entrepreneurial Opportunities.Organization Science, 2000, 11(4): 448-469.

2006）、组织创新（Chatterji，2009）及新企业绩效（Delmar and Shane，2006）等，可将其称为经验构成特征的结构分析。

正如在上一章理论回顾中所总结的，无论是研究创业团队的静态构成特征还是动态的人际互动过程，其本质都是要挖掘创业团队作用于新企业绩效的机理与路径。对此，实证研究结果证明，新企业的成功主要取决于创业者对市场和相关技术的熟悉（Cooper and Bruno，1977；Roberts and Berry，1985；Wiklund and Shepherd，2003；Newbert，Kirchhoff and Walsh，2007）。

对于新企业来讲，创业团队对市场和相关技术的了解主要来源于其先前经验。本书基于创业团队成员的经验特征，对其内容和结构进行分析，按照其对市场和相关技术的熟悉程度分为不同的构成类型，见图3.1。基于认知与社会心理学的理论，经验塑造了个体的认知模式，进而影响其决策行为并由此带来结果。这个研究假设融合了高阶理论和社会认知理论的观点，即在可以观测的人口特征变量背后的心理和认知特质对于团队发展及团队决策是至关重要的（Finkelstein and Hambrick，1996；Hambrick and Mason，1984），并认为这些认知基础可以用一定的人口特征变量来表达。具体而言，认知对决策过程产生影响有如下几个步骤：（1）认知对管理者视野可能触及的范围予以了限定，或者说它决定了管理者的注意力对外部环境的某一特定领域更加敏感；（2）由于管理者仅仅对其视野范围内的某些对象予以关注，所以"选择性知觉"就会出现；（3）被加工的信息就是以认知基础作为一个"过滤器"对信息进行筛选、解读的。事实上，个体认知的选择性特征和"过滤器"作用也从另一角度直接说明了团队建设的必要性[①]。

本书考察创业团队在加入新企业之前的工作经验，主要包括行业经验与职能经验，并在三个递进的层次上考察创业团队的经验构成。首先是创业团队成员是否具有技术经验或市场经验，用经验的有无代表一种禀赋的存在或缺失。第二，考察在某一行业或职能领域工作经验的多少，即在某行业或职能岗位上从事过多少年的工作。第三，考察成员所拥有的行业或职能经验与新企业所在行业，及其在新企业所从事职能的相关性。上述三个层面的指标各自反映了创业团队成员经验构成特征的某个侧面，并逐层递进。首先，以往的研究曾证明过特定产业或特定业务（职

---

① 高静美，郭劲光. 高层管理团队（TMT）的人口特征学方法与社会认知方法的比较研究. 国外社会科学, 2006, 6: 39-46.

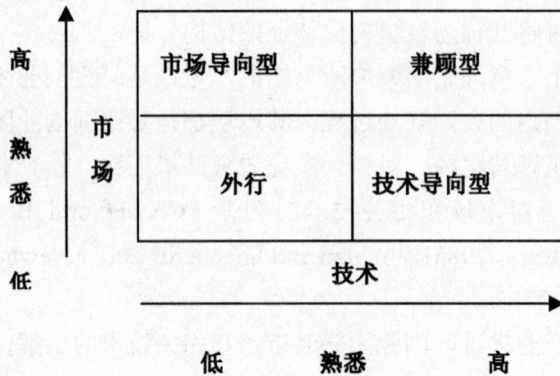

图 3.1　经验导向型的创业团队类型划分

资料来源：作者整理。

能岗位）的知识对新企业成功是至关重要的（Cooper，Gimeno and Woo，1994；Bruno，1997；West and Noel，2009）。进一步讨论经验的深度，如有过多少年某类行业或职能工作经验，或曾经创立过多少家新企业。是因为学者们将先前经验看做新企业的一种宝贵的资源，尤其是在企业的初创期。Timmons（1994）认为创业者在不同职能领域工作多年积累的技术诀窍和经验（例如，销售、市场、生产和财务）是新企业获得成功的关键。但仅仅停留在这种粗犷的度量，难以得出更独到、更具解释力的结论，会忽略产业间界限与不同业务或职能岗位在经验特征上的差异性（West and Noe，2009）。例如不同的行业，如航空航天、汽车制造与零售服务及某些高科技企业间在规模、成长性、进入壁垒、行业竞争水平等一些关键维度上存在重要的差异。所以，了解团队成员的经验长度不一定就了解了其在与新企业相关行业内的经验。对于专属的业务或职能经验同样如此。本书进一步考察团队成员行业和职能经验与新企业所在行业及其现任岗位的相关性。Cooper 和 Bruno（1977）发现创业团队成员以往在与新企业相似行业内积累的市场经验和技术经验对新企业的成长尤为重要。Stuart 和 Abetti（1986）延伸了这一概念，将以往创业经验及一般管理经验包括进来。Vesper（1976）提出不仅是行业经验，在不同职能领域内的一系列经验同样是新企业取得更好绩效的指标。由此三个层面，通过经验的有无、长短和相关性探讨可以较全面地反映出团队成员的经验构成情况。按照上述探讨划分出技术导向型与市场导向型团队。

　　本书利用创业团队中拥有技术经验的成员比例，其拥有技术研发类经验的长短，以及他们在新企业所属技术领域内工作的年限，这三个变量来度量考查创业团队的技术导向性程度。第一，创业者利用以往在特定领域内的技术研发经验积累了特定的技术知识（Know why）和技术诀窍（Know how，指利用某种知识的能力）（Kogut and Zander，1992；VonHippel，1988），在加入新企业后，团队成员会将这些技术知识和专业背景带入新企业。第二，相对于那些刚刚毕业的技术工作者而言，从事多年技术工作的人员将拥有更多的资源存量，多年的技术工作固化了其技术导向型的认知模式和行为方式，相对于新手而言，更加难于改变。正如 Goodwin and Ziegler 的研究结果所证明[①]，具有多年工作经验的人其认知会更稳定，这是因为他们受到职能经验的固化影响（Maier，1931），使其被固定在某种行为方式上，因此在感知和评价外界刺激的时候，他们的观点和决策行为会受到局限。尤其是对那些多年来一直在同一岗位上工作的人来说，这点最为明显。第三，度量了拥有技术经验的员工在与新企业相关行业的工作经验深度。这是因为，专业技术知识是很难跨产业转移的，就好比从事生物医药技术研究的工作人员很难将其先前工作中积累的技术经验（知识）转移到软件开发领域，而相对而言，无论是哪一行业一般意义上的管理经验，如财务管理和人力资源等却是相通的。因此仅仅是与新企业所在行业相关的技术经验才具有指导新企业当前行为的价值（Newbert，Kirchhoff，and Walsh，2007）。

与此相对，本书利用创业团队中拥有市场经验的成员比例，其拥有的市场及营销类经验的长短，以及他们曾在多少个行业工作过，这三个维度来度量创业团队的市场导向性程度。首先，以往从事市场营销工作的经验会使创业者积累应对市场复杂问题的能力，并积累起丰富的社会网络资本，使得他们更加关注顾客的需求和行业发展趋势，倾向于通过提供满足顾客需求的产品来实现企业的生存与发展（Collis，1994；Boeker and Karichalil，2002）。多年的市场营销经验将更加深化成员行事过程中贴近市场、关注顾客的导向。此外，市场营销的技巧、所需的能力在一定程度上是相通的，因此，在多个行业内从事过营销工作的团队成员将拥有更为丰富的行销经验和社会网络，使其深谙营销领域的关键技能，从而更好地将与此经验相关的优势发挥出来，诸如提升有利于克服新进入缺陷的技能、将社会网络资本带入新的企业等等，基于此种能力创建

---

① Goodwin, V. L., Zegler, L.. A Test of Relationships in a Model of Organizational Cognitive Complexity. Journal of Organizational Behavior, 1998, 19: 371-386.

的新企业将更关注于开发现有的、未满足的顾客需求，广泛地扩宽合作伙伴关系。

本书的这种分类方法一定程度上受到先前研究的启示，例如Newbert，Kirchhoff，and Walsh 的研究①，在这篇文章中，作者们基于资源和能力基础论的视角，将创业者带入新企业的经验、技能和知识视为新企业初创期的初始资源禀赋，并考察何种资源禀赋会带来怎样的新企业战略选择，进而作用于新企业绩效的机理与路径。作者利用半导体行业新技术企业样本进行了实证研究，结果表明，基于管理能力创建的新企业会倾向于需求拉动型的战略，而基于技术能力创建的新企业则倾向于选择技术推动型的战略。而那些采取技术推动型战略的新技术企业的经营绩效优于采用需求拉动型战略的企业。具体到管理能力的界定，是指创业者的一般管理经验及行业经验（Eisenhardt and Schoonhoven，1990），作者认为管理能力体现在创业者对于行业及顾客需求的理解上，基于此种能力创建的新企业将更关注与开发现有的、未满足的顾客需求，因而采用需求拉动型的战略。就技术能力而言，作者认为这是指能够应用科学技术知识来开发和改善产品与工艺的能力（McEvily，Eisenhardt，and Prescott，2004；Marino，1996），技术能力最强的企业恰恰就是那些能够开发突破性产品并借此创造新市场的创新者。企业的技术能力越强，就会越致力于探索新的知识而不顾市场的现有需求，形成技术推动型的战略。在变量测度上，作者借鉴 Song（1982）、Dyke and Fischer（1992）、Boeker and Wiltbank（2005）以及 Adner and Helfat（2005）的研究，将创业者以往的创业经验、营销及市场经验和行业经验三个变量综合来度量新企业的管理能力。就技术能力而言，作者基于知识基础论的文献来度量技术能力这一概念。知识包括信息和技术诀窍（Kogut and Zander，1992；VonHippel，1988）。Mukherjee 和 Wassenhove（2000）认为，"Know-why"（知识）是指对因果关系的理解，而"Know–how"是指对行动结果关系的验证。Pfeffer 和 Sutton（1999）也提出了相同的论断，Knowing-doing 之间的差距，即知道是什么和知道如何利用这种知识去行动，是需要两种不同的知识的。Wang，Lo，and Yang（2004）的研究同样提出，技术能力包括对科学原理（知识）的理解以及产生新知识的能力（Know how）。与管理能力不同，技术能力是很难跨产业转移的，

① Newbert, S.L., Kirchhoff, B.A., Walsh, S.T.. Defining the Relationship among Founding Resources, Strategies, and Performance in Technology-Intensive New Ventures: Evidence from the Semiconductor Silicon Industry. Journal of Small Business Management, 2007, 45: 438-466.

例如从事生物医药技术研究的工作人员很难将其先前工作中积累的技术经验（能力）转移软件领域，而相对而言，无论是哪一行业一般意义上的管理经验，如财务管理和人力资源等却是相通的。因此仅仅是与新企业所在行业相关的技术经验才具有指导新企业当前行为的价值。基于这些探讨，作者利用创业者以往在半导体行业积累的技术经验和生产制造经验来度量技术能力，一方面体现了创业者对于半导体晶体技术的理解，另一方面是利用技术知识进行生产成品的能力。

通过上述经验构成特征的分类，本书探讨其对创业活动的作用，并透过经验构成本身挖掘其背后所反映的认知模式的差异，进而基于经验考察新企业战略选择或相关创业行为的动因，尝试从社会认知理论出发，透过经验概念本身，挖掘经验背后的创业者及创业团队认知模式。经验形成了某种认知，进而影响新企业的创业行为，这样的逻辑链条将研究延伸到了更本源的层面，有助于深化对创业过程与创业行为的了解。

3.1.2 市场进入战略

在创业研究中，战略规划对新企业的生存、成长演化及长期绩效具有的关键作用已经得到了学者们的普遍认可，同时研究者们业已认可新企业的战略选择是一个多层次、多维度的概念，不同的新创企业在不同的发展阶段常常会采取不同的某几类战略方案（林嵩，2007）。这说明创业战略的形成和规划是一个逐渐积累的过程，而且按照组织烙印学说的观点，新企业所要进入的领域和未来发展目标等主要战略选择在其初创期就决定了，不同的初始战略会将新企业固定在某一发展路径上，此后通过具有内部一致性的构建如组织职能与战略的匹配，创业者持续参与新企业管理等，会使初始战略在新企业创建之后的多年内一直保持，并发挥持续性影响。既然说初始战略选择对于新企业生存与发展十分关键，而且随后发生变革的可能也很小，那么形成初始战略的逻辑起源点就应该是新企业创建初期。创业者最初的选择不仅调节并限制着企业随后的演进，而且影响着新企业长期发展（Stinchcombe，1965；Boeker，1989；Eisenhardt and Schoonhoven，1990）。在新企业的初创期，创业者面临的首要问题是如何将产品与服务推向市场，被顾客所接纳从而换回投入以维持生存和成长，具体就是要决定进入哪个市场、何时进入以及如何进入等战略问题。因此市场进入战略的选择是新企业初始战略中最主要且最先面临选择的一个（Baum and Haveman，1997；Levesque and Shepherd，2004；Zott and Amit，2007）。以下将从现有研究中有关市场进入概念的探讨入手，剖析市场进入战略内涵和界定，并依照本研究的目的对其进行科学的界定，以便后文的理论推导和实证检验。

3.1.2.1 不同研究领域内有关市场进入问题的探讨

市场进入是指市场中一个新企业生产和销售的开始。这里的新企业可以是一个即将要建立的企业，也可以是一个已经存在的企业要从事新的业务[①]。有关市场进入的话题曾在产业理论、国际商务以及战略管理等领域内有过诸多探讨。在国际商务（IB）领域，跨国市场进入模式一般被理解为市场进入的一种制度安排，是跨国公司将产品、技术、人力、管理经验等资源转移到其他国家（或地区）的方式（Root，1994）。研究多以交易成本经济学为依托，将进入模式分为股权与非股权模式，股权模式考虑的是全资和合资的选择，非股权模式考虑的是合同协议和出口的选择；在产业理论的研究中，吴三忙对已有研究进行了梳理，将市场进入理论归结为两大流派，即基于进入纠错的市场进入理论和基于进入替代的市场进入理论。前者认为市场进入是由于产业超额利润引起的，市场进入使产业利润率降低和使产业从非均衡状态回归到均衡状态；后者认为市场进入并不主要由产业利润引起，进入过程是异质企业的替代过程，是产业创新和动态演化过程。进入替代理论中所描述的大量进入企业对在位企业的替代事实上是一种创新进入，通过引入新的技术和产品，改变需求和供给条件可以增加新的利润点。基于进入纠错的市场进入理论则把所有企业当成同质的，模仿进入企业通过对在位企业的复制获得利润，是一个复制过程。模仿进入可以降低产业利润水平，使其向均衡利润回归。因此产业理论中有关市场进入的两个流派也划分出了创新型进入与模仿型进入两类[②]。在战略管理的研究中，进入战略是一个经常被提及的概念，认为进入战略决策本质上是对进入时机的选择，通过选择恰当的进入时机有助于新技术企业克服新进入缺陷进而获得生存和成长（MacMillan et al.，1985）。一些研究认为在产业发展早期进入的新企业更容易存活（DeCastro and Chrisman，1995；MacMillan et al.，1985）；而另一些研究则认为早期进入者面临着更高的失败风险（Carroll and Delacroix，1982；Mitchell，1991；Wernerfelt and Karnani，1987）。研究结果的矛盾对战略适应视角的研究提出了挑战，研究人员认为战略适应视角下研究的最大局限性在于将进入战略简化为进入时机，忽视了

[①] 高建设，王岩. 企业进入战略分析. 技术与市场，2005，1: 57-59.

[②] 吴三忙. 西方市场进入理论研究评述及其政策启示. 经济评论，2008，3: 142-146.

进入战略内容，未能解释丰富而生动的进入战略现象。对于创业领域内的学者而言，新企业的市场进入问题具有尤为重要的意义，因为新企业最重要的活动就是"新的进入"，这种新进入包括创造一个全新市场或进入某一既有市场，以及引入全新的或者是既有的产品或服务。这种市场进入活动可以是由新企业发起的，包括新成立的创业企业或是既有企业的衍生创业企业，也可以是既有企业因多元化战略而进入新发起市场的进入行为①。

当新企业决定进入某一市场时，随之而来的关键决策包括决定向市场中销售或引入哪种产品或服务，通过怎样的交易结构（例如是独立创建渠道，还是通过联盟、代理等形式寻求合作伙伴的帮助等）组合利益相关者之间的关系，以及如何选择最佳的进入时机等问题。概括起来，有关新企业市场进入问题的研究回答了新企业在创业过程中首先要面临的行为决策，即新企业采用什么产品、通过怎样的交易机制、进入什么样的市场等问题。

对于新企业"是否要"进入某一市场的分析在有关创业机会评价与新企业创建倾向的研究中有过许多探讨，例如已有研究强调创业者个体层面因素（如心理和先前经验等），以及机会属性特征等要素都决定了创业者是否要进入某一市场开展创业活动。那么在他们决定进入某一市场的既定前提下，如何选择适当的市场进入方式来开发所识别到的创业机会，从而推进新企业的生存与成长，关键就成了"什么时候进入"以及"如何进入"。在创业和战略领域的研究中，有关何时进入市场的选择已经得到了相当学者的关注（Lieberman and Montgomery，1998；Mitchell，1989，1991），因此本书重点探讨"如何进入"的问题，即新企业是采取模仿既有企业的业务活动，还是谋求创新呢？这一问题在已有的研究中没有得到充分重视。例如在国际商务领域，学者们探讨多国公司进入新的地理区域的战略通常分为全资公司、股权合资公司、合作关系（Pan and Chi，1999）。但是在某一种特定的进入模式下，新企业是否可以在市场进入战略上谋求创新呢？新企业在市场进入战略上的创新程度与新企业绩效间的关系还没有受到战略决策和国际商务领域内学者的重视。在创业领域内，对于新企业市场进入战略的研究同样是直到最近才引起学者们的重视（Zott and Amit，2007；Beckman，2006；Lévesque and Shepherd，

① Lumpkin, G.T., Dess, G.G. Clarifying the Entrepreneurial Orientation Construct and Linking it to Performance. Academy of Management Review, 1996, 21: 135-172.

第三章 理论假设与模型构建

85

2004）。

3.1.2.2　新企业市场进入战略的内涵与维度界定

创业本质上是一种新进入行为，进入战略选择是创业团队的决策重点，是新企业克服新进入缺陷谋求生存的关键因素（Lumpkin and Dess，1996）。但新企业在资源基础、市场进入经验以及对市场需求的把握等层面都与既有企业存在较大差异，因此如何选择适宜的市场进入战略，将产品或服务引向市场以创造利润，成了摆在创业者面前的首要任务。基于前人的研究，本书把市场进入战略定义为将产品/服务成功推向市场的一系列活动组合关系。它是一个多维度的概念，主要回答了新企业通过什么样的产品或服务、经由怎样的交易结构进入市场两个问题，进而将其提炼为产品或服务（Baum and Haveman，1997；Samuelsson，2004）、交易结构（Zott and Amit，2007）两个维度。作为市场中的新进入者，新企业面临的是在位企业成熟的产品/服务、稳定的交易结构体系以及巩固的资源基础，这给他们带来了严峻的竞争挑战。若选择模仿进入，即通过对在位企业的复制求得生存，则意味着与既有企业争夺顾客与市场，降低其超额利润，无疑会招致既有企业的报复性打击，这是基础薄弱的新企业所无法承受的。因此对于初创期的新技术企业而言，其可控的战略选择非常少，创新就成了近乎唯一的战略选择（Amason et al.，2006）。具体而言，新技术企业可能在进入战略两个维度上进行创新来谋求生存和成长。一是注重产品/服务创新，追求为顾客带来更高的价值体验，创造与在位企业相比较的产品/服务优势，进而塑造以技术为核心的难以模仿和难以替代的竞争优势，收获创业租金（Rumelt，1987）。二是谋求交易结构创新，或者吸纳新参与者进入产品/服务生产或销售流程，或者改变产业内产品/服务生产或销售流程中参与者的交易组合关系，进而在打破在位企业稳定交易结构带来的市场进入壁垒的同时，降低新技术企业产品/服务的市场交易成本，塑造新技术企业较在位企业的成本优势（Zott and Amit，2007）。本研究不涉及两个维度之间的匹配关系，仅仅考察单独及其交互项的创新对新技术企业绩效的影响。

这样分类不仅是理论分析的结果，而且能够得到创业实践的检验。例如，Lévesque and Shepherd以国际创业企业为研究对象，提供了一个系统的分析方法来决策最优的进入战略，即是否延迟进入，以及采取高模仿还是低模仿的方式进入，为新企业国际市场进入行为提供了理论指导[①]。Beckman 以企业行为理论（March，1991）为基础，将创业机会开发行为区分为探索式与开发式两类，前者涉及采取打破现有能力基础，以创新为导向的机会开发活动，后者强调采取改进现有过程，以效率提升为导向的机会开发活动，进而将创业团队构成特征与机会开发行为选择相联系[②]。这种对创业行为的开发式与探索式逻辑的区分及实证检验也为上述分类方式提供了理论和实证支持。本书在前人理论研究的基础上，定义市场进入战略的两个维度，并整合开发出度量量表，通过探测性调研对量表进行修正，并利用中国情境下的随机样本进行实证检验。

3.1.3 环境宽松性

战略选择理论的基本假设就是组织的战略选择要与环境条件相匹配，由此才能提高企业的经营绩效。但该理论中所提到的环境是一个外延很大的概念，是各种自然因素和社会因素的总和。针对新企业来讲，创业环境是指新企业创立的整个过程中，对其产生影响的一系列外部因素（诸如个体、组织、过程和环境）及其所组成的有机整体（Garnter，1995）。在创业研究领域中，根据研究问题的需要，有很多方法来描述企业的创业环境，例如从创业环境构成主体的角度、从创业环境的界定及其构成要素的角度、从创业环境单要素和系统的角度等。尽管描述的角度不同，但是研究人员普遍认为在创业领域内，研究的主流方向是探讨创业环境的基本维度，并且认同创业环境是包含多个维度的概念（Dill，1958；Lawrence and Lorsch，1967；Child，1972）。

梳理已有研究对环境维度的划分发现，称谓和界定口径不完全一致，有些维度界定虽然称谓不同，但却在本质上反映了相同的意思，例如对于环境动态性的表述，有的学者将其称为动荡性，有的则从相反的方面界定为环境敌对性和宽容性等，实质上这概括的是一个维度的两个方面。目前主流的环境维度划分和称谓采用了学者 Dess 和 Beard（1984）的定义，即宽松性（Munificence）、复杂性（Complexity）和动态性（Dynamism）[③]。这三个维度分别从两个角度来考察环境：（1）把环境作为信息的来源；（2）把环境作为资源的储备。本质上，动态性和复杂性反映了组织面对

① Lévesque, M., Shepherd, D.A.. Entrepreneurs' Choice of Entry Strategy in Emerging and Developed Markets. Journal of Business Venturing, 2004, 19(1): 129-154.

② Beckman, C.. The Influence of Founding Teams Company Affiliations on Firm Behavior. Academy of Management Journal, 2006, 49: 741-758.

③ Dess, G.G., Beard, D.W.. Dimensions of Organizational Task Environments.Administrative Science Quarterly, 1984, 29: 52–73.

环境的不确定性程度，而宽容性则反映出环境中可依赖资源的特性。吉林大学的柳燕博士对于创业环境维度的相关研究进行了梳理，整理出表3.1。

表 3.1　创业环境维度的相关研究汇总

环境特征	特征定义	年代	学者
宽松性 稀缺性 敌对性 包容性	环境中可以被企业所用的资源和对资源的竞争	50 年代	March & Simon
		60 年代	Emery & Trist
		70 年代	Child; Staw & Szwaikowski; Hofer; Starbuck, Shortell; Pfeffer & Salancik; Aldrich; Mintzberg
		80 年代	Miller & Friesen; Dess & Beard; Covin & Slevin
		90 年代	Sharfman & Dean; Zahra & Covin
动态性 稳定性 动荡性	环境因素的变化，包括没有预料到的环境变化率和环境的稳定性	50 年代	March & Simon
		60 年代	Emery & Trist; Thompson; Lawrence & Lorsch
		70 年代	Child; Duncan; Galbraith; Miles, snow & Pfeffer; Jurkovich; Starbuck; Shortell; Pfeffer & Salancik: Aldrich: Mintzberg; Tung
		80 年代	Miller & Friesen; Dess & Beard; Mascarenhas; Keats & Hitt
复杂性 异质性 集中性	决策过程中考虑到的环境因素的数量和异质性	50 年代	March & Simon
		60 年代	Chandler; Emery & Trist; Lawrence & Lorsch; Thompson
		70 年代	Child; Duncan; Osborn & Hunt; Pennings; Shortell; Pfeffer & Salancik; Aldrich; Mintzberg; Tung
		80 年代	Miller & Friesen; Dess & Beard; Mascarenhas
		90 年代	Sharfman & Dean

资料来源：柳燕.创业环境、创业战略与创业绩效关系的实证研究——基于汽车行业大型跨国企业的创业经验.吉林大学博士论文，2007.

环境因素对于新企业的生存与成长绩效、战略选择和创业导向的形成都具有重要的影响。本书聚焦于重点考察创业者感知到的环境宽松性在创业团队进行初始战略选择过程中的调节作用。环境宽松性指企业在环境中运营所需的关键资源的稀缺或富足情况（e.g., Dess and Beard, 1984; Pfeffer and Salancik, 1978; Tushman and Anderson, 1986）。新企业将环境视为获取资源的储备，因此，本研究考察了环境中对于企业可用的资源和对资源的竞争情况，切合了资源基础论的观点。在以往的研究中，学者们曾考察过环境宽松性对新企业和既有企业生存和成长以及对新企业市场进入活动的影响。例如，Randolph 和 Dess（1984）验证了环境中的资源充裕度对新企业开发创业机会，推进企业生存与成长具有重要影响。当外部环境宽松时，组织可积极扩展经营范围，战略执行受到支撑，因此可以实现更为积极的成长绩效。当资源稀缺、环境紧缩时，来自各方面的竞争加剧，使得企业的盈利空间和获利能力受到影响，导致只有强者才能存活下来。Romanelli（1989a，b）发现，企业家对环境条件的感知会影响其对创业机会的识别，以及是否作出创业决策，当他们认为环境宽松、资源富足时，将诱发创业想法。Castrogiovanni（1991）提出，环境宽松性不仅影响既有企业的生存和成长，同时对于想要进入这个环境内的新企业存在显著影响。Hammers Specht（1993）提出了一个模型，构建了环境宽松性、承载能力和新企业生成率之间的关系。假设环境宽松性与承载能力间存在正相关关系，二者均提高时，将会有更多的新企业被创建。一旦不断涌入的新企业耗尽环境中的资源，使得环境承载力下降时，新企业的生成率则开始降低。

3.1.4 技术独享性

新技术企业是基于特有技术能力基础之上的新企业，其创业机会来源于某种创新技术的开发或应用，新企业进入市场的环节也就是创新技术商业化的过程。创新产品与服务所依托的核心技术在一些重要的维度上是存在显著差异的，例如创新性、独享性、经济价值等[1][2]，技术属性上的差异体现出其在稀缺性、不可模仿和替代性等维度上的异质性，代表着不同的资源禀赋水平，从而影响着新企业的财富创造潜力及绩效表现（Alvarez and Barney，2004；Alvarez and Busenitz，2001；Penrose，1959）。这是因为在当今的市场竞争环境下，创业者需要能够感知并捕捉到有利可图的创业机会，通过向市场中引入创新的产品或服务来赚取创业租金，从这个思路来看，嵌入到产品、服务及工艺中的高创新性和以此为依托的产品或服务的新价值是新企业成长及获得利润的潜在基础

---

[1] 田莉，薛红志. 新技术企业创业机会来源：基于技术属性与产业技术环境匹配的视角. 科学学与科学技术管理, 2009, 3: 61-68.

[2] Shane, S.. Technological Opportunities and New Firm Creation .Management Science, 2001, 47(2): 205-220.

（Lockett and Thompson，2001；Pleatsikas and Teece，2001；Sattler，2003）。但是仅仅创新还远远不够，对这些无形资源的保护同样十分重要。因为在现代市场中，信息技术的发达和社会往来的密集，使得有关产品和工艺相关知识的扩散变得很快且十分有效。新企业在创业初期依托某种创新技术及其产品和服务进入市场，无论采取哪种战略，都不可避免地面临着技术被盗用的风险，在独立竞争的条件下，新产品一旦上市，既有企业就可以围绕该发明进行创新，或通过技术的反求工程（re-engineering）分解新技术的构成，并将一种仿制品进行商业化。如果新企业采取与既有企业合作开发的战略，那么在就新技术进行谈判的过程中不可避免地蕴含着技术被泄露的风险，从而削弱了新企业的议价能力，降低了既有企业的支付意愿。因此，新企业需要寻找可以独享创新利润的战略性方法。

以上提到一个在技术创新领域内的术语：独享性（Appropriability）。有关产业组织的研究文献通常将独享性描述成一家企业能在多大程度上阻止其他企业模仿其创新成果，并能在多大程度上获取创新利润的能力。关于独享性的标准化解释得益于 Kenneth Arrow 和 Joseph Schumpeter 等人的研究（请参见 Winter2006 年有关独享性的文献回顾）[1]。提高独享性的战略包括商业秘密、专利保护、首动者优势以及拥有专业化营销、生产互补性资产等等（Arundel，Van de Paal and Soete，1995；Cohen et al.，2000，2002；Levin et al.，1987）。以往研究绝大多数都是在系统考察产业层面的独享性，探讨独享性对创新的激励作用（e.g., Cohen and Levinthal，1989；Levin and Reiss，1988；Spence，1984）。Levin 等对 100 多个产业的分析显示，独享体制是一个多维度的概念，任何产业的独享体制都可以刻画为一个连续体，一端是极为严格的独享体制，新技术开发企业可以获得全部创新利润；另一极端是弱独享体制，技术原理一经发布，对模仿者来说就是透明的，新技术开发企业只能获得部分创新利润[2]。产业层面的研究为从宏观意义上了解新技术在一个产业内所扮演的角色及其发展情况提供了指导。为了更好地指导实践中的企业经营活动，需要更多地了解创新者如何保护创新技术免遭模仿，确保从中获利的方法（Laukkanen，Sainio and Jauhiainen，2008）。由此催生了从

---

① Winter, S.G. The Logic of Appropriability: From Schumpeter to Arrow to Teece.Research Policy, 2006, 35: 1100–1106.

② Levin, R. C., Klevorick, A. K., Nelson, R. R. & Winter, S. G. Appropriating the Returns from Industrial Research and Development.Brookings Papers on Economic Activity, 1987, 3: 783-820.

企业层面对企业专属的可独享体制的研究，并分析其对企业和产业创新的激励以及对经营绩效的影响。这一问题对于创建初期的新技术企业而言具有更为重要的作用，因为新技术企业的创业机会来源于某种创新技术，这成为其创业初期最为重要的资源禀赋，创业者寄希望于通过首个新产品的上市来赚取销售收入，以争取财务独立并谋求生存与发展（Bird，1990；Heirman and Clarysse，2007）。一旦面临技术被模仿或盗用的风险，创业机会的市场价值将会瞬间下降，甚至消失，从而使得尚未得以成长的新企业便夭折了。因此对于新技术企业核心技术的保护相比于既有企业显得更加重要且迫切。

具体到企业的技术独享机制，以往研究囊括了专利、商标等知识产权保护措施、商业秘密、关键员工的雇佣管理及劳工诉讼（这里指掌握企业关键技术机密的技术骨干、专家等，通过竞业限制条款等避免由于人员流动而发生的企业核心技术的流失风险）、企业进入市场的领先时间（指首先进入市场，并领先于竞争对手的能力）、拥有专业化营销以及生产互补性资产等等这些对于保护创新成果都具有重要作用（Arundel，Van de Paal and Soete，1995；Cohen et al.，2000，2002；Levin et al.，1987）。结合本书的研究对象和主题，笔者主要关注企业层面的技术独享性问题，并重点考量新技术的知识产权保护力度，借此考察新技术企业的技术独享性。诸如此类从企业层面考察新技术专属的可独享体制，并分析其对企业和产业创新激励以及绩效的研究也才刚刚开始（Amir and Wooders，1999；Cassiman and Veugelers，2002；Ceccagnoli，2005）。

专利等知识产权保护措施是企业独享技术创新利润的一种机制。一项专利可能被普遍用于对某项创新的商业化过程（例如，通过专利的许可转让等方式进行技术商业化），并在发生法律诉讼的时候保护创新企业的利益。Cohen 等证明在美国和日本企业中采用专利战略保护创新技术的例子比比皆是[1][2]。Bunch and Smiley 提出早期的实证研究证明了利用专利可以阻碍其他企业进入某一市场[3]。近来，Cockburn 和 MacGarvie 总结到，至少是在软件行业，相比于企业的技术能力，专利的作用更多

---

① Cohen, W. M., Nelson, R. R., Walsh, J. P.. Protecting Their Intellectual Assets: Appropriability Conditions and Why U.S. Manufacturing Firms Patent or Not. NBER Working Paper, No. 7552, National Bureau of Economic Research, Cambridge, MA, 2000.

② Cohen, W. M., Goto, A., Nagata, A., Nelson, R. R., Walsh, J. P.. R&D Spillovers, Patents and the Incentives to Innovate in Japan and the United States.Research Policy, 2002, 31: 1349–1367.

③ David, S.. Bunch & Robert Smiley.Who Deters Entry? Evidence on the Use of Strategic Entry Deterrents.The Review of Economics and Statistics, 1992, 74: 509-521.

表现在阻止新竞争者的进入[1]，因为专利通常会使得类似的替代品进入市场的成本十分高昂（Waterson，1990）。Ziedonis 分析在何种条件下企业可以扩展自己的专利组合，以避免使自己受制于专利技术的拥有者[2]。Ceccagnoli 的实证研究表明，专利保护力度以及控制互补性资产可以显著增加研发投入的回报，以及由此所产生的创新投入的市场价值[3]。

在新企业进入市场的环节中，基于创新技术基础之上的产品与服务是参与交易的主体，核心技术受专利保护的力度会影响创业团队对市场进入战略的选择，即在这一过程中发挥关键性的调节作用。

3.1.5 研究情景

考量新企业初始条件在当期和长期的重要性，必须在企业层面和企业创始点上加以度量，但是现有的研究却很少能做到这一点。因为新企业，尤其是新技术企业在初创期面临着极高的死亡率，使得相关研究很少能够获得有关其初始条件的客观数据。从现有文献来看，很多初始条件的研究集中于年轻企业而不是新企业，采用的自变量也大部分是创建几年后的指标，有的研究还将新企业的成立时间延长到了 10 年（e.g.，Covin and Slevin，1990；Burgel，1999；Helena et al.，2001），这不会对新企业初期成长研究提供任何帮助。因此，本研究立足于初创期的新技术企业，将调查的区域锁定在天津市内的创业中心，样本企业的平均成立年限不足 3 年，这使得可以在起始点上度量新技术企业的初始条件。

第二节 理论推导与模型构建

技术创业是对新技术机会的识别、利用和开发，核心在于如何将基于新技术转化的新产品/服务成功地推向市场进而实现经济社会层面的价值创造，进入战略选择是技术创业成败和商业价值创造的关键决定因素。本书首先验证了市场进入战略创新性对新技术企业初期绩效的贡献性，说明初始战略规划应对创业企业新进入缺陷和初创期高死亡风险的

---

① Cockburn I, MacGarvie, M.. Entry, Exit and Patenting in the Software Industry. NBER Working Paper, No. 12 563, National Bureau of Economic Research, Cambridge, MA, 2006.

② Ziedonis R. H.. Don't Fence Me in: Fragmented Markets for Technology and the Patent Acquisition Strategies of Firms. Management Science, 2004, 50: 804–820.

③ Ceccagnoli, M.. Appropiability, Preemption, and Frim Performance.Strategic Management Journal, 2009, 30: 81–98.

重要意义，进而探讨初始战略的来源，什么样的创业团队更可能设计出创新性的进入战略。对此本书的基本推理逻辑在于，新企业的初始战略是创业团队集体认知的结果，创业团队先前经验构成特征的差异会影响其认知模式，反映在市场进入战略的选择上。本书旨在挖掘经验与进入战略选择之间的因果联系，并考察可能权变影响，主要是技术独享性与环境资源充足度的作用，由此解释创业团队战略选择决策的作用机理，对实践中的技术创业活动给予指导。下面将根据相关理论研究和技术创业实践推导出本书的研究假设。

3.2.1　市场进入战略与新技术企业初期绩效[①]

创业本质上是一种新进入行为，进入战略选择是创业团队在新企业初创期的决策重点，是其克服新进入缺陷谋求生存的关键因素（Lumpkin and Dess，1996）。Levesque and Shepherd 指出，作为一种战略选择，进入战略在内容上表现为企业将什么样的产品/服务通过什么样的交易结构推向市场，进入战略创新性是新技术企业进入战略产品/服务和交易结构两维度较产业内在位企业的新奇程度[②]。在位企业成熟的产品/服务、稳定的交易结构体系以及巩固的资源基础给试图进入市场的新技术企业带来了严峻的竞争挑战，新企业可控的战略选择非常少，创新就成了近乎唯一的战略选择（Amason et al.，2006）[③]。一是注重产品/服务创新，追求为顾客带来更高的价值体验，创造与在位企业相比较的产品/服务优势，进而塑造以技术为核心的难以模仿和难以替代的竞争优势，进而收获创业租金（Rumelt，1987）。二是谋求交易结构创新，即或者吸纳新参与者进入产品/服务生产或销售流程，或者改变产业内产品/服务生产或销售流程中参与者的交易组合关系，进而在打破在位企业稳定交易结构带来的市场进入壁垒的同时，降低新技术企业产品/服务的市场交易成本，塑造新技术企业较在位企业的成本优势（Zott and Amit，2007）。

现有理论同样佐证了上述言论，例如一些学者们继承熊彼特的创新理论，将那些具有创造性破坏（Schumpeter，1934）、创造新价值（Busenitz

①　该假设的推演过程部分参考了作者已发表的成果，杨俊，田莉，张玉利，王伟毅.创新还是模仿：创业团队经验异质性与冲突特征的角色. 管理世界, 2010, 3: 84-96.该论文最早收集于第四届（2009）中国管理学年会——技术与创新管理分会场论文集。

②　Lévesque, M., Shepherd, D.A.. Entrepreneurs' Choice of Entry Strategy in Emerging and Developed Markets, Journal of Business Venturing, 2004, 19: 29-54.

③　Amason, A.C., Shrader, R.C., Tompson, G.H.. Newness and Novelty: Relating Top Management Team Composition to New Venture Performance. Journal of Business Venturing, 2006, 21: 125-148.

et al., 2003）以及能做出一些新的、与众不同的事情并能够创造价值的新企业才称为创业企业（德鲁克，1985）。可见，在市场进入方式上谋求创新，以此创造价值构成创业活动的基本内涵。同时资源基础论的学者也提出，基于稀缺的、有价值的、难以模仿和不可替代的独特资源是企业竞争优势的来源，创新型的市场进入方式成为了新企业价值创造和创新的新来源，从而成为了有可能产生创业租金的独特优势所在，如果新企业能够在产品研发和提供方式，以及交易结构上进行创新，便能因拥有了独特的资源而变现为创业租金。基于以上理论，将市场进入战略创新性对绩效可能带来的积极影响归纳为两个方面：一是创新所能带来的领先优势和超额租金，创新型的市场进入方式可能会开拓一个新的市场，或是在现有市场上创新交易方式。创新型的市场进入方式会带来创业租金（Rumelt，1987），这将使得所有参与交易的利益相关者均受益。二是创新型的市场进入方式会增加其他交易参与者的转换成本，提高新企业控制信息的能力，其他相关者的转换成本越高，新企业越可能控制由创新所带来的创业租金，从而提高创业绩效。

基于西方规范市场经济情境下的实证研究发现，新技术企业进入战略的创新性越强，即产品/服务或交易结构创新性越强，越可能避开在位企业的报复性竞争，赢得市场认可，从而收获更好的绩效（e.g.，Amason et al.，2006；Baum and Haveman，1997；Beckman，2006；Zott and Amit，2007）。Zott 和 Amit（2007）将产品/服务推向市场的交易结构划分为创新型与模仿型两类，发现创新型交易结构能显著改善新技术企业绩效，而模仿型与新技术企业绩效之间没有显著性作用关系。在我国，改革开放的重点已经从打破计划经济体制转移到规范社会主义市场经济体制建设上，市场因素开始取代政策资源成为企业竞争优势的新来源，竞争性的模仿也逐渐让位于产品/服务和商业模式创新，如阿里巴巴、浙江的共合网等等。这表明，在我国情境下，谋求创新性的进入战略选择仍是新技术企业生存和成长的重要途径，是技术成果商业化过程的重要环节。反观我国技术创业企业的实际情况，缺乏商业意识和商业技能是导致大学教授与研究人员创业失败的主要原因，尽管掌握了具有商业前景的技术，但往往难以设计出针对需求而不是技术本身的创新性产品/服务，至于如何设计交易结构来避开在位企业竞争，对缺乏商业技能的技术创业者来说更是一种挑战。研究创业团队结构与进入战略创新性的关系，有助于识别技术创业的管理重点，为团队组建提供针对性的建议和指导，实践价值突出。本研究不涉及两个维度之间的匹配关系，仅仅考察单独及其交互项的创新对新技术企业绩效的影响。由此得到本书的第一组假设：

假设 1：市场进入战略创新性与新技术企业初期绩效正相关

假设 1a：产品/服务维度的创新性与新技术企业初期绩效正相关

假设 1b：交易结构维度的创新性与新技术企业初期绩效正相关

假设 1c：产品/服务创新性与交易结构创新性交互项与新技术企业初期绩效正相关

3.2.2 创业团队经验构成与新技术企业市场进入战略选择的主效应分析

为什么有的新技术企业的进入战略更倾向于创新性，而大多数新技术企业仅仅是在模仿甚至复制产业内在位企业的做法？是什么决定了不同的初始战略选择，其创新性的根源在何处？这在现有研究中还没有得到很好的解释，而本研究的基本判断是，新技术企业的初始战略是创业团队基于集体认知而做出的决策，创业团队往往根据其先前知识结构有选择的解释来自外部和内部的信息进而做出战略决策[①]，作为先前知识的重要来源，创业团队先前经验特征是影响其进入战略选择在多大程度上倾向于创新性的重要因素。

在针对既有企业的研究中，学者们基于高阶理论的视角，提出企业是其高管团队特征的反映。作为主要的决策制定者，高管团队利用其先验知识有选择性地解释从内外部获得的信息，因此他们的个人特征对于企业战略决策制定过程具有重要的影响（Smith and White，1987；Bantel and Jackson，1989；Sambharya，1996；Ocasio，1997；Boeker，1997b；Geletkanycz and Hambrick，1997；Westphal and Fredrickson，2001）。相关的实证研究已经在第二部分的理论回顾中予以整理了。但在这些为数不多的有关战略选择决定因素的研究中，学者们主要考查的是既有企业的战略选择，而非新创企业。Carroll 指出：很不幸，我们对于创业者如何开发他们的组织蓝图所知甚少[②]！Kisfalvi 和 Fern 也进一步呼吁要关注

[①] West, III G.P.. Collective Cognition: When Entrepreneurial Teams, Not Individuals, Make Decisions. Entrepreneurship Theory and Practice, 2007, 31: 77-102.

[②] Carrol G.R..A Sociological View on Why Firms Differ. In, R.P. Rumelt, D. Schendel, D.J. Teece (Eds.). Fundamentallssues in Strategy: A Research Agenda. Harvard Business School Press: Boston MA, 1994: 271-290.

创业者和创业团队的特征与其战略选择之间的关系[1][2]。但是迄今为止，仍然罕有研究来解释为什么创业者及创业团队在面临相同的产业环境时会构思出不同的战略选择，忽视了对新企业初始条件作用的考察，例如创业者的以往经验。事实上，有关创业团队与诸如新企业战略选择等创业行为关系的研究直到最近才引起学者们的重视，得出了不少有价值的结论，丰富了对创业团队在创业过程中角色与作用的认识，对未来研究具有较强的启发意义。Beckman 以企业行为理论（March，1991）为基础，将创业机会开发行为区分为探索式与开发式两类，前者涉及采取打破现有能力基础、以创新为导向的机会开发活动，后者强调采取模仿现有过程、以效率提升为导向的机会开发活动，进而将创业团队构成特征与机会开发行为选择相联系，发现先前经验构成同质性的创业团队倾向于采纳开发式活动来实现机会价值，先前经验构成异质性的创业团队往往采纳探索式活动，而那些构成较平衡的创业团队善于在开发式与探索式活动之间进行平衡，进而收获更加优越的新企业绩效[3]。Fern 发现创业团队知识结构与新企业战略选择之间存在着联系，知识多样性强的创业团队往往会采纳创新性战略，而知识多样性较低的创业团队则会迫于外部制度环境压力实施模仿性战略来开发创业机会价值[4]。Henneke 和 Luthje 进一步探索了创业团队学科背景构成对所开发新产品创新性的影响，发现与学科背景构成单一化相比较，学科背景构成多样化的创业团队所开发的新产品创新性更高[5]。

在上文对创业过程中先前经验研究综述中，已经总结到经验对新企业战略选择行为的重要影响，相对于成熟企业来讲，在新企业情境下探讨战略选择根源的研究尚很缺乏，却又是十分重要的。本书旨在深化有关创业团队与新企业初始战略选择之间关系的研究，立足于初创期的新技术企业，构建一个基于创业团队先前经验的战略选择模型，并考察技术资产属性与环境资源充足度的调节作用。本书主要关注经验而非环境

---

① Kisfalvi V.. The Entrepreneur's Character, Life Issues, and Strategy Making: A Field Study. Journal of Business Venturing, 2002, 17: 489-518.

② Fern, M.. The Origin of Strategy in New Ventures: Evidence from Air Transportation Industry, 1995-2005. Doctoral Dissertation, University of North Carolina, 2006.

③ Beckman, C.. The Influence of Founding Teams Company Affiliations on Firm Behavior. Academy of Management Journal, 2006, 49: 741-758.

④ Fern, M.. The Origin of Strategy in New Ventures: Evidence from Air Transportation Industry, 1995-2005, Doctoral Dissertation, University of North Carolina, 2006.

⑤ Henneke, D., Lüthje, C.. Interdisciplinary Heterogeneity as a Catalyst for Product Innovativeness of Entrepreneurial Teams.Creativity and Innovation Management, 2007, 16, 121-132.

（例如竞争环境、制度环境或技术环境）以及创业者的心理特征对战略选择的影响有两点原因，首先，环境的性质可以解释新企业在产业或种群层面的创建率和失败率，而不能解释创业者在面临相同产业环境时的不同表现。第二，有关创业者性格特征的研究得到了一些互相混淆的结论，最多是证明了性格特征和决策制定结果之间有较弱的关系（Gartner，1988；Aldrich，1999）。同时研究已经表明，做为高端创业的主流，大多数新技术企业是由团队创建的，而非单个的创业者。这些企业的战略选择行为通常是团队成员集体认知的过程（West，2007）。战略选择的集体认知特征解释了为什么面临同样环境的新企业会拥有不同的进入战略。

社会认知理论的文献提出，个体通过在某一领域内的经验来获取知识（Howell，1973）。这些知识被储藏在某个认知图示下（schema），当个体面临某一复杂的决策任务时，他们利用深藏在其认知结构下的现有知识来处理问题，这使其仅面临有限的选择。这种形式的决策制定被认为是"理论驱动的"，指的是个体依靠其先前经验去指导当下的行为[1]。与此相对的另一种决策方式被称为"数据驱动"的决策制定方法，即个体通过试错的实验方法来处理新信息。在以往的研究中曾有学者提出新企业的战略形成过程是一个不断调整的试错过程，这些战略尝试是新企业试图建立竞争地位的学习过程[2]。即使是这样，试验的过程仍然需要一个启动方案作为未来调整的根基，最初的选择恰恰就来自于创业团队的先前经验[3]。因此说理论驱动的决策模式是新企业在初创期的主导决策模式，新企业初始战略的选择来源于创业团队成员基于先前经验而形成的集体认知决策。由此得到本书第二个主效应假设：

假设 2：创业团队先前经验构成与新技术企业市场进入战略的创新性显著相关

我们重点考察创业团队的职能经验与行业经验，区分它们的类型与深度（即在某一职能或行业工作的时间长短）。在已有的研究中，学者们证明职能经验会塑造一个人的世界观，并具有各自的专业知识和技能要求，在不断的工作中会形成并逐渐固化某种认知风格和行为方式，同时

---

[1] Abelson, R. P., Black, J. B.. Introduction. In, J.A. Galambos, R.P. Abelson, J.B. Black (Eds.). Knowledge Structures. Lawrence Erlbaum Associates: Hillsdale, NJ, 1986: 1-18.

[2] Nicholls-Nixon, C.L., Cooper, A.C., Woo, C.Y.. Strategic Experimentation: Understanding Change and Performance in New Ventures.Journal of Business Venturing, 2000, 15: 493–521.

[3] Gavetti, G, Levinthal, D.. Looking forward and Looking Backward: Cognitive and Experiential Search. Administrative Science Quarterly, 2000, 45: 113-137.

专属于某一职能岗位的培训会进一步加深个体的认知模式（Dearborn and Simon，1958；Sutcliffe，1994；Tripsas and Gavetti，2000）。团队成员在不同行业、不同企业或不同职能部门的工作经验影响了他们的知识构成、观念形成和工作取向。不同的职能经验决定了他们能够注意到外部环境中的不同时间或同一事件的不同侧面（Weick，1987）。这解释了为什么通常来讲，技术岗位人员要比从事市场营销或一般管理工作的人员更具有理性思维，更加关注新技术和知识的探索，而从事财务工作的人员则更加严谨、保守。基于高阶理论视角下的研究，也证明了高管团队的职业经验可以预测企业的战略选择，例如，Hayes 和 Abernathy 提出，在进行多元化战略决策时，有财务背景的管理者会更加关注现金流、投资回报，从而使企业拥有良好的内部资本市场。而生产技术型管理者对企业生产流程、技术优势更加了解，更关注企业的工艺改进以及新产品的开发。他们更擅长利用企业的生产技术优势，进入新的市场[1]。Song 证明，拥有财务、管理职业背景经验的管理者在进行多元化战略决策时，更倾向于通过内部增长实现多元化扩张（更多相关多元化），所进入的新领域多是与原来企业生产技术相关的行业[2]。因此，财务主管占主导的企业无关多元化程度高，而拥有更多生产背景主管的企业，更倾向于相关多元化[3]。鲁倩、贾良定利用中国上市公司的数据证明高管团队的职业经验与企业的多元化显著相关，即非技术背景的高管团队，以财务和管理背景为主的高管团队比生产技术类的高管团队更倾向于进行多元化[4]。

员工在先前雇主企业积累的职能和行业经验，以及随之而形成的认知常规和图示会随着员工离开组织而转移到新企业之中（Baty et al.，1971；Boeker，1997；Sorensen，1999；Phillips，2002），因此创建者在先前供职企业积累的职能经验会影响新企业的战略选择（Boeker，1988）及初始组织结构的设置（Phillips，2005；Beckman，2006；Beckman and Burton，2008）。一个团队的技术导向性越强，拥有技术经验的成员比例越高，从事技术研发工作的时间越长，尤其拥有与新企业所在行业的相

---

① Hayes, R.H., Abernathy J.. Managing Our Way to Economic Decline.Harvard Business Review, 1980, 58: 193-204.

② Song, J.H.. Diversification Strategies and the Experiences of Top Executives in Large Firms.Strategic Management Journal, 1982, 3(4): 377-379.

③ Michel, J.G, Hambrick, D.C.. Diversification Posture and Top Management Team Characteristics. Academy of Management Journal, 1992, 35(1): 9-34.

④ 鲁倩，贾良定. 高管团队人口统计学特征、权力与企业多元化战略. 科学学与科学技术管理, 2009, 5: 181-187.

关技术经验越多，就越可能形成技术导向型的认知图示，从而使得他们更加倾向于追求技术推动型的市场进入战略，表现为通过将有限的初始资金优先投入到研发活动中，进而通过技术创新来开发具有独特功能的产品或服务。在最极端的情况下，那些全部由某一技术领域内专家组成的技术创业团队，在组建新企业的时候，可能会一心致力于并不断尝试独特的、新兴的或前沿技术的开发（Ahuja and Lampert，2001），从而有可能孕育出那些开发出突破性创新技术，并由此创造了一个新市场的熊彼特式的创新者。Finkelstein 研究认为，具有生产、技术或研发经历的高层管理者更乐于关注和了解技术方面的内容，更愿意加强产品和技术创新的投入[1]。我国学者李华晶和张玉利以天津市科技型中小企业为样本进行了实证研究，结果表明中小企业高管团队专业背景和企业创新之间存在显著的正相关关系，这意味着高管团队中具有专业技术型成员越多，企业的技术创新程度就越高[2]。Goodwin 和 Ziegler 研究结果证明，具有多年工作经验的人，其认知会更简单，这是因为他们受到职能经验的固化影响（Maier，1931），使其被固定在某种行为方式上，因此在感知和评价外界刺激的时候，他们的观点和决策行为会受到局限。尤其是那些多年来一直在同一岗位上工作的人最为明显[3]。因此，多年在技术领域的工作经验会更加强化其决策时的技术导向思维。从另一方面讲，这样的技术团队会忽视市场的反应，倾向于选择业内传统的合作伙伴和固定的渠道进入市场，同时他们在与新企业相关行业工作多年，使得他们习以为常该领域内技术产品或服务的惯常做法，既然经验来自于先前的雇主，而且技术导向型的认知模式又使得他们不善于市场经营之道，那么模仿既有企业就成了一种自然而然且相对容易的选择（Fern，2006）。由此得到以下子假设：

假设 2a：创业团队的技术导向性越强，产品/服务维度的创新程度越高

假设 2b：创业团队的技术导向性越强，交易结构维度的创新程度越低

如果创业团队中拥有市场经验的成员比例越高，从事市场营销领域

---

[1] Finkelstein, S.. Power in Top Management Teams: Dimensions, Measurement, and Validation.The Academy of Management Journal, 1992, 35: 505-538.

[2] 李华晶，张玉利. 高管团队特征与企业创新关系的实证研究——以科技型中小企业为例. 商业经济与管理，2006, 5: 9-13.

[3] Goodwin, V. L., Ziegler, L.. A Test of Relationships in a Model of Organizational Cognitive Complexity.Journal of Organizational Behavior, 1998, 19(4): 371-386.

工作的时间越长，并且拥有多个行业内工作经验的话，那么其市场导向性就越强。正如以往研究中所提到的，企业领导者的管理和市场能力越强，他们就越能够有效率和效能地组织企业的各项资源，以向市场提供更好的产品与服务，满足顾客的需求（Collis，1994，pp145-146）。与此相类似，Boeker 和 Karichalil（2002）认为，如果创业者的行业经验匮乏，那么他们就无法准确把握市场发展趋势，也不能够在一系列备选的商业抉择中做出最佳的选择。Choi 和 Shepherd（2004）利用新技术企业的样本实证检验了上述观点，发现创业者拥有的市场经验和管理能力越高，他们就越可能开发出满足已知顾客需求的产品或服务。对于这样的团队来讲，技术的卓越和突破可能并不是最主要的关注点，他们更加倾向于通过交易结构的创新，开发新的经营渠道，拓宽顾客群体，建立新型的供销组合关系，进而将产品与服务引向市场。由此得到如下子假设：

假设 2c：创业团队的市场导向性越强，产品/服务维度的创新程度越低

假设 2d：创业团队的市场导向性越强，交易结构维度的创新程度越高

综合以上两组假设，如果创业团队的经验构成兼顾了技术与市场的双重性，这种在行业经验和职能经验构成上的异质性代表了认知的广泛性[1]，意味着他们了解不同行业内常规做法，拥有不同职能领域的技能，因而产生了多样化的可以赖以决策的知识（Larson et al.，1994），进一步表现为创业团队认知模式的多样性水平（Amason et al.，2006）。认知模式多样性的创业团队可能经由对成员之间异质性知识的创造性组合设计出更具有创新性的市场进入方式，而认知模式单一性的创业团队则难以在市场进入方式选择上谋求创新（杨俊、张玉利，2006）。

认知理论中有关创造力（creativity）和认知复杂性（cognitive complexity）的研究为这个问题提供了很好的解释。有关创造力的研究表明如果人们能将记忆中的元素以新的方式联系起来，便会产生创造性思维（e.g.，Mednick，1962；Simonton，2003；Ward，2004），组成元素之间相隔的越远，所得到的解决方案就会越具创新性。Mednick 提出，创造性思维的形成过程就是形成新的要素组合的过程，使其可以满足某

---

[1] Smith, K. G., Smith, K. A., Olian, J. D., Sims, H. P., Jr., O'Bannon, D. P.. Top Management Team Demography and Process: The Role of Social Integration and Communication. Administrative Science Quarterly, 1994, 39: 412-438.

种特定的需求或以一种更有效的方式满足既定需求[1]。因此如果创业团队成员的经验构成是异质性的，则意味着不同成员会拥有各自的独特知识，这使得他们在共同的决策制定过程中，会从认知层面刺激决策过程中的其他成员（Brown，Tumeo，Larey，and Paulus，1998；Dugosh et al.，2000；Simonton，2003）。这些认知刺激会给决策过程提供新的视角，促使团队成员可以在更广的范围内搜索信息，突破自身的知识局限，从而萌发创新的构思。Simonton 提出一个成员构成在技能、经验、身份等各方面更加异质性的团队相比于同质化的团队会更加具有创造力。从认知复杂性的视角来看，它同样提供了培育创造性思维的条件[2]。认知复杂性被定义为个体能够以多元化的方式解释社会行为的能力[3]。它可以促进差异化的认知，即在面临一系列刺激因素时可以从多个角度去考虑，并整合不同特征之间的复杂性联系[4]。那些认知模式更复杂的个体在决策制定中的偏见会更小，因为他们可以考虑许多选择，而不是一股脑地投入到一个解决方案中去（Goodwin and Ziegler，1998）。

新企业若要在市场进入战略上谋求创新，取决于他们是否能拥有多元化的知识，并将其进行创造性整合的能力。更通俗地讲，创业团队成员依赖以往经验中积累的知识来选择创业行为，这个知识储备所跨越的领域越广，团队成员就有更多的机会将知识加以整合，并开发出与以往做事方式不同的解决方案。如果创业团队成员兼顾了市场与技术双重导向，拥有多元化的职能经验和行业经验，那么他们不仅关注产品或服务的创新，而且采用独特的方式将创新产品引入市场，开发出与既有企业不同的渠道模式、合作伙伴组合关系等等。

假设 2e：兼顾市场与技术导向的创业团队，产品/服务维度的创新程度越高

假设 2f：兼顾市场与技术导向的创业团队，交易结构维度的创新程度越高

---

① Mednick, S. A.. The Associative Basis of the Creative Process.Psychological Review, 1962, 69: 220-232.

② Simonton, D. K.. Scientific Creativity as Constrained Stochastic Behavior: The Integration of Product, Person, and Process Perspectives. Psychological Bulletin, 2003, 129(4): 475-494.

③ Bieri, J.. Clinical and Social Judgment.The Discrimination of Behavioral Information.Wiley: New York, NY, 1996.

④ Bartunek, J. M., Gordon, J. R., Weathersby, R. P.. Developing "Complicated" Understanding in Administrators. Academy of Management Review, 1983, 8(2): 273-284.

3.2.3 技术独享性与环境宽松性调节效应分析

3.2.3.1 技术独享性的调节效应分析

在以往有关新技术企业战略选择，尤其是商业化战略选择的研究中，研究者曾提出可独享体制是有效的商业化战略的关键驱动因素[①②]。不论是通过构建新的价值链与既有企业相竞争还是通过出售创新技术以利用既有企业的价值链展开合作，都需要新企业能够围绕核心技术构建起强有力的保护机制，这是企业保护专有技术并获取竞争优势的必要条件（Teece，2000；McEvily et al.，2004）。在采取独立竞争战略的前提下，如果技术创新者拥有正式的知识产权保护机制，在进入市场的环节中，向合作伙伴展示其产品功能的时候，可以通过特定的技术设计使其在功能展示的过程中掩盖某些细节，以避免被模仿，降低技术被侵占的风险，增加创意所获得的绝对收益；如果新企业采取与既有企业合作的战略联合进行技术开发，或通过技术许可和转让形式将新技术许可给一个或多个技术购买者，强有力的知识产权保护机制都增加了新企业的议价能力，促成合作（Scott Shan，2002）。这正好暗合了独享性的两个条件：即一是防止，或至少是拖延被模仿；二是促成利润创造（Cohen and Walsh，2001）。

本研究针对新企业的独特性，选择知识产权保护力度这个独享体制，是因为虽然独享体制是一个多维度的概念，包括诸如知识本质（隐性知识和编码知识）、制度性保护机制、人力资源管理系统、实践和技术方式、领先时间等等[③]，但是对于新企业而言，大多数独享体制的可得性（Availability）或必要性是很差的，例如，在初创期，新企业的核心员工基本上是以家庭或亲朋好友组成的创业团队[④]，因此，员工的竞业限制条款等人力资源管理措施就无必要性了。此外，隐性知识难以清晰表述出来，同样是新企业很难控制的（Hurmelinna-Laukkanen and Kaisu Puumalainen，2007）。所以本书选择在以往研究中曾重点强调并有较多

① Gans, J.S., Stern, S.. The Product Market and the Market for "Ideas": Commercialization Strategies for Technology Entrepreneurs.Research Policy, 2003, 32: 333–350.

② Gans, J.S., Hsu, D.H., Stern, S.. When does Start-up Innovation Spur the Gale of Creative Destruction. The RAND Journal of Economics, 2000, 33: 571-586.

③ Pia Hurmelinna-Laukkanen, Kaisu Puumalainen.Nature and Dynamics of Appropriability: Strategies for Appropriating Returns on Innovation. R&D Management, 2007, 37: 95-112.

④ CPSED 全称为中国创业动态跟踪调查（China Panel Study of Entrepreneuriship Dynamic），是南开大学创业管理研究中心主持完成的旨在从微观层次跟踪创业过程，总结创业活动规律的国际调查项目。CPSED 第一轮数据收集工作于 2009 年 9 月完成，根据初步的描述性统计分析，中国新生创业团队主要是以家庭成员或亲朋好友为核心组成的。

研究的知识产权保护机制（Intellectual Property Rights）（e.g., Teece, 1998, 2000; Lippman and Rumelt, 1982; Gans, Hsu and Stern, 2002），考察其在新企业战略选择过程中的影响。

首先来看知识产权保护力度对新企业产品与服务维度创新性的影响。知识产权保护体制对于企业技术创新的激励作用在以往的文献中已经有了诸多探讨，因为如果竞争者能够不花成本或花很少成本就有机会占有、复制并开发相关的产品和工艺知识，那么创新企业就很难收回研发投入，并降低了产品或服务的边际利润，这会降低其创新的动机（e.g., Arrow, 1962; Van Dijk, 2000）。相反，如果创业者认为知识产权保护机制能够为其创新提供良好的支持，并且在发生技术侵权或盗用问题时，企业可以通过相关的法律诉讼对核心技术加以保护，那么他们会更有激励通过高研发投入进行技术创新，向市场提供具有新颖功能的产品或服务。虽然创新产品的市场前景面临着较高的不确定性，但是仍然有可能通过创造首动者优势来赢取超额利润。

此外，新技术企业在进入市场的过程中，除了在产品或服务市场上与既有企业展开直接竞争外，还需要与各个方面的利益相关者进行广泛合作，作为其技术产品或服务商业化的渠道。这里所说的合作伙伴包括顾客、供应商、分销商、专业合作伙伴（如高校、研发机构等外脑组织）等。新企业选择的合作伙伴可能是多种多样的，它们之间的组合关系也可能各有千秋，形式各异。最常见的，新企业可以将拥有正式知识产权的技术许可给一个或多个技术购买者，通过技术许可，购买者有权利开发新企业的创新成果，按照协议条款获得技术资助，支付固定的费用、版权费或更复杂的付款条约。此外，也可以通过收购等契约形式来完成与既有企业的合作（Blonigen and Taylor, 2000）。在这里需要引起注意的是，在新企业寻找并与这些合作伙伴建立关系以进入市场的过程中，有很多因素可能抵消合作所带来的好处，一个最基本的摩擦就来源于所谓"技术泄露的悖论"（Paradox of disclosure）[1][2]。即在寻求合作的过程中，不可避免地要与交易伙伴交换有关创新技术的思想，合作伙伴愿意合作的意愿取决于他们对这种新想法的了解程度，如果了解过多，他们

---

[1] Arrow, K.. Economic Welfare and the Allocation of Resources for Invention.In The Rate and Direction of Inventive Activity, Nelson, R. R. (ed).Princeton University Press: Princeton NJ, 1962: 609–625.

[2] Anton, J.J., YAO, D.A.. Expropriation and Inventions: Appropriable Rents in the Absence of Property Rights.American Economic Review, 1994, 84: 190-209.

可能会就此威胁新企业，压低其议价能力，如果不了解，又会因信息不对称的问题而放弃合作。那么从新企业一方来讲，这使其面临着技术泄露和被侵占的风险，历史上曾经发生的一个例子就是，技术创业者 Robert Kearns 向福特公司介绍了他们发明的挡风玻璃擦拭纸的功能之后，福特公司就独立开发了这项技术，而没有给 Kearns 任何技术开发的补偿。但如果新企业拥有强有力的知识产权保护机制，由技术泄露带来的问题就会得到改善，从而增加其进入市场后的获利能力[①]。基于以上论述我们知道，新企业市场进入战略的选择是创业团队成员集体认知和决策的结果，而核心技术知识产权保护力度会在这一决策过程中起到重要的调节作用，由此本书得到如下假设：

假设 3：技术独享性在创业团队经验构成与市场进入战略创新性之间起到正向的调节作用

假设 3a：技术导向型团队在面临较强的技术独享性条件下，更倾向于在产品与服务上创新

假设 3b：技术导向型团队在面临较强的技术独享性条件下，更倾向于在交易结构上创新

假设 3c：市场导向型团队在面临较强的技术独享性条件下，更倾向于在产品与服务上创新

假设 3d：市场导向型团队在面临较强的技术独享性条件下，更倾向于在交易结构上创新

假设 3e：兼顾型团队在面临较强的技术独享性条件下，更倾向于在产品与服务上创新

假设 3f：兼顾型团队在面临较强的技术独享性条件下，更倾向于在交易结构上创新

3.2.3.2 环境宽松性的调节效应分析

战略选择理论提出，处在复杂环境中的企业若要寻求成长的机会，就必须充分审视环境中所蕴含的机遇与挑战，选择与环境情况相适配的战略及行为，以避免其经营受到环境的限制降低成长空间[②]。在以往有关组织理论和战略管理的研究中，环境因素都被视为重要的权变因素。学者们提出，环境是各种自然因素和社会因素的总和，管理者的决策行

---

① Gans, J.S., Stern, S.. The Product Market and the Market for "Ideas": Commercialization Strategies for Technology Entrepreneurs.Research Policy, 2003, 32: 333–350.

② Stevenson, H.H. & Gumpert, D.E.. The Heart of Entrepreneurship, in Sahlman, W.A and Stevenson H.H.(Eds). The Entrepreneurial Venture, McGraw-Hill, Boston, MA, 1991.

为要受到这些因素的直接影响。将以上基本判断植入本研究的具体情景可知，本书基于创业情景下的新技术企业，考察其初始战略的来源问题，提出新企业的初始战略是创业团队成员集体认知的结果，在这一过程中，创业者所感知到的环境情况对其创业战略的选择具有重要的调节影响，研究重点考察环境宽松性这一维度，这是指企业在环境中运营所需的关键资源的稀缺或富足情况（Dess and Beard，1984）。

在以往的研究中，学者们提出新企业与外部环境之间存在着固有联系，环境条件塑造了创业者的行为决策，反映到创业绩效上创业者所制定的战略决策只有适应了环境，才能推动新企业的生存与成长（Miller，1983）。具体的研究包括两个层面：首先环境宽松性影响着在这个环境中的企业生存与成长以及新企业进入这一环境的能力（Randolh and Dess，1984）。其次，环境宽松性如何影响新企业具体的战略选择（e.g.，Brittain and Freeman，1980；Lieberson and O'Connor，1972；Tushman and Anderson，1986）。例如，Gray（2000）的实证研究表明，当外部环境不稳定或处于衰退期时，企业的战略将随之萎缩，甚至出现退市现象；当环境处于上行周期，资源较为充裕时，人们的创业意识也会高涨，由此带来了更多的新进入行为。Lumpkin（1996）提出环境宽松性会影响新企业的战略导向，在宽松的环境下，企业更容易获得资源，这为新企业开发新产品、外部融资等活动提供了支持。相反在资源稀缺的环境中，新企业会更不愿意进行研发投资，因为资源的稀缺会缩减企业的边际利润，缩减创新所需资源的可获得性。Masood等人（2004）考察了环境条件、新企业战略导向与创业绩效间的关系，提出创业者在制定战略时必须考虑各种环境要素，同时环境因素还会进一步影响企业战略的执行，环境与战略之间的匹配才会带来良好的创业绩效。面临动态复杂环境的新企业要重点关注战略的灵活性、实用性及战略执行速度，而不可过度强调企业的战略成本。通过对身处宽松环境中却经营失败的新企业的考察发现，这些企业往往采取了成本控制战略。Ward等（1995）与Badri等（2000）提出环境的宽松性较高时，企业活动的空间较大，创业导向战略能够得到实施，通常激进战略选择和执行推进新企业成长。当产业处于下行周期或面临紧缩的环境时，企业面临的风险较大，倾向于对现有市场的把握和控制，选择保守的战略。

综合以上相关的实证研究得知，环境宽松性是一个重要的理论维度，与新企业的战略选择相关。创业者通常先对环境产生认知，再根据环境分析的结果选择战略，如果创业战略能够高度配适创业环境，便有助于新企业创业目标的顺利实现①。

本书基于技术创业的情景，考查创业团队成员如何基于先前经验来选择市场进入战略。在这一过程中团队成员感知到的环境条件会对其战略决策行为产生权变影响，因为环境被视为企业获取资源的储备，尤其是对新企业而言，自身资源禀赋的匮乏使得它们不得不依赖于从外部获取资源以支撑起在产品或服务市场上的创新活动。这一点也早在以往战略管理研究中被学者们所认可，Miller（1983）就曾提出环境是创业企业采取各项创新活动时必须考虑到的重要因素。近年来在创业领域内的学者也曾考察过环境宽松性对新企业和既有企业的生存和成长以及对新企业市场进入活动的影响（Zott and Amit，2007）。学者们提出获取原材料、资金和劳动力需要企业与环境之间的互动，由于资源的有限性意味着它们要通过与竞争者的竞争来获取维持自身发展的资源。当环境相对宽松时，企业能积累起足够的资源，从而开展多项战略活动（e.g.，Bourgeois，1981；Wan and Hoskisson，2003），并对具体的战略执行和企业绩效产生积极影响（Castrogiovanni，1991；Rajagopalan，Rasheed，and Datta，1993）。相反，在紧缩的环境中，企业会更难获取资源，而且市场竞争会进一步加剧（Dess and Beard，1984；Pfeffer and Salancik，1978；Yasai-Ardekani，1989）。此时创业者更关心的是如何维持经营以求得企业的生存，因此保证足够的现金流来维持业务的发展是最关键的。为此，创业者更可能选择通过拥有成熟需求的技术或改进型的技术尽快推出首个新产品，借此赚取收入以尽早获得财务独立。而通过高研发投入进行技术创新，引入具有独特功能的产品和服务将变得更加困难。因为创新技术的开发以及市场的培育是需要时间和雄厚的资金实力做支撑的，初始资源禀赋匮乏的新企业可能难以维持到盈利的时刻。技术发展史上的诸多事例也表明，创新的引入者很大程度上扮演了市场拓荒者的角色，而最终盈利的却是在随后的早期跟随者（Eisenhardt and Schoonhoven，1990；Gans and Stern，2002）。因此在环境不那么宽松的时候，新技术企业会倾向于保守的方式，利用老产品或改进型产品进入市场，而非通过高研发投入来开发新技术。

对于交易结构的选择来讲，当环境较为宽松的时候，例如处在经济的上行周期或某一产业蓬勃发展期的时候，创业者会积极通过合作联盟

① 柳燕. 创业环境、创业战略与创业绩效关系的实证研究——基于汽车行业大型跨国企业的创业经验. 吉林大学博士论文, 2007.

扩大自身的网络，尝试引入新的合作伙伴，因为此时对于每一个创业者来讲都是绝好的扩展市场渠道的机会，创业者和整个创业团队会有更多的机会尝试接触新的合作伙伴，可以更容易地与资源提供者进行协商、谈判并说服他们向新企业提供资源，可以更好地展示因创新进入所带来的优势，从而更容易获得支撑创新的资源，例如获得互补性资产的投资等。反之，当环境中资源稀缺的时候，例如在紧缩的经济环境下，顾客和企业都会削减开支，节约成本对于创造价值而言更加重要。而新企业相比于既有企业而言更脆弱，对于环境的变化也更加敏感，因此更加会减少与合作伙伴的联系，通过常规的渠道进入市场，减少因扩展渠道而需要额外支付的成本。

假设 4：环境宽松性在创业团队经验构成与市场进入战略创新性之间起到正向的调节作用。

假设 4a：相对于紧缩的环境条件，技术导向型团队在环境更为宽松的时候，更倾向于在产品与服务上创新。

假设 4b：相对于紧缩的环境条件，技术导向型团队在环境更为宽松的时候，更倾向于在交易结构上创新。

假设 4c：相对于紧缩的环境条件，市场导向型团队在环境更为宽松的时候，更倾向于产品与服务上创新。

假设 4d：相对于紧缩的环境条件，市场导向型团队在环境更为宽松的时候，更倾向于在交易结构上创新。

假设 4e：相对于紧缩的环境条件，兼顾技术与市场导向的团队在环境更为宽松的时候，更倾向于在产品与服务上创新。

假设 4f：相对于紧缩的环境条件，兼顾技术与市场导向的团队在环境更为宽松的时候，更倾向于在交易结构上创新。

第三节　理论模型设计

3.3.1　模型构建

以相关理论作为研究基础并经由上述理论推理，本书构建了一个新技术企业市场进入战略选择模型。研究在首先提出进入战略创新性强的新技术企业更可能获得好的绩效表现的研究假设基础上，进而深入探讨"什么样的创业团队更可能设计出创新性的进入战略"问题，考察新技术企业初始战略的来源问题，并加入了技术独享性与环境宽松性的调节作用，以期最大程度上还原创业团队集体决策的过程。由此，得到本研究的研究框架，如图 3.2 所示。

模型最右侧的逻辑链条（1）解释第一个研究问题，回答了新技术企业市场进入战略创新性与其初期绩效之间的关系。由此回应了初始战略在应对新企业初创期高死亡危险和成长局限性上的重要作用，也说明这一研究问题在理论与实践上的重要意义。沿着模型将视角前移到第（2）个逻辑链条，这是本研究的核心部分，即探讨新技术企业初始战略的来源及其创新性的产生机理。在主链条中进一步考察了两个调节效应，即链条（3）和（4）。

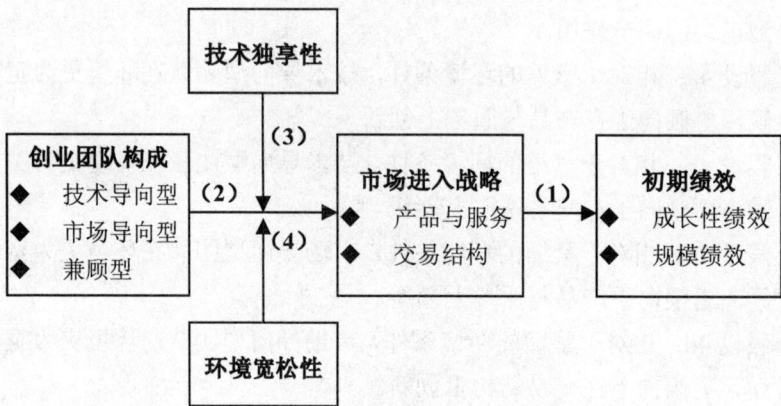

图 3.2　本研究的理论模型

资料来源：作者整理。

3.3.2　模型构建与研究问题的呼应

围绕研究问题以及要素之间的逻辑关系，本研究共提出了 4 组共 18 个理论假设，如表 3.2 所示。其中第一组假设解释了图 3.2 中的逻辑链条 1，考察市场进入战略创新性与新技术企业初期绩效间的关系，子假设 1a 和 1b 分别从产品与服务维度以及交易结构维度展开具体探讨；第二组假设考察了创业团队先前经验构成与新技术企业市场进入战略创新性之间的主效应，回应了理论模型中的逻辑链条 2，假设 2a-2f 分别就技术导向型、市场导向型和兼顾型团队的战略选择提出了子假设；第三和第四组假设考察了创业团队初始战略决策过程中的调节效应，即技术独享性与环境宽松性的权变影响，对应了理论模型中的逻辑链条 3 和 4，所延伸出的子假设为假设 3a-3c，4a-4c。后文将通过实证来检验这些要素间的作用关系，回答相应的研究问题。

表 3.2　研究假设汇总

假设	假设内容
假设 1	**市场进入战略创新性与新技术企业初期绩效正相关**
假设 1a	产品/服务维度的创新性与新技术企业初期绩效正相关
假设 1b	交易结构维度的创新性与新技术企业初期绩效正相关
假设 1c	产品/服务创新性与交易结构创新性交互项与新技术企业初期绩效正相关
假设 2	**创业团队先前经验构成与新技术企业市场进入战略的创新性显著相关**
假设 2a	创业团队的技术导向性越强，产品/服务维度的创新程度越高
假设 2b	创业团队的技术导向性越强，交易结构维度的创新程度越低
假设 2c	创业团队的市场导向性越强，产品/服务维度的创新程度越低
假设 2d	创业团队的市场导向性越强，交易结构维度的创新程度越高
假设 2e	兼顾市场与技术导向的创业团队，产品/服务维度的创新程度越高
假设 2f	兼顾市场与技术导向的创业团队，交易结构维度的创新程度越高
假设 3	**技术独享性在创业团队经验构成与市场进入战略创新性之间起正向调节作用**
假设 3a	技术导向型团队在面临较强的技术独享性条件下，更倾向于在产品与服务上创新
假设 3b	技术导向型团队在面临较强的技术独享性条件下，更倾向于在交易结构上创新
假设 3c	市场导向型团队在面临较强的技术独享性条件下，更倾向于在产品与服务上创新
假设 3d	市场导向型团队在面临较强的技术独享性条件下，更倾向于在交易结构上创新
假设 3e	兼顾型团队在面临较强的技术独享性条件下，更倾向于在产品与服务上创新
假设 3f	兼顾型团队在面临较强的技术独享性条件下，更倾向于在交易结构上创新
假设 4	**环境宽松性在创业团队经验构成与市场进入战略创新性之间起正向调节作用。**
假设 4a	相对于紧缩的环境条件，技术导向型的团队在环境更为宽松的时候，更倾向于在产品与服务上创新
假设 4b	相对于紧缩的环境条件，技术导向型的团队在环境更为宽松的时候，更倾向于在交易结构上创新
假设 4c	相对于紧缩的环境条件，市场导向型的团队在环境更为宽松的时候，更倾向于产品与服务上创新
假设 4d	相对于紧缩的环境条件，市场导向型的团队在环境更为宽松的时候，更倾向于在交易结构上创新
假设 4e	相对于紧缩的环境条件，兼顾技术与市场导向的团队在环境更为宽松的时候，更倾向于在产品与服务上创新
假设 4f	相对于紧缩的环境条件，兼顾技术与市场导向的团队在环境更为宽松的时候，更倾向于在交易结构上创新

资料来源：作者整理。

第四章 研究设计与研究流程

科学的结论依赖于规范的研究设计与研究流程。下面将细致介绍本书研究设计与实施流程，重点介绍设计思路、问卷设计与样本选择、问卷发放与样本检验以及分析方法与逻辑等内容，目的在于保证基于理论模型实证分析的有效性。

第一节 研究设计的基本依据

社会研究的三个基本目的在于探索、描述和解释。在观察和分析之前，所需要的是一个研究设计，简单地说，研究设计是研究的基本框架，它可以为数据搜集与分析方法提供基本的指导原则，本质上是研究问题与所采纳理论之间关系的外化[1]，即研究者要判断他们需要观察什么、分析什么、为什么以及如何进行。为此研究者们要逐层搞清楚研究的分析单位、时间维度、研究方法的选择、操作化、总体与抽样、观察、资料处理、分析及应用的全过程，见图4.1所示。

---

① Robson, C.. Real World Research: A Resource for Social Scientist and Practitioner-researchers. Oxford: Blackwell, 1993.

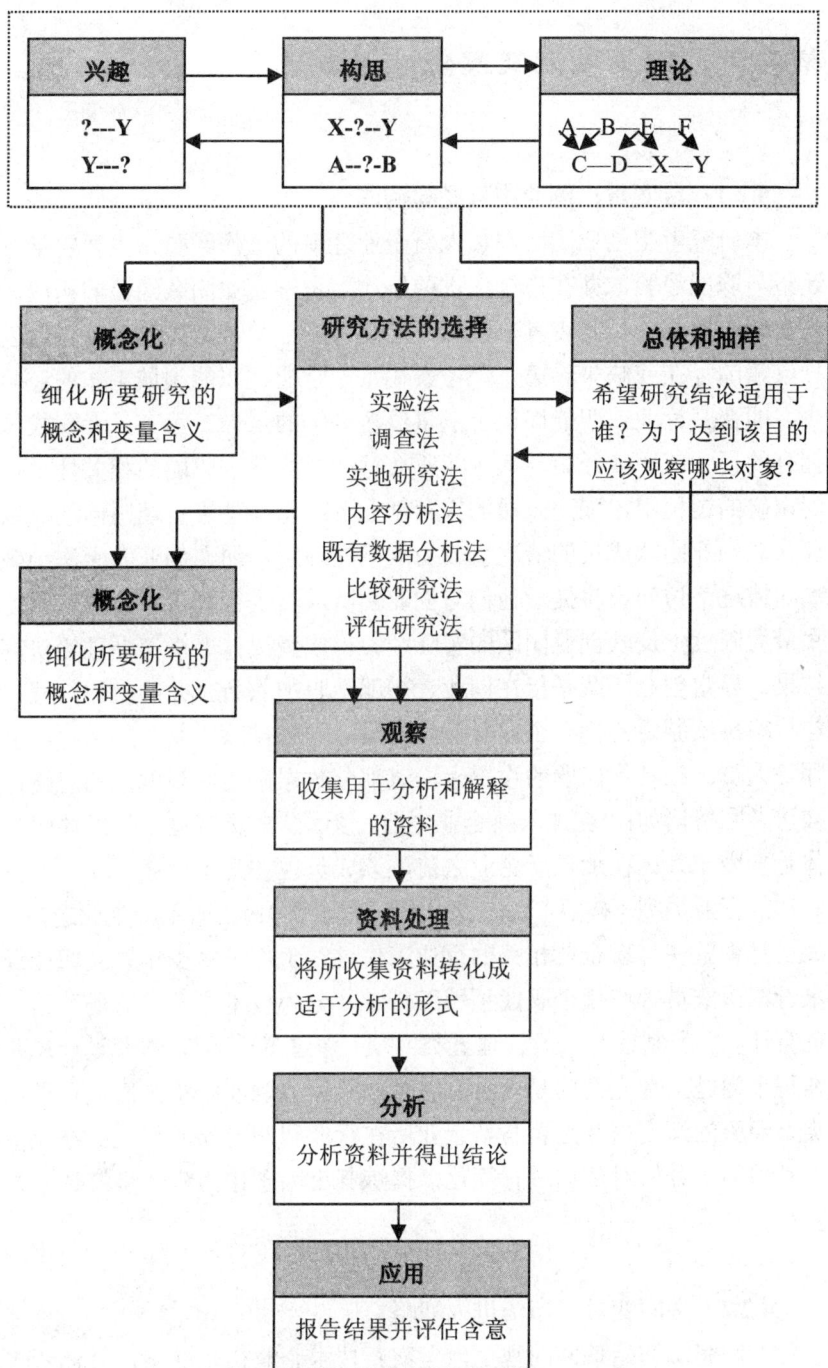

兴趣	构思	理论
?---Y Y---?	X-?--Y A--?-B	A—B—E—F C—D—X—Y

概念化	研究方法的选择	总体和抽样
细化所要研究的概念和变量含义	实验法 调查法 实地研究法 内容分析法 既有数据分析法 比较研究法 评估研究法	希望研究结论适用于谁？为了达到该目的应该观察哪些对象？

概念化
细化所要研究的概念和变量含义

观察
收集用于分析和解释的资料

资料处理
将所收集资料转化成适于分析的形式

分析
分析资料并得出结论

应用
报告结果并评估含意

图 4.1 研究设计与流程

资料来源：作者根据《社会研究方法》整理，艾尔.巴比著，邱泽奇译，北京：华夏出版社，2006.

第四章 研究设计与研究流程

第二节　变量选取及度量

4.2.1　自变量：创业团队经验构成

本研究考察创业团队在加入新企业之前的工作经验，主要包括行业经验与职能经验，并在三个递进的层次上考察创业团队经验的构成。首先是创业团队成员是否具有技术经验或市场经验，用经验的有无代表一种禀赋的存在或缺失。第二，考察在某一行业或职能领域工作的经验多少，即在某行业或职能岗位上从事过多少年的工作。第三，考察成员所拥有的行业或职能经验与新企业所在行业及所从事职能的相关性。在问卷调研的过程中，限定公司的首席创业者或总经理亲自填写问卷，以保证其对创业团队成员的情况有较为准确的理解，如遇创业者无法准确判断的情况，访问员将提示他们与创业团队成员进行复核，以确保所填答案最大限度上反映创业团队的实际经验构成情况。严格遵循理论研究的结果，界定创业团队是指在创业之初就全职加入新企业的创建过程，参与战略决策制定并拥有企业股份的成员。同时排除了兼职的律师、会计师等人员。在具体问题的设置上，该部分数据采用客观度量的思路，请被访者回答诸如："在加入新企业之前，该团队成员有过工作经验吗？具体是多少年？；在加入新企业之前，该成员曾在几个行业工作过？以及具体的行业类型（按照产业一级代码进行分类）；在加入新企业之前，该成员是否曾在与新企业相关的行业工作过？工作过多少年？就职能经验来看，该成员曾在哪个职能领域工作过（分为技术研发、市场营销、财务会计、生产制造及一般管理五类）？工作过多少年"。本书设计思路是在每个问题上都先询问是否具有该行业经验或职能经验，而后再考该该类型经验的深度以及是否与新企业所在行业和职能领域相关。在此基础上利用因子分析对数据进行简化，提炼其公因子作为进一步统计分析的变量。

4.2.2　中间变量：市场进入战略

本研究从初始条件的视角，考察新技术企业初始战略，具体考查其最先面临的市场进入战略，对该变量的度量是本研究对前人研究上的一点延伸与贡献。在度量思路上，学者 Levesque 和 Shepherd（2004）提出可以从产业层面的关键维度上来度量新企业市场进入战略的创新性。基于这个概念性的界定，结合以往的研究文献提炼出两个关键的维度，一是产品与服务维度（e.g., Baum and Haveman，1997；Samuelsson，2004），二是交易结构维度（e.g., Zott and Amit，2007）。Baum 和 Haveman 提出新企业在进入市场时首先要面对的决策是销售什么产品以及新企业选址在哪里。作者以曼哈顿酒店行业内的新企业在两个产品维度（价格和规模）以及地理距离的角度，度量了新企业在多大程度上模仿了既有的竞争者。这两个方面的差异构成了某一组织种群内新企业的初始区别[1]。Zott 和 Amit 认为对创业企业来讲，一个核心的任务就是如何与供应商、顾客及业务伙伴一同合作开展新事业，交易结构是市场进入战略的重要维度。例如 Christensen（2001）强调在计算机产业，正是向戴尔这样的先行者，引入了非集成的、灵活的商业模式，使得生产和分销渠道可以以创新的方式重新组合起来，这些都成为这一产业盈利方式转变的核心[2]。

结合这两个维度，本书设计了 8 个条目来度量新企业市场进入方式的创新程度，其中前 4 个题项测度新企业引入市场的产品或服务的创新程度，5-8 三个题项测度新企业在交易结构上的创新程度，包括是否吸纳业内企业没有的新产业者、创新参与者之间的组合方式以及多样化程度。在每一个维度上利用李克特 7 级量表进行测度，1 极不同意，7 极为同意。

1. 与竞争对手相比，新企业产品/服务具有更新颖的功能

2. 贵企业产品/服务的研发投入非常高

3. 企业引入行业内其他企业不曾用过的新技术或工艺来创造产品/服务

4. 产品/服务面临较强的竞争压力

5. 服务推向市场的环节中，新企业吸纳了业内其他企业没有的新参与者

6. 产品/服务推向市场的环节中，参与者之间的组合方式不同于业内常规做法

7. 产品/服务推向市场的环节中，所涉及的参与者多样化程度较业内其他企业更强

---

① Baum, A.C. & Haveman, H.A.. Love The Neighbor? Differentiation and Agglomeration in the Manhattan Hotel Industry 1898-1990, Administrative Science Quarterly, 1997, 42: 304-338.

② Zott, C., Amit, R.. Business Model Design and the Performance of Entrepreneurial Firms.Organization Science, 2007, 18(2): 181-199.

8．整体上看，新企业将产品/服务推向市场的方式更加独到、新颖

4.2.3　因变量：新技术企业绩效

本书选择新企业绩效作为研究的因变量，是指新企业从事活动的业绩和效率。测量新企业绩效并非易事，迄今为止，学术界仍未形成公认的最佳测量指标，但大多学者认可应采用多维度指标来综合测量和反映新企业绩效的不同侧面，多条目测量往往比单一条目测量能更好地刻画测量对象特征[1]，同时认可创业绩效主要以创业型企业的成长目标来体现（Ensley and Banks，1992；Siegal et al.，1994；Chandler and Hanks，1994）。主要的测度指标包括市场占有率变化、销售变化、利润等，这些指标在实际操作中都取得了非常好的效果（Brush et al.，1992；Chandier et al.，1994）。

在创业绩效的具体测量中，一般选取主观绩效指标和客观绩效指标两类。主观度量的思路是，让创业者在与行业竞争对手相比较情况下，用成长绩效（销售成长、利润成长、市场份额、员工成长）等项目来衡量新企业的经营表现。客观度量的方法就是考察新企业在如上各类成长绩效指标上的实际营运成果。Robinson 在其研究中，运用了 8 个客观指标度量了创业企业的成长绩效，包括销售收入变化、销售率水平、净利润、息税前利润、销售回报率、资产回报率、投资收益率以及股权收益率[2]。Wall 和 Michie 等在研究中提出了主观绩效和客观绩效指标的测量效度问题，通过元分析检验了以往的实证研究，发现企业绩效主观指标和客观指标呈现显著正相关，聚合效度较好；同时主观指标和客观指标在测量组织绩效不同维度方面显示了一定的差异，辨别效度较好。主观绩效和客观绩效指标在测量组织绩效与一系列独立变量的关系时显示出同等意义的结果，说明两类指标的建构效度都较好[3]。研究还认为在进行绩效测量时，最好能够同时采用主观绩效和客观绩效测量指标。Bruton 和 Rubanik 的研究同时运用员工成长和销售收入成长等主观和客观指标测量高技术企业的成长绩效。成长绩效包括竞争绩效和潜力绩效两个方面，竞争绩效以市场成长、盈利增长、员工增长和销售收入等指标衡量，

① Churchill, G.A.. A Paradigm for Developing Better Measures of Marketing Constructs. Journal of Marketing Research, 1979, 16: 64-73.

② Robson, C.. Real World Research: A Resource for Social Scientist and Practitioner-researchers. Oxford: Blackwell, 1993.

③ Wall, T.D., Michie, J., Patterson, M.. On the Validity of Subjective Measures of Company Performance. Personnel Psychology, 2004, 57(2): 95-118.

潜力绩效以研发能力、技术创新、学习能力、国际化水平和竞争能力等指标衡量[①]。

本书采纳被调查者自填的主客观相结合的思路来衡量新企业初期绩效。在指标选择层面，遵循汉森等学者的建议，从成长性的角度来衡量新企业的绩效，并选择以规模为基础的指标来测量新企业绩效。对于具体指标选取而言，第一，在客观绩效层面，与先前研究一致，本研究认为首先所有的企业都需要有收入来维持，与利润率等指标相比，销售收入不受会计准则的影响，并且容易获得，所以销售收入的增长被大多数学者认为是最佳且可信赖的成长绩效测量指标[②]。同时，考虑到新企业的成长更应该关注企业规模的扩大，除了收入指标，另一个被广泛采用的是雇员人数指标，研究认为传统的绩效指标如利润等与新创企业关系不大，而雇员人数或销售收入才是最适合的绩效指标[③]。根据 Delmar（1997）对文献的分析，发现在测量企业成长时，30.9%的研究以销售收入作为绩效指标，29.1%的研究以雇员人数作为绩效指标[④]。因此本研究在调查中要求被调查者（核心创业者）自行选择新企业目前的资产规模、员工人数与上年度销售收入所归属的区间，并借此来衡量新企业初期绩效水平。

第二，主观绩效评价指标，借鉴 Ma 和 Tan（2006）、王晓文[⑤]等多数学者的研究和采用的指标，从成长性的角度来度量新企业绩效，我们让核心创业者评价新企业自成立以来在如下三方面较主要竞争对手的绩效表现，即市场占有率、销售收入增长率和净利润水平，采用主观评价的 7 点李克特量表测度，从 1 到 7，1 表示"与主要的竞争对手相比，公司自成立以来的营业表现非常差"，7 表示"与主要竞争对手相比，公司自成立以来的营业表现非常好"。在文献梳理过程中，也发现创业者自

① Bruton, G.D., Rubanik. Resources of the Firm, Russian High-technology Startups, and Firm Growth. Journal of Business Venturing, 2002, 17(6): 553-576.

② Hoy, F., McDougall, P., Dsouza, D.. Strategies and Environments of High-growth Firms. In, Sexton, D. and Kasarda, J., Editors, The State of the Art of Entrepreneurship, the Coleman Foundation, PWS-Kent, Boston, MA. 1992.

③ Murphy.B, Trailer, J.W.. Measuring Performance in Entrepreneurship Research.Journal of Business Research, 1996, 36: 15-23.

④ Delmar, F.. Measuring Growth: Methodological Considerations and Empirical Results, in, R. Donckels and A. Miettinen (Eds). Entrepreneurship and SME Research: On the Way to the Next Millennium, 1997.

⑤ 王晓文. 创业者人力资本与新企业绩效关系研究——基于创业学习视角. 南开大学博士论文, 2009.

填的绩效测量办法在实际操作中具有较高的内在信度和外部效度（Chandler and Hanks，1994）。

4.2.4　调节变量：技术独享性和环境宽松性

本书通过考量新企业受知识产权保护的力度来推测其技术的独享性程度。技术创新者的创新激励和商业化战略取决于所面临的"侵占"威胁（Arrow，1962；Anton and Yao，1994）。这种威胁无论新企业采取合作还是竞争战略都是存在的。在竞争战略下，既有企业会试图分解创新的构成并将一种仿制品进行商业化。在合作战略下，对于创新技术的谈判不可避免的要蕴含技术被泄露的风险，削弱了新企业的议价能力，并降低既有企业的支付意愿。知识产权保护力度的增加减少了两种战略下技术被侵占的危险，因此增加了技术创新者所预期的收益。知识产权保护的力度降低了技术创新被盗用的风险，从而确保了创新企业能够独享其经济利润。

技术被盗用的风险在实践经营活动中是令许多创业者头痛的事情。例如在新产品与服务进入市场的环节中，既有企业会试图分解创新的构成并将一种仿制品进行商业化，如果新企业试图采取与既有企业合作开发的战略进入市场，那么在就创新技术谈判的过程中无可避免的要蕴含技术被泄漏的风险，这会削弱新企业的议价能力并降低既有企业的支付意愿。如果此时新企业拥有强有力的知识产权保护措施，将大大减少新技术被盗用的风险，并因此而增加技术创新者所预期的收益。Gans，Hsu and Stern 利用新技术企业的数据，考察了知识产权保护力度对于新技术企业的商业化战略的影响，重点关注竞争战略与合作战略之间的差异。作者认为新企业核心技术所拥有的知识产权保护力度的增加，将减少在与既有企业争取合作过程中所可能发生的技术被盗用风险，使得新企业的议价能力提高[①]。

借鉴以往实证研究中对技术独享性的测量办法，利用主客观相结合的方式全面捕捉这一概念的内涵。首先，从客观度量角度来看，关注于新技术企业自成立以来是否曾经申请过专利等知识产权保护手段，利用0，1 变量来度量（持有专利=1），由此反映了不为创业者个人意图所决定的客观的核心技术保护情况。

---

① Gans, J.S.,Hsu, D.H., Stern S.. When does Start-up Innovation Spur the Gale of Creative Destruction.The RAND Journal of Economics, 2000, 33: 571-586.

此外，本书收集了关于独享性水平量化度量方法（Levin et al.，1987），询问被调查者对在三个独享性指标上的评价，采用 Likert-7 级量表，包括"创业者认为专利、版权等知识产权保护措施是否对贵企业独享创新成果十分重要"，"如果发生技术侵权或盗用问题，贵企业是否通过专利、版权等知识产权保护的法律诉讼对核心技术加以保护"以及"商业秘密对于贵企业独享创新的利润是否十分重要"。然后利用因子分析考察变量背后的潜在建构，并将其定义为主观技术独享性指标。

吉林大学崔启国博士[①]在其博士论文中梳理了现有研究对环境条件的度量思路，总结出两个角度：第一个角度主要以对环境的描述作为测量指标，从行业层面进行测度，代表学者主要有 Dess 和 Beard（1984）；Miller 和 Friesen（1983）；Zahra 和 Bogner（2000）；Lumpkin（2001）。例如 Dess 和 Beard（1984）从企业所在行业内核心产品更新速度、行业内技术改革的速率、公司营销策略更迭速度、过去三年内行业市场增长速度、行业未来（五年或更多）市场可能增长速度以及行业内的竞争强度来反映环境的不确定性。Zahra 和 Bogner（2000）从顾客需求的多样性、竞争者行为的复杂性和竞争策略的复杂性等来反映环境的不确定性。Hofer（1975）从产业或产品生命周期的角度来度量环境条件，认为这是决定企业战略的最本源性的变量，他们利用销售额的增长率以及市场的增长情况来度量环境的宽松性。另一个角度主要以环境因素为测量指标，这类研究的代表学者主要有 Tan（1993）；Tan 和 Litschert（1994）；Peng（1994）。如 Peng（1994）将竞争者、消费者、供应商、社会文化、制度等几个因素作为测量环境特性的指标。Tan（1993）[②]将竞争者、消费者、供应商、技术化、国际化、社会文化、制度、经济等几个方面作为测量环境特性的指标，宽松性可以从环境对组织的有利性和影响程度来反映。

本书将研究对象定为初创期的新技术企业，国家科技部、科技型中小企业创新基金公布的高新技术企业技术领域分类标准分为 13 个技术领域。因此无法从行业层面来描述该行业的环境情况，例如市场增长率、销售收入增长率、产业发展周期等数据。遵循 Tan（1993）的测量思路，从关键的环境要素对新企业发展的影响程度和有利性层面度量创业者感知到的环境宽松性。具体到测量指标的选择上，本书针对研究问题的实

① 崔启国. 基于网络视角的创业环境对新创企业绩效的影响研究. 吉林大学博士论文, 2007.

② Tan, J. J.. Perceived Environment, Strategy Orientation, Ownership Effect and Implication in a Transition Economy: An Empirical Study in the Peoples Republic of China. Doctoral Dissertation of Virginia Polytechnic Institute and State University, 1993.

际情况对已有的维度进行修改和完善。在有关学者的研究中提到的环境因素没有融资环境和人才环境因素（崔启国，2007），而融资环境和人才环境因素在本书研究的问题中地位较为突出，所以在环境因素选取时对融资环境和人才环境因素要有所考虑。同时本书是基于微观及中观层面的研究，不涉及制度和社会文化层面的因素，因此在环境情况的度量中，剔除了社会文化、制度、经济等几个方面的要素。最终选取的环境因素主要有竞争者、消费者、供应商、人才供应状况、融资机构、技术条件、政策法规七个方面。借鉴 Tan（1993）和 Peng（1994）的观点，环境宽松性从环境对新企业的影响性（Impact）和有利性（Favorable）来反映，涉及具体的问题，以竞争者对企业的影响性为例，询问被访者"竞争者对贵公司的影响程度如何？对贵公司的发展是否是有利的，例如，竞争并不激烈，有一个充裕的市场发展空间"，利用 Likert 七级量表对每个维度进行打分，分别为影响程度：（1）影响极小—（7）影响极大；有利性：（1）非常不利—（7）非常有利。在访问过程中要求首席创业者可以依据自身判断进行选择。具体详见附录 1（新企业成长调查问卷）。

4.2.5 控制变量：技术领域、成立年限、注册资本

在实证研究中，不仅仅只有自变量才是和因变量有关的，自变量之外往往存在额外相关变量，但他们并不是本研究设计中重点考察的因素，因此必须想办法控制，使其在实证研究中保持恒定不变，从而理清关键的自变量对因变量的影响，这也就是说控制变量的选取与所研究的因变量有关。

本书尝试构建了一个间接效应模型，有两个因变量，一是新技术企业初期绩效，二是市场进入战略。影响新企业绩效的因素可为数目繁多，创业领域的学者们基于各自的研究视角进行着不断深入的探讨，梳理前人的研究成果，发现企业成立年限、规模、所在行业等在许多研究中被用作控制变量，与其他专门设计的自变量一起共同解释一些组织活动之间的关系。Murphy 和 Trailer 等（1996）对 1987-1993 年创业研究领域所有以绩效为因变量的 71 篇实证研究文章做了回顾分析，结果发现与企业绩效相关研究采用最多的控制变量主要是：企业规模（98%）、所在行业（46%）、成立年限（29%）和风险控制（4%）四个变量[1]。的确，这

---

① 李剑力. 创新方式选择与企业绩效关系实证研究——基于探索与开发理论视角. 南开大学博士论文, 2008.

些变量会对新企业的绩效产生影响，例如，新企业规模越大（一般用注册资本或企业员工人数来度量），意味着它拥有更多的初始资源禀赋，从而可以支撑新企业从事融资、技术开发、生产筹备、市场营销等诸多活动，从而带来更好的初期绩效（Kazanjian，1988）。此外，在不同的行业内新企业发展的前景也大相径庭，例如在生产和资金密集型的行业中，新企业的发展会受到局限，而在新兴的网络和电子信息技术行业则是创业企业大展拳脚的舞台等等。本书的第二个模型重点考察创业团队经验构成与市场进入战略之间的联系，因此战略选择成为了第二个被考察的因变量。引入两个层面的控制变量，在企业层面控制新企业成立年限、技术领域；在团队层面控制创业团队规模、年龄、性别等变量。

第三节 问卷设计及探测性调研

4.3.1 问卷设计流程

问卷设计依赖于研究模型中所涉及的变量属性与特征，其重点在于尽可能采纳最优题项或条目来测量涉及的概念、建构或变量。简而言之，问卷设计实质上是选择、测验并确定建构测量条目的过程。与之相呼应，遵循科学的问卷设计流程也就成为了决定问卷质量的关键因素，因为这有助于避免因缺乏测量信度所带来的随机误差以及因缺乏测量效度所引发的系统误差。对此，吉尔伯特·丘吉尔（Gilbert A. Churchill，Jr.）[1]较早地归纳了测量条目的开发流程，他认为测量条目开发工作应该遵循以下三个步骤：（1）利用文献研究明确研究建构的操作化内涵与测量条目；（2）分别同学术界和企业界专家进行焦点小组讨论；（3）通过探测性调研对测量条目进行优化，从而最终确定调查问卷的内容和形式[2]。

依从丘吉尔提出的开发流程，本书的问卷设计流程大致经历了以下五个阶段：（1）依托文献研究明确概念模型。2008年9月至2009年3月，阅读并整理了大量有关技术创业与初始条件视角下的相关研究文献。在系统梳理文献的基础上概括出研究问题，设计概念性研究模型，进而

---

① Churchill, G.A.. A Paradigm for Developing Better Measures of Marketing Constructs. Journal of Marketing Research, 1979, 16(1): 64-73.

② 杨俊. 社会资本、创业机会与新企业初期绩效——基于关键要素互动过程视角的实证研究. 南开大学博士论文, 2007.

明确了有待测量的理论建构。（2）根据文献梳理归纳测量条目。2009 年 3 月至 5 月，根据先前文献梳理设计了针对理论建构的测量条目，设计了问卷初稿。（3）征求学术团队与外部专家的意见。2009 年 5 月，借助于所在学术团队的定期交流活动（包括数位教授、副教授以及多位博士生、硕士生），向各位老师和相关博士研究生征求了对问卷的条目设计、措辞和问卷格式方面的意见。与此同时，利用电子邮件将问卷初稿发送给相关领域内的其他专家，以征求他们的修改意见，在汇总这些意见的基础上对问卷进行了第一次修改。（4）探测性调研。2009 年 4 月至 6 月，为了实地检验测量工具的效度，修缮问卷结构，同时通过与实践界的接触考察研究问题的现实意义，开展了为期两个月的探测性调研活动。主要工作包括两个方面，一方面作者访谈了 5 家技术型创业企业，通过一手案例调研对文章所预设的研究问题进行佐证，从创业实践中总结考量研究问题的实践意义。另一方面利用问卷初稿进行了实地调研，与创业孵化领域的专家、技术创新基金评审专家、创业企业家等进行了深入交流，征求他们对问卷表面效度（Face validity）的评判（具体过程参见"探测性调研"一节）。结合专家的反馈及初步的统计分析，对一些测量条目的语言和表达方式做了进一步修改，形成了最终的调查问卷，详见附录 A。

4.3.2 探测性调研

在正式的随机抽样调查之前进行探测性调研，有助于检验测量工具的效度，修缮问卷的测项，并利用预调研的过程与创业家进行访谈，借此机会获得实践界人士的意见，与理论研究设计进行对接，更好地完善问卷。

4.3.2.1 通过案例访谈佐证研究问题

本书采用规范的实证研究范式对研究问题加以证明，但是为了更好地将理论问题与创业实践相结合，作者在预调研阶段实地走访了 5 家处于初创期的技术型创业企业，与首席创业者或创业团队核心成员进行深入访谈，通过一手调研案例修缮研究问题，为后续研究假设的推演与模型构建奠定基础。

在访谈过程中，作者预先围绕研究问题设计了半结构化的访谈提纲（见附录 2），提出了九个问题，并遵循案例分析的主要步骤：提出研究问题—收集案例企业资料—实地深入访谈—案例分析—总结事实发现，展开调研工作。在前期资料收集阶段，本书作者走访技术领域的专家，查询该行业内的权威网站，初步了解该技术领域的基本情况，以及被访企业技术产品特征及其在该行业内的位置。其次，作者多方搜集被访企业的基本资料，了解其发展历程、核心技术领域及成长大事记，提高访谈的针对性。在此基础上开展实地考察，与被访企业核心创业者进行面对面、非结构化的访谈。访谈结束 24 小时之内，整理好谈话记录，并从中提炼关键问题。预调研过程中的实地访谈佐证了本书预设的研究构想，从实践角度反观创业理论问题，使得本研究具有更强的理论价值与实践价值，增强研究结论的信度和效度。

4.3.2.2 检测关键变量测项的效果

探测性调研阶段的第二项主要工作就是通过小样本调研对研究问卷的信度与效度进行考量。本研究采取专家效度法，检测量表的效度[①]。邀请了天津市科技创业中心主任、研究员，以及天津市中小企业技术创新基金评审专家、天使投资人、小企业孵化专家及创业企业家对问卷进行了背对背的审查，主要就以下几个方面进行评价：问卷设计在结构和整体规划上是否合理，易于创业家理解；创业团队部分的信息是否有取样的可能性，例如首席创业者是否能够较为准确地知道每个团队成员的信息，应如何最佳地设计问项；企业基本信息是否符合技术型创业企业的事实，例如科技型企业的行业类型应该用所属技术领域而非行业代码来表示，专利申请情况应该按照涵盖各类型新技术企业的特点等等；市场进入战略量表的测项是否恰当和易于理解；问卷的整体明晰性和简洁性，请他们作出指点和建议。

4.3.2.3 确定探测性问卷的结构与内容

在问卷调查法（Questionnaire Survey）中，研究或调查工具的编制甚为重要，问卷编制或选用得宜，研究才更具有可靠性和可执行性。在探测性问卷的编制上，应根据研究目的、相关文献数据与研究结构等方面加以考虑，如果有类似的研究工具，可根据研究当时的实际情况，加以修订、增删；如果是自己重新编制问卷，问卷内容应该根据研究结构的层面加以编制（吴明隆，2003）。本研究则根据上述原则，借鉴了先前研究的成熟量表，也自行根据理论推导设计了新的量表，主要结构与内容如下：

1. 说明信部分

在说明信的开头说明调查的用途和目的，说明本问卷是南开大学商学院在国家自然科学基金重点项目"新企业创业机理与成长模式研究"

① 吴明隆. SPSS 统计应用实务：问卷分析与应用统计. 北京：科学出版社，2003.

资助下展开的一项博士论文研究，旨在探索技术型创业企业团队的市场进入战略选择问题，问卷调查纯属学术研究目的，所收集的资料只做整体样本的统计分析，不涉及个案，而且仅供学术研究之用，不用于任何其他用途，不对外公开。并说明答题并无对错之分，以减轻创业者的心理压力，同时提醒填写人要逐项回答每一个问题，不要遗漏，以尽量减少无效问卷的数量。问卷采用当面访谈填写或访谈后以电子邮件的方式回复给调查人。

在说明信中，附上了具体的填表说明。由于本研究针对的是初创期的新技术企业（注册年限在 5 年之内），所以首先对技术型企业的类型进行了说明和界定。技术型企业有如下几类：①仅从事技术研发的企业；②从事技术研发并进行生产制造的企业；③ 通过技术引进或技术转移的方式生产新产品的企业；④技术服务类企业。

其次，向被调查者说明本研究想要了解有关贵企业的创业团队、市场进入战略等相关的内容，并界定了这两个关键概念：创业团队是指在创业之初就全职加入新企业的创建过程，参与新企业的战略决策制定，并拥有企业股份的成员。请他们注意：兼职的律师、会计师并不算做创业团队的人员。有关贵公司技术资产的情况，仅需了解技术的一些表面特征，而不涉及您的核心技术机密，敬请放心作答。

第三，根据本书的调研需要并为了确保问卷填写人能对问卷内容有准确全面的了解，特意强调说明此问卷需要企业的核心创业者或总经理来填写，这样才能确保他们了解每个创业团队成员的情况以及企业技术资产的整体属性，保证填写内容的效度。

为了吸引更多的创业家填写问卷，让他们了解调研后的结论以及研究能给企业带来哪些方面的指导与借鉴，特向创业家们承诺，如果他们对本研究感兴趣，请他们留下通信地址或电子邮件地址，我将在论文完成之后的第一时间向他们反馈分析结果。此外，如果他们在创业过程中有想要探讨的问题，也欢迎其登录 www.ebg.org.cn（南开创业网）与中心的研究人员在线沟通，或通过该网站查询有关创业最新研究成果。

说明信最后一部分写明作者的联系信息，并向他们大力支持创业研究，利用宝贵时间填写问卷表示衷心的感谢。

2. 核心创业者个人情况

（1）企业家的性别、年龄及创建新企业时的受教育程度，由此了解创业者一般意义上的人口统计学特征。

（2）创办新企业之前有过多少年的工作经验，曾经在哪几个行业（产业门类一级代码）工作过，其中与新企业所在行业相关的工作经验有多少年，由此作为相关行业经验深度的测量。

（3）目前在贵企业中的职位，分为两类：总经理和职能经理，职能经理分为技术研发、市场营销、财务会计、生产制造及一般管理（人事、行政等）。

（4）在加入新企业之前，创业者在其他企业从事过哪些管理岗位，工作过多少年？以此作为相关职能经验深度的测量。

（5）核心创业者的股份情况。

（6）由于与本调研高度相关，调查问卷中加入南开大学创业管理研究中心其他老师的部分研究内容进行捆绑调研，主要是创业团队的持股情况及创业团队的沟通问题）。

3. 创业团队情况

本书对创业团队的界定是，在创业之初就全职加入新企业的创建过程，参与战略决策制定的成员，兼职的律师、会计师并不算做创业团队的人员。主要考察团队成员的经验构成和持股情况，考察最重要的前 5 位成员。

（1）团队成员的性别、年龄、加入新企业之前的受教育程度等一般意义上的人口统计学特征。

（2）在加入新企业之前，该成员曾经有过多少年工作经验，曾经在哪几个行业（产业门类一级代码）工作过，其中与新企业所在行业相关的工作经验有多少年，由此作为相关行业经验深度的测量。

（3）该成员目前在贵企业中的职位，分为两类：总经理和职能经理，职能经理分为技术研发、市场营销、财务会计、生产制造及一般管理（人事、行政等）。

（4）在加入新企业之前，该团队成员在其他企业从事过哪些管理岗位，工作过多少年？以此作为相关职能经验深度的测量。

（5）该成员的持股比例

4. 企业基本情况

（1）企业坐落在何地（省、市、区），是否在高新区或创业中心内？由填写者直接填写并判断，在此基础上进行统计，可以获得样本企业的地区分布。

（2）企业的注册日期，直接由创业者填写公司的注册日期，推算企业的创立年限。

（3）企业所属的技术领域，针对技术型创业企业的特点，按照国家科技型中小企业创新基金申请中对科技型企业技术领域的分类分成 13 类：电子与信息；软件；航空航天及交通；光机电一体化；新型材料；生物技术；医药和医学工程；新能源与高效节能；环境与资源利用；地球、空间与海洋；核应用技术；农业；高技术服务业等。

（4）企业目前的资产规模、员工人数以及上年度的销售收入，通过预调研过程中与创业者的访谈，摸清了初创期新企业在上述数据上可能的区间值，并根据以往研究进行了区间划分，这三个变量用来度量新技术企业的创业绩效。

（5）贵公司自成立以来是否获得过风险投资、银行贷款或政府公共资金支持等，以考察企业是否从外部获取过资源。

（6）贵公司从成立以来申请专利的情况，按照技术型企业的独特性，分为发明专利、实用新型、外观设计、软件著作权等。

（7）贵公司去年技术研发费用占总销售收入的比例，考察新技术企业的研发投入。

（8）与主要的竞争对手相比，贵公司自成立以来的营业表现，考察创业者对新企业绩效的主观评价，作为对客观绩效的验证和补充。

5. 技术资产属性

请创业者对新企业核心技术的特征进行评判，如果企业拥有多项核心技术，则请其依照占主营业务收入比例最大的技术属性来填写，利用以往研究的成熟量表分别度量技术的独特性、可模仿性和不确定性[①]。

6. 市场进入战略度量量表

根据理论推导并在前人问卷的基础上对市场进入战略创新性进行了测度，主要从两个维度：产品/服务维度和交易结构维度，在整合前人研究的基础上开发了 9 个条目的测量问项。

7. 环境宽松性度量量表

根据理论推导，并利用先前学者的成熟量表测度了创业者感知的环境中的资源充足度，从 8 个关键的环境维度测度了这些要素对新企业的影响程度及有利性，竞争者、顾客、供应商、人才供应方、融资条件、技术条件、政策法规、非制度因素（潜规则）。利用 7 级李克特量表进行了打分。

---

① 此处需注明：本研究经过探测性调研及之后的进一步论证部分修改了研究模型，因此探测性调研阶段考量的技术独特性、可模仿性和不确定性没有进入最终的研究模型，而更换为技术独享性，即受知识产权保护情况，因此，此处不再汇报这三个变量的预调研结果。

4.3.2.4 探测性调研问卷及检验

1. 探测性调研问卷内容安排

上述说明信和各种变量的测项，包括核心创业者个人基本情况、创业团队情况、企业基本资料、技术资产属性、市场进入方式、环境资源充足度，形成了初步的探测性问卷，所有内容安排在 6 页 A4 大小的打印纸上，按照上述顺序分成七个部分（注：其中第七部分是我中心研究成员与本调研捆绑设计的有关创业团队成员沟通情况的量表）。

2. 探测性问卷的发放与资料收集

预试问卷编拟完后，应实施探测性调研，样本数量以问卷中包括最多题项的"分量表"的 3-5 倍为原则（吴明隆，2003）。在预试问卷中包括 5 个分量表，分别是技术独特性、可模仿性、不确定性、市场进入战略、环境资源充足度，分别包括 4 题、3 题、5 题、9 题和 8 题，预试样本最好在 27-45 份之间，因此探测性调研问卷计划发放 50 份。

探测性调研对象的性质应该与正式调研要抽取的对象性质相同，本书针对初创期的新技术企业。经过理论梳理以及与天津市科技创业中心的主任、研究员多次讨论，将技术型企业的类型归为 4 类：①仅从事技术研发的企业；②从事技术研发并进行生产制造的企业；③ 通过技术引进或技术转移的方式生产新产品的企业；④技术服务类企业。由于本研究考察的是新技术企业初始条件与初期绩效间的关系，因此将样本企业定义为注册年限在 5 年之内的新企业。

预试问卷主要在天津市科技创业中心及天津市海泰高科技产业园区内进行发放，发放方式主要是通过"熟人"介绍访问和新创业者，在访谈中填写问卷或访谈后填写再回复给我。此外，作者本人通过对曾经申请过天津市科技型中小企业创新基金的企业进行了电话约访，或是通过当面访谈或是通过电子邮件的方式完成调研工作。累计共发放问卷 50 份，由于调研企业的特殊性（规定为技术性创业企业，且成立年限在 5 年之内），在实际调研和访谈过程中存在一定的取样困难，因此适当放宽了样本数量，最终回收有效问卷 33 份，这些问卷确保全部数据完整，总体有效问卷回收率为 62%。

3. 预试问卷的处理与结果

（1）数据录入及描述性统计分析

在处理数据之前，首先对筛选完成后的有效问卷加以编号，以便将来核对数据之用，再按照问卷题项顺序给予各变量、各题项一个题号代码，有顺序地输入 SPSS 13.0 软件。首先来看一下变量的描述性统计分析，见表 4.1：

表 4.1 描述性统计分析 [a]

	样本量	最小值	最大值	平均值	方差
成立年限	33	1	15	4.78	3.275
技术领域	33	1	14	4.90	3.401
团队规模	33	2	6	3.78	1.413
团队成员相关行业经验深度	33	0	103	33.05	31.721
团队成员相关职能经验深度	33	0	91	33.86	27.782
团队成员行业经验多样性	33	0	14	5.64	3.303
团队成员职能经验异质性	33	0	1	.54	.262
高新区内企业	33	0	1	.57	.507
创业中心内企业	33	0	1	.22	.422

探测性调研主要是对研究关键量表的效果进行评价，删除不必要的测项，或对某些问项进行修改，以形成正式调研问卷。对量表效果的评价包括信度和效度两个方面，信度分析在于检测不同观测者在不同时间得出的观测结果是否一致，用来考察量表的稳定性、可靠性和一致性；效度分析在于检测呈现出的结果恰好是所测对象的真实特征，一个测验所测得结果必须符合该测验的目标，这样才能成为有效、正确的测量工具[①②]统计上的具体方法和步骤如下：首先进行探测性因子分析，检验量表的结构效度；因子分析完后，要继续分析量表各层面与总量表的信度检验，计算出 Cronbach α 系数。对于某些问卷题项中设置了反向的"测谎题"，以探知填答者是否据实回答。本研究在技术属性、独特性、可模仿性和不确定性的题项中均穿插了反向题目，在统计的时候，需要反向附分，项目分析的第一个步骤就是要将题项积分的方式化为一致。

（2）项目分析

项目分析，又称为条目鉴别能力的检验，即求出每个题项的"临界比率"（Critical ratio，简称为 CR 值），通行的做法是将所有被调查者在量表得分总和依高低排列，得分前 25% 至 33% 为高分组，得分后 25% 至 33% 为低分组，求出高低两组被调查者在每个条目得分平均数差异的显著性检验，如果条目的 CR 值达显著性水平（小于 0.05 或 0.01），即表示这个条目能够鉴别不同被调查者的反应程度，构成条目是否保留或删

---

① 吴明隆.SPSS 统计应用实务：问卷分析与应用统计.北京：科学出版社，2003.

② 张瑾. 民营企业家人力资本与企业成长绩效实证研究. 山东大学博士论文，2009.

除的首要标准。遵照这个建议，本书采纳均值法（即选取 25%与 33%的平均数为选择标准），选择测验总分最高的 27%和最低的 27%为标准作为高低分组的界限，得出的条目鉴别能力分析结果见表 4.2。

表 4.2　条目鉴别能力分析[a]

条　　目	均值显著性差异统计量	
	T 值	显著性水平
市场占有率增长	5.214	.001
销售收入增长率	3.527	.006
市场进入战略 1	4.106	.003
市场进入战略 2	.981	.352
市场进入战略 3	.703	.050
市场进入战略 4	.646	.053
市场进入战略 5	6.332	.000
市场进入战略 6	4.327	.002
市场进入战略 7	5.207	.001
市场进入战略 8	3.618	.006
市场进入战略 9	1.520	.163
环境影响程度 1	.859	.013
环境影响程度 2	.653	.030
环境影响程度 3	.849	.018
环境影响程度 4	3.839	.004
环境影响程度 5	4.987	.001
环境影响程度 6	1.583	.048
环境影响程度 7	1.520	.063
环境影响程度 8	.989	.349
环境有利性 1	5.068	.001
环境有利性 2	1.501	.068
环境有利性 3	2.007	.076
环境有利性 4	.894	.039
环境有利性 5	.395	.002
环境有利性 6	.989	.049
环境有利性 7	1.493	.070
环境有利性 8	1.239	.247

a. 样本量为 33。

　　由于预调研样本数量偏少，这在一定程度上影响了高低分组在主要变量上的差异性，因此选择 P<0.1 作为条目鉴别能力的显著性水平。结果显示，问卷大部分条目都通过了鉴别能力检验，即 CR 值达到了显著性水平。其中技术不确定性的第 5 个条目（这项技术是否如它在科学技术观点上的解释那样运作还不明朗）、市场进入战略的第 2 个条目（本企业产品或服务的竞争力主要来自价格或式样革新）、环境影响程度和有利

性的第 8 个条目（非制度因素）没有通过鉴别能力检验。对此应该逐一进行分析，以决定是否要对测项进行修改或删除。首先来看技术不确定性条目 5，此条目在理论设计上用来测度技术开发的不确定性，某些新技术在研发中首先要攻克的就是理论上的难题，而一般能够从实验室中转化的技术通常应该已经跨越了理论验证阶段。因此在正式调研中将对该条目予以删除。对于市场进入战略的第 2 个条目，本企业产品或服务的竞争力主要来自价格或式样革新，在与创业者访谈的过程中，发现这一问项表达了两层含义，其中来自于价格的竞争力和源于式样革新的竞争力对同一企业通常是不兼容的，理论推导认为如果新技术企业能够在市场进入方式上谋求创新，他们在产品／服务维度上应该做到式样革新和价格优势。但实际上该条目从创业企业理解来看是不同的概念。因此，在正式调研中对该条目进行修改，改为本企业产品或服务的研发投入非常高，由此来测度产品/服务创新程度①。第三个不显著题项是测度环境的第 8 个要素——非制度因素（潜规则），在与创业家的访谈过程中，提到创业过程中的潜规则，大多数创业家都表现出了对该问题的敏感性，巧妙避答或者因为这类因素对于所有企业都是一样的，考虑中国情景下的独特因素，填写人在该问题上多选择了 4（中立项），从而造成了鉴别力的不显著，因此考虑删除改条目。

（3）因子分析

项目分析完成后，为检验量表的结构效度，应进行因子分析。结构效度是指态度量表能测量理论概念的程度，因子分析的目的在于找出量表潜在的结构，减少题项的数目，使之变成一组较少且彼此相关较大的变量，此种因子分析方法叫做"探索性因子分析"。该分析最主要是利用主成分分析和最大变异旋转法，检测测项对应变量的因子负荷模式，有助于进一步评价测项，并决定是否给予保留。本书中主要的量表因子分析结果见表 4.3。

Kaiser（1974）认为，在测量何种变量适于做因子分析时，如果因子载荷大于 0.78 就非常好了（Dess，1997）。但不同的研究领域对其要求不同，Dess（1994）认为在测量企业家战略决策过程时，只要因子载荷大于 0.4 即可，Hair（1979），Kim and Mueller（1978）认为对企业家行为进行定量研究时，因子载荷为 0.3 就显著了，并且它们的检验也证

---

① Samuelsson, M.. Creating New Ventures: A Longitudinal Investigation of the Nascent Venturing Process.Doctoral Dissertation. Jönköping: Jönköping International Business School, Sweden, 2004.

明了因子间的相互独立性，贺小刚（2006）对企业家能力的研究中以因子载荷大于 0.4 为标准，本书以因子载荷大于 0.5 为标准。从表 4.3 中可以看到主要量表的系数均大于 0.5，并适合进一步作因子分析。

表 4.3　信度与因子分析 [a]

主要要素		变　　量	测度条目	Cronbach's α	KMO 值
市场进入战略		产品/服务/交易结构	9	0.697	0.612
环境宽松性		环境影响程度/有利性	8	0.543	
新企业绩效	主观测量	市场占有率/销售收入增长率	2	0.931	0.500
	客观测量	资产规模	1	0.891	0.735
		员工人数	1		
		销售收入	1		

a. 样本量为 33。

　　第一，对市场进入战略的量表进行因子分析。在之前的项目分析中，发现条目 2：本企业产品或服务的竞争力主要来自价格或式样革新，条目 9 从整体上看，本企业将产品或服务推向市场的方式仅仅改进了业内常规做法，条目鉴别力没有达到显著性水平。修改方案是将条目 2 改为本企业产品或服务的研发投入非常高，将条目 9 删除。因此对前 8 个条目进行因子分析，但是由于条目 2 尚存在问题因此可能会影响因子分析的结果，这一点会在正式数据分析中着重讨论。采取主成分分析法，做最大变异转轴法处理，KMO 值为 0.612，Bartlett's 球形检验值为 69.426，显著性水平 P<0.000，表示母体的相关矩阵建有共同因素存在，适合做因子分析，提炼出 2 个公因子，累计解释变异数达到 58.910%。结果表明条目 1，2，3，4 裂为一个因子，命名为产品/服务创新维度，条目 5，6，7，8 裂为一个因子，命名为利益相关者创新维度。

　　第二，新技术企业初期绩效的因素分析。在调查中采纳被调查者自填的客观测量及主观比较两个思路来衡量新技术企业的初期绩效。在指标选择层面，遵循汉森等学者的建议，选择以规模为基础的指标来测量，因为新企业成立后第一年的规模指标可以同时反映新企业绩效的规模特征与成长特征。对于具体指标选取而言，与先前研究一致，本书要求被调查者自行选择新企业目前的资产规模、员工人数与销售收入所归属的区间，并借此来衡量新企业初期绩效水平[①]。

---

　　① Hansen, E.. Entrepreneurial Networks and New Organization Growth.Entrepreneurship Theory and Practice, 1995, 19(4): 7-19.

第四章　研究设计与研究流程

表 4.4　市场进入战略探索性因子分析 [a]

题项		Component	
		1	2
市场进入战略	1.与竞争对手相比，本企业的产品或服务具有更新颖的功能		.509
	2.本企业产品或服务的竞争力主要来自价格或式样革新		.652
	3.本企业引入行业内其他不曾用过的新技术或工艺来创造产品或服务		.668
	4.本企业产品或服务面临较强的竞争压力		-.664
	5. 在产品或服务推向市场的环节中，本企业吸纳了业内其他企业没有的新合作伙伴（如海外合作伙伴、新的分销商及供应商等等）	.770	
	6.在产品或服务推向市场的环节中，合作伙伴之间的组合方式不同于业内常规做法	.878	
	7.在产品或服务推向市场的环节中，所涉及的合作伙伴多样化程度较业内其他企业更强	.812	
	8.从整体上看，本企业将产品或服务推向市场的方式非常新颖、独到	.829	
特征值		3.373	1.340
可解释的信息量（%）		36.894	22.016
累计可解释的信息量（%）		36.894	58.910

a. 样本量为 33。

　　上述三个绩效指标各自反映了新企业初期绩效的某个侧面，彼此间存在着较强的相关关系，但又不能进行简单的加总来综合反映新企业初期绩效。为了简化数据，可以采用因子分析的方法，用一个公共因子来代表这几个变量的主要特征。如表 4.3 所示，三项指标的 Cronbach Alpha 值为 0.891，可以认定测量量表具有较好的信度与效度。代表样本充分水平的 KMO 检验值为 0.735，说明样本数量是充分的，超过了因子分析的样本限制条件。表明条目间相对关联程度的 Bartlett 球形检验值为 41.286，显著性水平 $P<0.000$，说明各条目是相互关联的，适合于提取公共因子。从因子分析结果来看，通过主成分方法提取出了一个公共因子，其方差贡献率为 84.394%。

　　另一种绩效测度方法是采纳主观评价的思路，要求核心创业者评价：新企业自成立以来在市场占有率、销售收入增长率两项指标上与主要竞争对手相比的营业表现如何。这种主观评价的思路可以避免初创期的新企业由于实体资产的匮乏而掩盖自身的经营绩效。对于这两个变量的因子分析结果，其 KMO 值为.500，Bartlett's 球形检验值为 29.259，显著性水平 P<0.000，说明各条目是相互关联的，适合于提取公共因子。从因子分析结果来看，通过主成分方法提取出了一个公共因子，其方差贡献率为 93.59%。

4. 形成正式调查问卷

对预调研问卷的检验大致遵循以下的量表构建过程，见图 4.2，在此基础上形成正式量表。比较大的变动为删除了关于技术突破性、可模仿性和不确定性这三个方面的内容，这是由于研究模型的局部变动而致。调整了市场进入战略创新性的量表，删除条目 9，同时将条目 2 进行变更，构成了正式量表。环境宽松性的度量包括影响程度和有利性两个方面，删除了条目 8-非制度因素，共 7 个题项，这是下一步调查问卷设计的基础。精简后的问卷更加简洁和易于理解，有利于提高问卷的信度和效度。整个问卷的开发过程如图 4.2 所示。

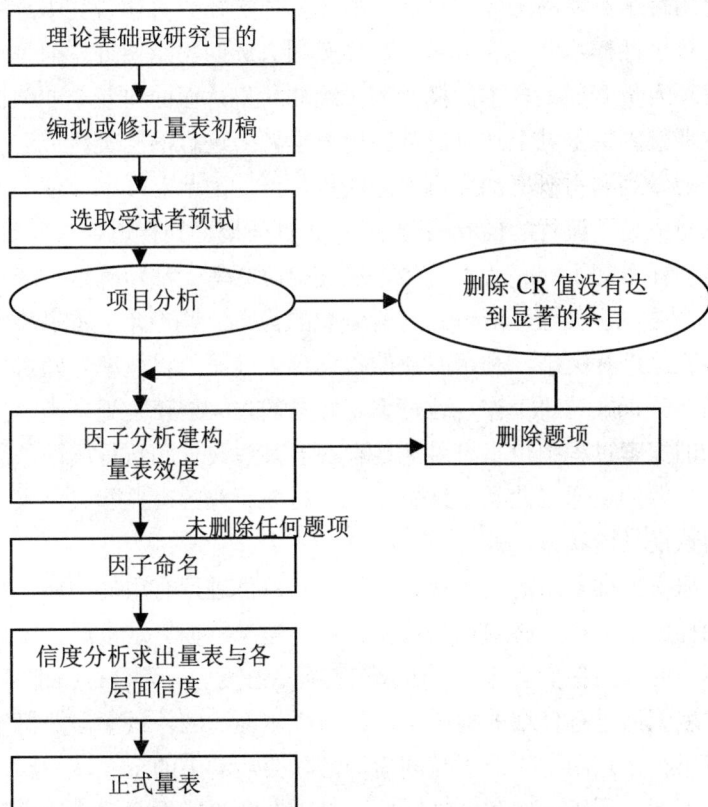

图 4.2　量表编制建构的流程

资料来源：吴明隆. SPSS 统计应用实务：问卷分析与应用统计. 北京：科学出版社，2003.

第四节 随机抽样调研方案设计方案

本书受到国家自然科学基金重点项目"新企业创业机理与成长模式研究"（70732004）的资助，委托专业市场调查公司（天津森博市场信息咨询有限公司）在天津市 9 家创业中心内按照系统分层抽样的方法进行随机抽样，以下首先汇报一下随机抽样的方案。

社会研究是以观察为基础的，首要问题就是决定观察什么和不观察什么。举例来说，如果你想研究选民的行为，那么应该着手研究哪些选民？抽样就是选择观察对象的过程，目前学者们所选用的抽样方法，主要是概率抽样和非概率抽样两类。所谓的概率抽样（Probability Sampling）的核心是从一个总体中选出"随机样本"，而这个总体包含了研究的每个可能的个体。目前，概率抽样是社会科学研究中选取大型和具有代表性样本的主要方式，例如美国大选的民意调查。但是，面向企业管理人员开展大样本的概率调查绝非易事，而面向新企业创业者开展问卷调查则更是难上加难。从国内外学者所进行的同类研究看，大多数都未能做到利用概率抽样思路来收集数据，因此非概率（便利）抽样原则顺势成为了流行的问卷调查手段。尽管非概率抽样适合某些研究目的，但是其样本却不能够代表总体，这使得研究者无法精确地、统计性地描述整个总体，甚至可能得到有所偏颇的答案。鉴于此，本书将尝试在调研方案上进行突破，利用专业的市场调查公司，以概率（随机）抽样的思路展开正式调研工作。这可谓是本书的一大创新之处，当然在对新生事物的探索过程中也不可避免地存在着某些设计和执行层面的偏差，但本书作者期望通过此类尝试总结出对科学研究的有益建议，为今后的类似尝试提供借鉴。

概率抽样背后的基本观念是：要对总体进行有用的描述，从该总体中抽样出来的样本必须包含总体的各种差异特征。这也就是说如果所有总体中的成员在所有方面，如人口特征、态度、行为等方面都是相同的，那么就无需进行仔细的抽样了，任何样本都适应，概率与非概率抽样之间就不存在差距了。但正是因为经济社会活动中的企业，在属性特征上千差万别，所以，便利性抽样便会带来有意识或无意识的抽样偏差，使得抽取的样本并不典型或者对总体没有代表性。与此相比概率抽样具备两项独特的优点：一，概率抽样虽然无法完美地代表总体，但较其他抽样方法更具代表性^①，因为它能避免各种有意识或无意识的抽样偏见。二，概率理论使研究能够估计样本的精确度及代表性。概括来讲，随机抽样的最终目的，就是通过某种抽样方案从总体中选择一些要素，并通过对这些要素的描述（统计值）以精确描述样本总体的各种特征。在概率（随机）抽样中，任何要素都具有同等的独立于任何其他事件的被抽到的概率。设计随机抽样方案首先要确定抽样的样本框以及抽样方法。

4.4.1 确定抽样的样本框

抽样框（Sampling Frame）是总体要素的列表或准列表。举例来说如果一个简单的学生样本是从学生名册中选抽的，那么这个名册就是一个样本框。如果一个较复杂的总体样本的初级抽样单位是人口普查的街区，则所有街区的名册成为一个抽样框。针对研究对象的独特性以及时间、人力等方面的局限，本书将调研范围锁定在天津市。天津滨海新区业已列入国家总体发展战略，这是在新世纪新阶段，党中央、国务院从我国经济社会发展全局出发作出的重要战略部署。在这一战略引领下，天津成为了最具成长潜力的经济带，其中广大新技术企业的创建和蓬勃发展更极大地带动了新区的开发开放，继续见证了科技是第一生产力的发展战略。将抽样地选择在天津可以反映出中国目前最具新兴成长潜力的技术创业活动。为了选择一个合适的样本总体，本书将在天津地区的国家级及市级科技企业孵化器内进行抽样，目前天津有国家级科技企业孵化器 5 家，市级 4 家，见表 4.5。这里需要说明的一点是从严格意义上来讲，所有在工商部门注册的成立在 5 年之内（即 2004 年 1 月 1 日之后成立）的技术型创业企业都应该是本书的调查对象。但正如艾尔·芭比（2007）^②提到的，在通常情况下，抽样框并未真正包含所有的要素，几乎所有的研究中都不可避免的对样本有所省略。本书选择天津地区的科技企业孵化器进行抽样，孵化器是为该类型企业提供服务的机构，在地理上有一定的聚集效应，同时也确保每家符合条件的企业不会出现在一个以上的创业中心内，从而保证了他们具有同等的机会被抽到。

---

① 代表性（Representativeness）：是指样本具有与其所从中挑选出来的总体相同的特征。通过对样本的分析所得出来的描述和解释也同样适用于总体。代表性给概化和推论统计提供了可能性。在概率抽样下，代表性会更好。

② 艾尔·巴比．《社会研究方法》．邱泽奇译．北京：华夏出版社，2006.

表4.5　天津市国家级、市级科技企业孵化器汇总

创业中心类型	名称	所在地	企业类型
国家级科技企业孵化器（共5家）	天津市科技创业服务中心	天津市南开区科研西路	电子信息；先进制造；生物医药；新材料；环境与环境保护；新能源；其他
	天津市新技术产业园区国际创业中心	天津市华苑产业区国际创业中心	
	天津市泰达国际创业中心	天津市开发区第五大街	
	天津市海泰科技企业孵化器（海泰火炬创业园）	天津高新技术产业园区海泰发展六道	
	天津市鑫茂科技创业中心	天津市华苑产业园区鑫贸科技园内	
市级科技企业孵化器（共4家）	天津华苑软件出口基地	华苑软件园区海泰大厦B座101室。	软件类科技企业
	天津华科企业孵化有限公司	天津市华苑产业区开华道7号	
	天津塘沽海洋高新技术开发区创业服务中心	塘沽区新北路13号，滨海创新创业园内。	
	天津市东丽区科丽泰科技企业孵化器	天津市东丽区福山路28号科技大厦	

资料来源：作者整理。

4.4.2　确定抽样方法

选择样本框之后，关键的任务就是要设计一种随机抽样的方法。首先汇总一下随机抽样的类型，然后结合本书的实际需要选择适宜的抽样方案。

表4.6　随机抽样设计类型

随机抽样设计	抽样方法	优缺点	备注
简单随机抽样	1. 确定某一抽样框 2. 给每个要素编码 3. 按照随机数表来选择要素	需要一份包括样本框内全部要素的名单，且以人工方式来操作，过程相当繁琐。	
系统抽样	系统化地选择完整名单中的每第K各要素组成样本。 1.　随机选择1-10之间的	在实际应用中，与简单随机抽样本质一样。但要特别注意名	系统抽样中同样隐含着分层的概念。

随机抽样设计	抽样方法	优缺点	备注
	一个号码，将这个号码代表的要素作为选取的第一个样本——"以随机方式开始的系统抽样法" 2. 按照预先顶好的抽样间距进行抽样。	单中要素的排列方法不可出现周期性问题。因此如果要对一份名册进行系统抽样，必须小心考察名册的基本特征，避免因排列顺序而带来的抽样偏差。	
分层抽样	1.在同质的次级集合抽取适当数量的要素，而不是直接随意地由总体中抽出样本。 2.分层变量的选择方法通常依赖现有的变量，同时还必须考虑与研究想要精确描述的变量相关的变量。 3.具体的分层抽样方法：一是将所有的总体要素按照所使用的分层变量加以分类，构成不同的小团体，然后再按相对比例从各个小团体中抽出（用随机方法或系统抽样方法均可）适当数量的样本。二是先将要素进行分类，然后将不同类别的要素放在一个连续性的列表中，接着对整个列表进行一个随机起始的系统抽样。	1.分层抽样代表了简单随机抽样和系统抽样方法在使用时一种可能的修正形态。可以提高代表性，同时减少可能的抽样误差。 2.分层抽样基于在同质总体中抽样比从异质总体中抽样所产生的误差要小的抽样理论设计而成。	
多级整群抽样	1.当研究者不可能或不方便编织一个完整的名单形成目标总体的时候，例如一个国家的人口，全国的大学生等等，可以使用整群抽样（Cluster sampling）。在这种复杂群体的抽样中，必须先进行整群要素抽样，然后再从这些群中抽取要素。 2.在整群这个层面可以用分层或系统抽样方法，随机抽出群落，这样便容易获得每个群落内的整体要素名录，进而再在群落内随机抽样。不断重复两个基本步骤：列表名册和抽样。	多级整群抽样方法使得原本不可能的研究成为可能。整群抽样方法的效率很高，但会使得样本精确度降低，即两阶段的整群抽样会产生两次抽样误差。	设计整群抽样的一般性准则是，尽可能地多选取群，而减少每个群要素的数量。每一阶段都可使用分层法抽样。

新技术企业市场进入战略决策机制研究

随机抽样设计	抽样方法	优缺点	备注
概率比例抽样	当被抽样群的规模很大时，应该采用一种修正的概率比例抽样（Probability proportionate to size, PPS）。此方法可以避免因为某一群落内要素数量不等而带来的代表性损失误差，确保在总体中每个要素被选中的机会相同的情形下选出最终的样本。	此种设计是选取大型群样本的有效方法，但目前仅需掌握其中基本逻辑即可（艾尔.巴比，p. 206）	
非比例抽样和加权	如果需要给予某些要素更高的权重，就需要加权（Weighting），对次级总体进行非比例抽样，以确保从每一次级总体中取得足够的用于分析的样本量。	某类特殊群体对总体有更明显的意义，或需特别关注时要采用此种办法。例如研究工作职场中的性骚扰问题，那么女性的意见将格外重要。	
总结	通过保证总体中的每个要素都有一个已知的（非零）被抽中的概率，概率抽样能使研究者在选取要素时，避免有意识或是无意识的偏误，同时可以估计抽样误差。有选择的观察可以获得比一般观察更具普遍性的认识！		

资料来源：作者根据《社会研究方法》整理，艾尔.巴比著，邱泽奇译，北京：华夏出版社，2006.

表 4.6 中所列出的就是概率抽样研究的主要抽样方法，在每一种方法中，要素都是用一个已知非零的概率从总体中随机抽取的。学者们根据不同的研究状况选择适宜的抽样设计，但无论哪种设计都成为选择研究样本的最有效方法。概率抽样一方面能使研究者在选取要素时，避免有意识或是无意识的偏误；另一方面由于是利用了受控制的抽样方法，因此可以估计抽样误差。

权衡本书的调研目的和可能的抽样设计，选用分层随机抽样的方法（Stratified Random Sampling）开展正式的调研工作，这是因为在研究设计中，如果受试者总体的差异很大（异质性很高），或某些样本点很少，为顾及小群体的样本点也能被抽取，应采取分层随机抽样较为适宜。将国家级科技企业孵化器和市级科技企业孵化器分为两个研究层次。在实施上，研究者根据研究关注的准则，先将总体分成几个互斥的若干层（不同的小群体——即国家级或天津市级的创业中心内部），各层间尽可能异质、各层内尽可能同质，然后从每层中利用随机抽样方式，依一定比例各抽取若干样本数（见图 4.3）。

分层随机抽样的步骤如下（Gays，1992）：①确认与界定研究的总体；②决定所需样本的大小；③确认变量与各子群（阶层），以确保抽样的代表性；④依实际研究情形，把总体的所有成员划分为数个阶层；⑤使用随机方式从每个子群中选取适当的个体：适当的个体意指按照一定的比例人数或相等人数。

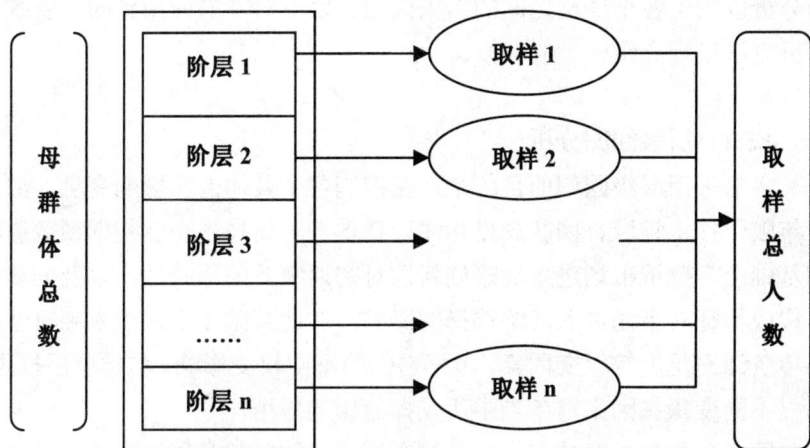

图 4.3　分层随机抽样示意图

资料来源：吴明隆.SPSS 统计应用实务：问卷分析与应用统计. 北京：科学出版社，2003.

根据以上分析调研拟采用分层抽样的方法，在天津市国家级和市级的 9 家创业中心内进行随机抽样。为此需要了解这 9 个创业中心内注册在 5 年之内的技术型新企业名录，然后在这两个层次内进行系统抽样，抽取每第 K 个企业。抽样间距要视每层次内企业的数量决定。按照 Rea and Parker（1992）提出的标准，样本规模至少大于模型中变量总数的 5 倍以上，并且总量至少达到 100 个。预计回收的有效样本在 150 个左右。

第五节　主要分析方法

针对研究问题与变量特征，本书主要采用因子分析、相关分析、层级回归分析和调节回归及定序回归等方法,利用 SPSS13.0 为主要的分析工具。首先将所有有效的原始数据输入到 SPSS 软件系统内，在数据输入过程中，电脑编号与问卷编号完全吻合。在完成数据输入之后，特意邀请另一位朋友帮助核对所录入的数据信息是否与问卷信息相吻合，通过验证之后，形成了本书所依托的变量数据库。主要的统计分析步骤大致是：首先进行变量度量的信度分析（一致性检验），然后在测度信度较好的基础上提取变量创业团队经验构成、市场进入战略、技术独享性、环境宽松性、新企业绩效等各个研究变量的因子构成维度，利用相关分析探测各个变量之间可能存在的相关关系，最后利用层级回归和调节回归分析以确定各个变量之间的因果效应。以下对本书应用到的主要统计分析方法进行介绍。

4.5.1 层级回归分析

本书采用层级回归的目的是，在控制各个其他潜在影响变量，如企业年限、技术领域、团队规模和注册资本等对新技术企业初期绩效影响的基础上，分析市场进入战略创新性对初期绩效的影响性，以及创业团队构成特征对市场进入战略选择的影响。在此基础上引入技术独享性、环境资源充足度等权变因素，考察它们的不同权变影响。这样层层推进，凸显不同变量在因果链条当中所发挥的影响作用。

回归分析的一般功能就是预测和解释。回归就是用一个或者多个自变量来预测因变量。层级回归是回归模型中的一种，其特色主要体现在层级（hierarchy）上，即在预测因变量时，它所使用的方法与一般的回归有所差异，就是在控制了其他变量的影响之后，再分析某一自变量的单独贡献量。这里，层级回归分析（hierarchical regression analysis）就是被用来控制各个变量的影响差异，以及分析自变量对因变量的预测或解释作用。

层级回归中所谓的层级，是指自变量之间的关系或等级，根据自变量之间的关系，从其对相互产生影响的顺序，将自变量分成多层。自变量的影响作用越是基础，其层级等级越高，层级高的自变量可能会影响等级低的自变量。与一般回归分析不同的是，衡量变量是否进入方程的标准不是其对因变量贡献量的大小，而是其对因变量起作用的逻辑顺序。一般来说，先加入的变量是层次更高的变量，在解释被预测变量方面有更高的优先级别，例如通常是一些人口统计学变量。而后来加入的变量，相对于先加入的变量来说，级别要低一些。这样，自变量按照由高到低的层级顺序，逐步加入到回归方程，可以说有多少个层级，就要计算相应个数的回归方程[①]。

---

① 龙立荣. 层级回归方法及其在社会科学中的应用. 教育研究与实验, 2004, 1: 51-56.

一般的回归分析中，通常在预测变量加入方程时，没有逻辑顺序，只有预测量的大小，即按照自变量对因变量贡献的大小，确定其回归系数。例如，利用逐步回归、向前回归或者向后回归方法，来决定某个特定自变量是否保留在方程中，通常在估计回归系数时，控制其他变量的影响，确定其贡献大小或权重，并以此作为变量是否进入方程的判断标准。然而，层级回归法则不同，关键是要突出层级的作用。强调变量加入方程的顺序重要性是层级回归分析的精髓所在。层级回归分析常见的两种类型包括，多个自变量的线性层级回归分析和分类变量与连续变量并有交互作用的层级回归分析。在层级回归分析中，每一个预测变量顺序进入回归方程，可以使研究者能够确定每个预测变量对于解释变量的渐进性影响量[1][2]。

4.5.2 调节回归分析

本书基于权变理论认为，创业团队经验构成与市场进入方式间关系会受到一些权变影响因素的影响，如技术独享性、环境资源充足度等，这些变量的性质和水平，以及其与主效应变量的交互作用，将对新技术企业市场进入方式产生复杂影响。调节回归分析（moderated regression analysis）是一种适合于验证权变关系假设的研究技术[3]，其主要作用是为现有的理论划出限制条件和适用范围，这也是拓展原有理论的一种方式。在许多学者的研究经验看来，调节回归分析是检验权变关系的一种最直接、最有效的方法，在实证研究中获得广泛的应用。

调节回归分析主要是通过考察权变量的调节效应（moderating effect），以确定调节变量对自变量和因变量之间关系的影响，包括影响的方向（正向或负向）和强度。这种有调节变量的模型一般可以用图 4.4 所示。

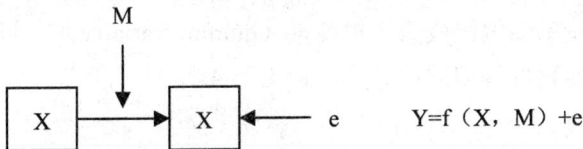

图 4.4 调节效应分析作用示意图

资料来源：温忠麟，侯杰泰，张雷.调节效应与中介效应的比较和应用.心理学报，2005，2：268-274.

---

[1] 李乾文.公司创业导向与组织绩效间的转化路径研究. 南开大学博士论文, 2006.

[2] 李剑力.创新方式选择与企业绩效关系实证研究——基于探索与开发理论视角. 南开大学博士论文, 2008.

[3] Schoonhoven, C.. Problems with Contingency Theory: Testing Assumptions Hidden within the Language of Contingency Theory. Administrative Science Quarterly, 1981, 26: 347-377.

上述作用关系利用方程式表示，则为：$Y=a+bX+cM+dXM+\varepsilon$（1）；$Y=a+bX+cXM+\varepsilon'$（2）。其中，调节变量在第一种情形下被称为"准调节变量"，第二种情况下被称为"纯调节变量"[①]。如果把方程式（1）变形写成为 $Y = a + cM + (b + dM) X + e$，那么对于固定的 M，这就是因变量 Y 对自变量 X 的直线回归。Y 与 X 的关系由回归系数 $b+dM$ 来刻画，它是 M 的线性函数，交互项 XM 的系数 d 则衡量了调节效应的大小和方向。调节作用的检验主要就是交互项系数 d 的显著性检验，如果 d 显著（即 $H0：d = 0$ 的假设被拒绝），说明权变量 M 的调节效应显著（李剑力，2008）。

与调节效应相类似但又不同的术语就是"交互效应（interaction effect）"，从上述检验来看，调节效应与交互效应在统计上看是一样，但是针对具体的情形来说，却有着本质的区别。在交互效应分析中，两个自变量的地位可以是对称的，其中任何一个都可以解释为调节变量；也可以是不对称的，只要其中有一个起到了调节变量的作用，交互效应就存在。而对于调节效应来说，哪个是自变量、哪个是调节变量是很明确的，是由理论基础所决定的，在一个确定的模型中两者不能互换。

温忠麟等[②]对调节效应的分析方法做了总结，他们认为调节效应分析方法根据自变量和调节变量的测量级别而定。变量可分为两类：一类是类别变量，包括定类和定序变量；另一类是连续变量，包括定距和定比变量。定序变量的取值比较多且间隔比较均匀时，也可以近似作为连续变量处理。具体的方法选择原则为：当自变量和调节变量都是类别变量时，做方差分析；当自变量和调节变量都是连续变量时，用调节回归分析；当调节变量是类别变量、自变量是连续变量时，做分组回归分析。但是当自变量是类别变量、调节变量是连续变量时，不能做分组回归，而是将自变量重新编码成为虚拟变量（dummy variable），用带有乘积项的回归模型，再做调节回归分析，详见表4.7。

---

① Aiken, L.S., West, S.G. Multiple Regression: Testing and Interpreting Interactions. Newbury Park, CA: Sage, 1991.

② 温忠麟, 侯杰泰, 张雷.调节效应与中介效应的比较和应用.心理学报, 2005, 37: 268-274.

表 4.7 显变量的调节效应分析方法

调节变量（M）	自变量（X）	
	类别	连续
类别	两因素有交互效应的方差分析（ANOVA），交互效应即调节效应。	分组回归：按 M 的取值分组，做 r 对 X 的回归，若回归系数的差异显著，则调节效应显著。
连续	自变量使用虚拟变量，将自变量和调节变量中心化，做 $Y=a+bX+cXM+e$ 的层次回归分析：1.做 r 对 X 和 M 的回归，得测定系数 R_{12}；2.做 r 对 X、M 和 XM 的回归，得 R_{22}，若 R_{22} 显著高于 R_{12}，则调节效应显著。或者作 XM 的回归系数检验，若显著，则调节效应显著。	将自变量和调节变量中心化，做 $Y=a+bX+cXM+e$ 的层次回归分析（同左）。除了考虑交互效应项 XM 外，还可以考虑高价交互项（如 XM^2），表示非线性调节效应；MX^2 表示曲线回归的调节）。

资源来源：温忠麟，候杰泰，张雷.调节效应与中介效应的比较和应用.心理学报，2005，37：268-274.

调节回归分析的具体步骤通常如下：（1）将类别变量转换为虚拟变量，所需虚拟变量的数目等于类别变量的水平个数减一（此步骤非必需）；（2）对连续变量进行中心化或标准化，目的是减少回归方程中变量间的多重共线性问题，将自变量和调节变量做中心化变换的方法是用变量减去其均值（Aiken and West，1991）；（3）构建乘积项，这时只需将经过编码或标准化（或中心化）处理后的自变量和调节变量相乘即可；（4）将自变量、因变量（这里要使用未中心化的自变量和因变量）和乘积项都放到多元层级回归方程中检验乘积项的系数是否显著，如果显著，就证明调节作用存在；（5）对存在的调节作用进行分析和解释，通常采用的方法是在按调节变量所分的不同组中，检验自变量对结果变量回归的斜率。但如果调节变量和自变量都是定类变量时，可以在不同的组中分别计算因变量的均值，然后用得到的值来作图直观地表示出调节作用的模式[1]。

4.5.3 定序回归分析

定序回归是一种针对某种非连续型变量的回归方法。定序变量（ordinal data）是一种特殊的属性变量（categorical data）。这种变量有大

---

[1] 陈晓萍，徐淑英，樊景立.组织与管理研究的实证方法.北京：北京大学出版社，2008：320-321.

小或前后的顺序等级但却不能进行数值的计算。社会经济问题中经常会遇到这种变量，例如，顾客的满意度、产品的质量等级、贷款人的信用程度、消费者的信心等等。一个定序变量 Y 的 S 个可能的取值称之为反应类别（response categories）。研究者经常感兴趣的是在什么条件下或哪些因素会使这个定序变量更可能取较高的或较低的类别的值，也就是说要研究其他变量和这个定序变量之间的关系，这是一个典型的定序回归分析问题[①]。

由于定序变量一没有数值意义，二没有顺序意义，因此不适用于普通的多元回归分析方法，原因有两点：首先，多元线性回归模型事实上是假设各个类别之间的距离是相等的，但在多数情况下定序变量各个级别间的距离并不相等，这就给模型的合理性带来了疑问；其次，从一个一般的多元线性回归模型中得到的预测值通常不是整数，这会导致解释上的困难：如果一个预测值是 2.58 类，便很难做出归类并合理解释。而且更重要的是多元线性回归模型不能回答最感兴趣的问题：在给定预测变量值的情况下，观察值落在某一特定类别中的概率究竟是多少（韩小亮、陈晨，2007）。基于上述两点原因，学者们需要建立更合适、更精确的统计模型来对定序变量进行回归，这些模型既要考虑反应类别的顺序，也能够更准确地解释目标变量和预测变量的关系，这就是定序回归模型。

利用一个手机市场的调研案例来详细讲解定序回归模型。假定消费者对某类手机的偏好受到其产品品牌、数码相机功能、收看电视功能、手写功能和游戏数目等因素的影响（W_1-W_5）。调查对象的偏好程度用 5 级量表打分（1=根本不喜欢，5=非常喜欢），这里所关心的因变量——偏好程度，是一个典型的定序数据，将其记为 Z。如果有两款手机特征非常相似，那么消费者对它们的喜好程度也应该非常相似，而且还可以假设其取值范围任意。但喜好程度是一个看不见、摸不着的潜变量（Latent Variable），那么这个隐含的喜好程度是如何形成消费者打分的呢？再假设在人们的心理活动中有一定的判断标准，或者叫做阈值（记做 c_k），当隐含的喜好程度落在某两个相邻的阈值之间时，就会给出一定的消费者打分。

---

① 韩小亮，陈晨. 定序变量的回归分析模型及其在消费者信心指数编制中的应用. 数理统计与管理, 2007, 2: 194-199.

$$
得分 = \begin{cases}
1 & 如果 \quad Z < c_1 \\
2 & 如果 \quad c_1 \leq Z < c_2 \\
3 & 如果 \quad c_2 \leq Z < c_3 \\
4 & 如果 \quad c_3 \leq Z < c_4 \\
5 & 如果 \quad c_4 \leq Z
\end{cases}
$$

以下再考虑，解释性变量（W_1-W_5）是如何影响消费者打分的，这里假设所有解释性变量都是通过影响喜好程度（Z）来影响消费者打分的。如果知道 Z 的具体取值，那么就可以通过建立普通线形回归模型来建立解释变量（如 W_1）和 Z 之间的关系，即

$$Z = \beta_0 + \beta_1 \times W_1 + \varepsilon$$

但现实中并不知道 Z 的具体取值。因此有如下判断，消费者打分不超过 k（$1 \leq k \leq 4$）的可能性为：

$$
\begin{aligned}
P(score \leq k) &= P(z \leq c_k) = P(\beta_0 + \beta_1 \times W_1 + \varepsilon \leq c_k) \\
&= P(\varepsilon \leq (c_k - \beta_0) - \beta_1 \times W_1) \\
&= F_\varepsilon(\alpha_k - \beta_1 \times W_1)
\end{aligned}
$$

其中，c_k 就是前面提到的阈值，$\alpha_k = c_k - \beta_0$，而 $F_\varepsilon(t) = P(\varepsilon < t)$ 是 ε 的分布函数。如果可以对 $F\varepsilon(t)$ 的具体函数形式予以合理的假设（即假设 ε 的分布），那么就获得了一个关于定序变量的回归模型，即：

$$P(score \leq k) = F\varepsilon(\alpha_k - \beta_1 \times W_1)$$

这个新的模型设定中没有任何地方涉及那个看不见、摸不着的消费者喜好程度 Z，因此可以进行数据估计[1]。

---

① 王汉生.应用商务统计分析.北京：北京大学出版社，2008：127-129.

第五章　实证分析与结果

第一节　样本与数据

5.1.1　数据收集过程①

本书受国家自然科学基金重点项目"新企业创业机理与成长模式研究"（70732004）的资助，委托专业市场调查公司（天津森博市场信息咨询有限公司）在天津市 9 家创业中心内按照系统分层抽样的方法进行随机抽样。数据的收集过程主要有如下几个阶段：

第一阶段：2009 年 5 月-6 月，选定委托调研的第三方调查公司。本书作者在探测性调研的基础上，拟定了正式的调研方案，并通过网络搜索和熟人介绍的方式联系备选的专业市场调查公司，考察其公司实力、业务范围和优势等，权衡其是否具备运作本项目的实力及专业态度。最终确定天津森博市场信息咨询有限公司承担本项目的调研工作②。

第二阶段：2009 年 6-7 月，调研合同签订阶段。在选定第三方执行公司之后，本书作者与调查公司的总经理及项目负责人进行了多次面对面沟通，就问卷内容、结构、访问要求及相关执行细节进行了反复磋商，调查公司人员从专业执行层面对问卷的内容和结构提出了宝贵的意见，作者在综合考虑的基础上加以借鉴，并对问卷进行了完善。此后本项目

---

① 本书受到国家自然科学基金重点项目"新企业创业机理与成长模式研究"（70732004）的资助，构建了技术创业企业成长数据库，其中整合了我研究中心年轻老师的部分研究问题，构成最终问卷。我中心胡望斌教授在第四届（2009）中国管理学年会——技术与创新管理分会场宣读了基于本数据库的实证文章：新企业创业导向转化为绩效的中介能力：理论模型与中国实证研究。因为是同一数据库，因此数据收集部分的描述与本书相同。

② 天津森博市场信息咨询有限公司是一家从事市场研究和信息咨询的专业执行公司。公司自成立以来承接了大量定量和定性调查，具有丰富的专业数据收集的执行能力和资源优势。顾客涉及高校、工商企业等。

的资助方南开大学商学院企业管理系与天津森博市场信息咨询有限公司签订了正式的劳务协议。

第三阶段：2009 年 7 月-9 月，调研执行阶段。根据双方签署的劳务协议，此次调查需在天津 9 个科技企业孵化器按照分层系统抽样的原则随机抽取 150 个有效样本，并按照等额抽样的原则，每个孵化器的样本应在 15-20 个左右，2009 年 7 月 2 日，调研项目正式启动。在执行过程中，访问员持委托方南开大学商学院创业管理研究中心所开具的介绍信，并配带访问员标识进入孵化中心实地访问。进入创业中心后访问员按照"右手原则"[①]的行走路线，依照抽样间距每间隔 3 个单位抽取访问一家公司的原则，在确认其成立时间、企业类型都符合本研究条件，同时核心创业者或总经理可以接受调查的情况下，将其确认为一个有效接触。然后在访问员的提示下，由核心创业者自行填写问卷，填写完毕后访问员确认没有遗漏选项，然后礼貌致谢离开。如遇抽样企业不符合调研要求、拒访、空关或已搬走以及符合条件但核心创业者不在企业的情况，则顺势抽取其右手边的企业进行访问，以此类推以确保系统抽样的原则。调查公司按照一个中心完结后再启动另一个中心、先市内后郊县的原则进行操作。该项目的督导确保对每份回收的问卷进行电话回访，以确认访问真实发生以及数据的可靠性，同时如遇各位问项的遗漏也一并在电话回访过程中与被访者确认。每完结一个中心调查方就向我方提供所有的接触纪录表和技术报告，以备我方统计数据之用。我方在所提供的接触记录表中随机抽取了 30%，即 45 份问卷，按照访问员注明的联系电话，对被访者进行了回访，询问是否曾接受过南开大学商学院委托进行的问卷调研，并对个别重点问题进行了随机复核，复核结果令人满意。此外，为了避免在调研之后再可能发生的问卷不合格等需要补充调研的情况发生，市场调查公司为我方多提供了 10 份有效问卷以做备份之用[②]。以下是调查公司项目调研的运营图（见图 5.1），以及最终汇总的 9 个孵化器内抽样情况的汇总（见表 5.1）。

---

① "右手原则"是在专业市场调查公司进行入户访问过程中经常采用的一种行走路线，操作原则即进入某一建筑物内，逢路口或有拦截的地方即向右方行走，以此类推。

② 考虑到预先抽样方案设计中写明的，在 9 个创业中心内按照等额抽样的方式进行抽样，因此我们在复核了前 150 份有效问卷之后，没有将多余的 10 份备用问卷录入系统加以分析。

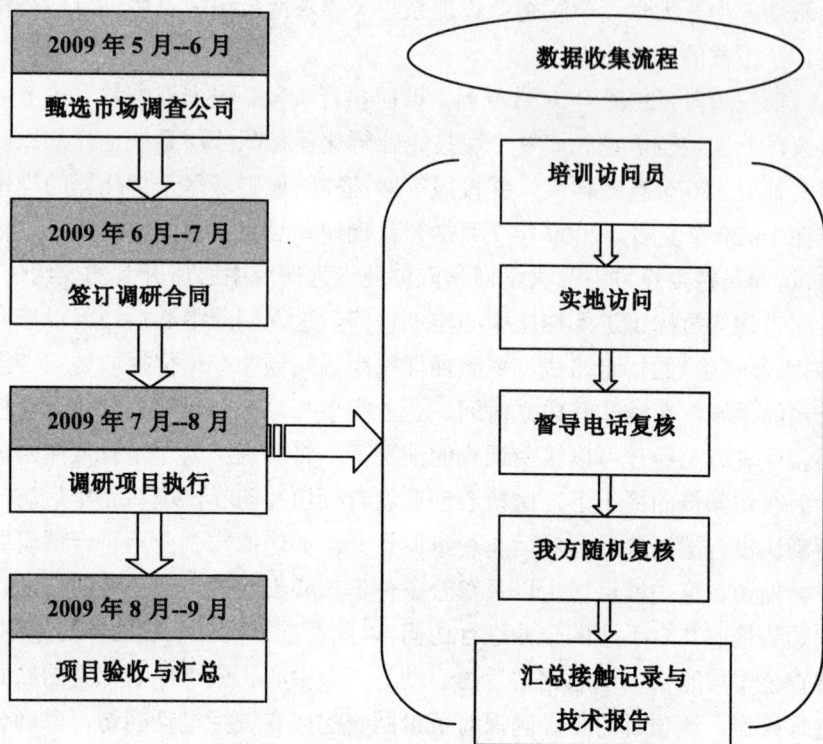

图 5.1　调研项目运营流程

资料来源：作者整理。

表 5.1　随机抽样接触记录汇总

	抽样情况	总计访问	成功	拒访	空关或已搬走	企业类型不符	符合条件，但总经理不在
国家级	天津市科技创业服务中心	45	13	5	10	9	8
	天津市新技术产业园区国际创业中心	83	11	5	37	4	26
	天津市泰达国际创业中心	45	18	0	1	20	6
	天津市海泰科技企业孵化器（海泰火炬创业园）	62	17	11	17	10	7
	天津市鑫茂科技创业中心	94	21	13	22	22	16
市级	天津华苑软件出口基地	88	18	13	17	24	16
	天津华科企业孵化有限公司	56	16	1	12	23	4

抽样情况	总计访问	成功	拒访	空关或已搬走	企业类型不符	符合条件，但总经理不在
天津塘沽海洋高新技术开发区创业服务中心	42	16	3	10	7	6
天津市东丽区科丽泰科技企业孵化器	75	20	14	9	17	15
合 计	590	150	65	135	136	104
比率	1	25.42%	11%	22.88%	23.05%	17.65%

资料来源：作者整理。

综上，本次调研的执行过程从 2009 年 7 月 2 日－8 月 15 日，历时 45 天，访问回收有效问卷 150 份。

表 5.2　调查问卷发放与回收情况[a]

途径/方式	总访问量	成功访问量	问卷回收率	有效问卷数	有效问卷率
分层随机抽样	590	150	25.42%	150	100%

a.这里统计的成功访问量是经调查公司督导和我方随机复查基础上的有效问卷，根据合同约定在问卷填写过程中发生漏项或明显矛盾的问卷不计入成功访问样本中。

资料来源：作者整理。

在本调研项目的合同签订过程中，我方与调研公司约定好，最终提供给我方的问卷应该全部填写完整，且不存在明显内部逻辑错误的问卷，例如，在创业团队先前经验部分，不存在某位成员在与新企业相关行业工作的年限数大于其全部的先前经验年限数的情况。因此，项目督导在对问卷进行复合的时候，要对问卷的各部分进行逐一检查，保证给与我方的问卷是完整有效的。

5.1.2　样本数据描述性统计分析

表 5.3、表 5.4 和表 5.5 分别列示了本次调查所获取样本企业的一些数据特征，主要汇报了有效样本所在的创业中心分布、技术领域、成立年限等内容。

5.1.2.1　创业中心分布比例

在调研方案的设计中，本书利用分层系统抽样的方案在天津市 9 家创业中心进行随机抽样，并依照等额抽样的配额比例，每个创业中心抽取 15-20 个有效样本。在实际操作过程中，调查公司严格按照抽样原则与配额标准进行操作，但是按照隔 3 抽样的原则，碰到的企业由于企业类型、年限、被访者是否在公司可接受访问甚至是空关或搬走、拒访等原因的局限，实际获得有效样本数最少为 11 个（新技术产业园区国际创业中心）、最多为 21 个（鑫茂科技创业中心），总体上满足了配额比例，并可以较好地代表天津市新技术企业的实际情况。

表 5.3　各创业中心分布有效样本比例

	创业中心	有效样本量	所占比例（%）
国家级科技企业孵化器	科技创业服务中心	13	8.67
	新技术产业园区国际创业中心	11	7.33
	泰达国际创业中心	18	12.00
	海泰科技企业孵化器	17	11.33
	鑫茂科技创业中心	21	14.00
市级科技企业孵化器	华苑软件出口基地	18	12.00
	华科企业孵化器	16	10.67
	塘沽海洋高新技术开发区创业服务中心	16	10.67
	东丽区科丽泰科技企业孵化器	20	13.34
合计		150	100

资料来源：作者整理。

5.1.2.2　技术领域

本书的研究对象为技术型创业企业，针对调研对象的特殊性，按照技术领域这一高科技企业专用术语对样本企业进行领域划分，区别于一般新企业研究中按照产业分布对样本企业进行划分的方法。按照国家科技部、科技型中小企业创新基金公布的高新技术企业技术领域分类标准，划分为电子信息，软件，航空航天及交通，光机电一体化，新型材料，生物技术，医药和医学工程，新能源与高效节能，环境与资源利用，地球、空间与海洋，核应用技术，农业以及高技术服务业等共 13 个技术领域。样本企业的主要技术领域分布如表 5.4 所示，150 个有效样本企业的技术领域分布在除核应用技术和农业技术之外的其他 11 个技术领域，而从常识推定这可能是因为这两个领域具有的较高进入门槛，使得新企业难以进入。此外，电子信息、光机电一体化、高技术服务业、软件行业占比均超过了 10%，最高为电子信息领域为 28.7%，也未超过总体的 30% 以上，说明样本并不存在过分集中的情况，具有广泛的代表性。

表 5.4　有效样本企业技术领域分布统计 [a]

编码	产业	企业个数	所占比例（%）
1	电子信息	43	28.7
2	软件	15	10
3	航空航天及交通	1	0.7
4	光机电一体化	24	16
5	新型材料	9	6
6	生物技术	11	7.3
7	医药和医学工程	11	7.3
8	新能源与高效节能	8	5.3
9	环境与资源利用	5	3.3
10	地球、空间与海洋	3	2
11	核应用技术	0	0
12	农业	0	0
13	高技术服务业	18	12
14	其他	2	1.3
	合计	150	100

a. 样本量为 150。

5.1.2.3　企业成立年限

本书针对处于初创期的技术型创业企业，在考虑具体研究问题的基础之上，将调研范围界定为成立 5 年之内的新技术企业。从表 5.5 所示的统计结果来看，有效样本企业的成立年限从不足 1 年到 5 年不等，平均成立年限为 2.93 年，成立在 3 年以下的新企业占到了全部样本总量的65.3%。这使所获得的数据更加贴近初创期新企业的实际情况，缩短调查实施时点与创业活动之间的时间差距，从而削弱后视偏见对调研结果的影响，为从初始条件的视角考察新企业市场进入战略的前因和结果变量提供了基础与依据。

表 5.5　样本企业成立年限统计分析 [a]

成立年限	频数	比率（%）
不足 1 年	5	3.33
1 年	18	12.0
2 年	31	20.7
3 年	44	29.3
4 年	35	23.3
5 年	17	11.3
均值	中位数	方差
2.93	3	1.587

a. 样本量为 150。

综上所述，本书按照分层系统抽样的方案，在天津市国家级和市级创业中心内进行随机抽样，从样本面上统计数据的分析来看，从新企业技术领域、成立年限等结果来看具有较好的代表性，随机抽样的方案设计也使得样本具有更大的代表性，所得到的结果可以较好地推广到更大的总体之中。

5.1.3　条目鉴别能力分析及同源方法偏差检验

样本具有代表性并不意味着样本的有效性就高。一般来看，任何问卷都由客观测量条目和主观测量条目组合而成。客观测量条目，如性别、年龄等放映的是具体的实际情况，其结果出现偏差的可能性较小。而主观测量条目，即反映被调查者对某一描述看法的条目（如李克特量表）或对某一事物评价的条目（如语义差异量表），则很容易出现测量偏差。究其原因，或者是条目题干不能有效区分被调查者对于事物的看法或评价，或者是条目之间的相关关系引诱被调查者产生主观幻想与判断，从而降低主观测量条目的有效性。为此，本书从以下两个方面面向主观测量条目开展样本有效性的检验。第一是检验条目的鉴别能力（又称为项目分析），即条目在多大程度上能鉴别出不同被调查者的反应程度；第二是检验样本的同源偏差情况，即因为所有条目均由同一被调查者填写所引致的系统性偏差[①]。本书涉及的主观测量条目包括市场进入战略的创新程度、技术资产属性、环境资源充足度等。

5.1.3.1　条目鉴别能力检验

在探测性调研环节中已经对预测问卷进行了该环节的检验，依此判定预试问卷的有效性，在此对于完善后的正式问卷再次进行项目分析，检验证实问卷的有效性。分析方法与探测性调研相同，即将所有被调查者的量表得分总和依高低排列，得分前25%至33%为高分组，得分后25%至33%为低分组，求出每个题项的"临界比率"（Critical ratio，简称为CR值），即高低两组被调查者在每个条目得分平均数差异的显著性检验，如果条目的 CR 值达显著性水平（小于 0.05 或 0.01），即表示这个条目能够鉴别不同被调查者的反应程度，构成条目是否保留或删除的首要标准。遵照这个建议，本书采纳均值法（即选取 25% 与 33% 的平均数为选择标准），选择测验总分最高的 27% 和最低的 27% 为标准作为高低分组

---

① 杨俊. 社会资本、创业机会与新企业初期绩效——基于关键要素互动过程视角的实证研究. 南开大学博士论文, 2008.

的界限，得出的条目鉴别能力分析结果见表 5.6。

表 5.6　条目鉴别能力分析 ^a

条目	均值显著性差异统计量	
	T 值	显著性水平
市场占有率	-5.585	.000
销售收入增长率	-6.348	.000
独享性 1	-5.449	.000
独享性 2	-7.364	.000
独享性 3	-5.744	.000
市场进入战略 1	-6.641	.000
市场进入战略 2	-6.330	.000
市场进入战略 3	-5.647	.000
市场进入战略 4	-2.758	.007
市场进入战略 5	-5.029	.000
市场进入战略 6	-4.908	.000
市场进入战略 7	-6.273	.000
市场进入战略 8	-6.094	.000
环境影响程度 1	-1.032	.005
环境影响程度 2	-2.999	.004
环境影响程度 3	-5.476	.000
环境影响程度 4	-7.282	.000
环境影响程度 5	-9.821	.000
环境影响程度 6	-2.859	.005
环境影响程度 7	-7.243	.000
环境有利性 1	-2.175	.003
环境有利性 2	-4.594	.000
环境有利性 3	-5.611	.000
环境有利性 4	-7.681	.000
环境有利性 5	-8.735	.000
环境有利性 6	-4.684	.000
环境有利性 7	-6.189	.000

a. 样本量为 150。

结果显示，问卷所有主观性测度条目都通过了鉴别能力检验，即 CR 值达到了显著性水平，说明这些主观问项都能较好地鉴别出不同被调查者的反应程度。

5.1.3.2　同源方法偏差检验

对于同源偏差的检验,学者 Philip Podsakoff 和 Dennis Organ 于 1986

年系统阐述了组织研究中同源偏差的来源、后果以及甄别办法[①]。他们认为在大多数情况下，同源偏差会导致概念间相关性的膨胀，也就是说因为概念测量不当所导致的方法偏差，产生人为膨胀而导致第一类误差，造成知识累积错误。更为重要的是，同源偏差有时也会造成概念间的相关性缺失，而导致第二类误差，即错失显著性概念相关。对于第一种误差，研究人员应该做好事前预防措施，本书使用了打乱条目逻辑顺序以及反向条目法予以克服。对于第二种误差，有学者建议采纳单因子检测方法来予以评价，即对问卷所有条目进行因子分析，在未旋转时得到的第一个主成分，就反映了同源偏差水平的高低（杨俊，2008）。遵从此建议，本书对涉及的主观测量条目一起做因子分析，在未旋转时得到的第一个主成分占到的载荷量是 22.865%，并没有占到多数，所以可以认定同源偏差并不严重。

5.1.4 信度检验与因子分析

数据信度分析主要用来检验测量结果的一致性程度或可靠性程度。因子分析的目的在于寻找变量间潜在结构，减少变量的数目，用少数因子代替多个变量去分析和解释整个实际问题。也可以通过因子分析得出问卷量表中哪些问题用于研究那些潜在特征（因子），从而对该问卷量表的结构效度做出评价。在本部分首先汇报各变量测度的描述性统计情况，然后对主观量表进行信度检验以及因子分析。

5.1.4.1 市场进入战略

市场进入战略是本书的一个核心概念，测度量表是本书作者在理论推导和前人实证度量的基础上整合而成，因此对于该条目的检验从探测性调研开始就遵循着严格的程序。首先在探测性调研中，对于最初的量表进行了项目分析，删除 CR 值没有达到显著的条目，并对量表的题项进行了修改（通过探测性调研将原先的条目 2 进行了改动且删除了原条目 9，具体内容参见探测性调研一章）。此外对量表及各个层面进行了信度分析和因子分析，检测量表的建构效度，由此得到正式的度量量表。对正式调研结果的相关分析如下：

1. 测量条目描述

在正式的问卷中，利用 8 个测度条目对新技术企业的市场进入战略

---

① Podsakoff, P., Organ, D.. Self Reports in Organizational Leader Reward and Punishment Behavior and Research: Problems and Prospects. Journal of Management, 1986, 12(4): 531-544.

进行了衡量，在具体的测度条目赋值上，本书采用了 Likert7 级评分法。取值小，意味着被调查者对该测度条目所反映的内容持反向意见，相反，取值大，则意味着正向意见。由前文的理论推导和前期预测试的结果可知，在这 8 个条目当中，市场进入战略的两个维度，即产品与服务维度（第 1，2，3，4 条目）、交易结构维度（第 5，6，7，8 条目），在每个条目上利用 Likert7 级量表进行打分，得分越高，代表其市场进入战略的创新程度越高。但是，这些条目之间蕴含的关系仅仅是预期的设计结果，最终如何确定还必须服从于因子分析的结果。

表 5.7 市场进入战略测量条目描述[a]

测度条目	最小值	最大值	均值	方差
市场进入战略 1	1	7	5.41	1.011
市场进入战略 2	1	7	4.51	1.403
市场进入战略 3	1	7	4.69	1.198
市场进入战略 4	2	7	4.61	1.355
市场进入战略 5	1	7	4.10	1.460
市场进入战略 6	1	7	4.48	1.116
市场进入战略 7	1	7	4.71	1.228
市场进入战略 8	1	7	4.85	1.180

a. 样本量为 150。

2. 数据信度分析

为确保变量与其测度条目之间具有很好的一致性，并最终能够提取出符合研究要求的变量因子，本书采用了两阶段因子分析，首先进行变量度量的信度分析（一致性检验），然后在测度信度较好的基础上提取变量因子。

信度（Reliability）可界定为真实分数的方差与观察分数的方差比例。它是指检验分数的特性或测量的结果，而非测验或测量工具本身，即某一群特定受试者测验分数的特性，考察它是否具有可信度。李克特态度量表法中常用的信度检验方法为"Cronbach's α"系数和折半信度。如果一个量表的信度越高，表示量表越稳定。Cronbach's α 系数在编制测验或量表时，常作为测量分数信度之一的数据，在社会科学研究领域或其相关期刊中，α 系数的使用频率甚高，它将决定变量测度的各个测度条目之间在多高的频率上保持得分相同（Truran，2001）。只有具有较高的信度判断系数时，才能保证变量测度条目符合一致性要求。从一般的统计方法上讲，吴明隆在总结诸多学者的研究基础上，发现如果研究并非筛选或作为入学、分组的参考，只是一般的态度和心理知觉量表，一份信度系数好的量表和问卷，其总量表的信度系数最好在 0.8 以上，如果在 0.7 至 0.8 之间，还算是可以接受的范围；如果是分量表，其信度系数最好在 0.7 以上，如果是在 0.6 至 0.7 之间，还可以接受使用，如果分量表（层面）的内部一致性 α 系数在 0.6 以下或总量表的信度系数在 0.8 以下，应考虑重新修订量表或增删题项。在创业研究中通常认为信度系数在 0.6 至 0.7 之间是可靠的（Peterman and Kennedy，2003；Stearns et al. 1995；Stuart and Abetti 1990；Newbert，Kirchhoff，and Walsh，2007）。同时，如果以发展测量工具为目的时，信度系数应在 0.7 以上[1]。以往研究的经验表明，保留在变量测度条目中的条目对全体条目（item-total）的相关系数应该大于 0.35，并且测度变量的 Cronbach's α 系数值应大于 0.7 以上（Nunnally，1978）。为了使数据量表测度的一致性和可靠性能达到更优，本书将采取"条目删除 Cronbach's α 系数检验"，并且，选择条目对全体条目的相关系数大于 0.4 作为条目的取舍标准[2]。因为这种方法不仅具有 Cronbach's α 系数检验的效果，而且会提出一定的量表一致性改进建议。于是，在以上第一次因子分析的基础上，对市场进入战略的两个维度分别进行"条目删除 Cronbach's α 系数检验"的结果如表 5.8 所示。

表 5.8　市场进入战略信度检验 [a]

测度条目	条目对全体条目的更正相关系数	若删除该条目的 Cronbach's α	全体条目 Cronbach's α
市场进入战略 1	.373	.694	
市场进入战略 2	.404	.688	
市场进入战略 3	.455	.676	
市场进入战略 4	.146	.743	.715
市场进入战略 5	.421	.684	
市场进入战略 6	.499	.669	
市场进入战略 7	.522	.662	
市场进入战略 8	.495	.669	

a. 样本量为 150。

从表 5.8 可以看出，每一个测度条目对相应全体条目的更正相关系

---

[1] 吴明隆. SPSS 统计应用实务：问卷分析与应用统计. 北京：科学出版社，2003.

[2] 信度的判断标准包括该项目与构面的总相关与删除该项目后的 Alpha 值两大部分。若该项目与构面的总相关与其他项目的差距甚远（有研究是以该项目与构面的总相关小于 0.4 为标准），则考虑删除该项目，若删除该项目后，Alpha 值明显提升（即能够提升量表的信度时），则应考虑删除该项目，当以上两个条件都成立时，该项目应予以删除（李乾文，2006）。

数均在 0.4 以上，整个量表的 Cronbach's α 为 0.715，信度水平较高。但是发现删除条目 4 之后的整体信度值将达到 0.743，这说明条目 4 降低了整体量表数据的可信性，而且按照经验判断，保留在变量测度项中的单项与总和项（Item-to-total）的相关系数应大于 0.35[①]，而条目 4 只有 0.146，因此考虑将该条目予以删除。

3. 变量因子提取

经过以上信度分析，条目 4 没有通过信度检验，因此将其删除不进入下一步的分析。所保留下来的 7 个创新条目能够很好地反映和测度市场进入战略的两个维度，即产品与服务维度和交易结构维度。为了得到这两个变量，需做进一步因子分析，提取因子。因子分析结果如表 5.9 所示。

表 5.9　市场进入战略因子分析结果 [a, b, c]

测度条目		因子
市场进入战略 ——产品与服务维度	市场进入战略 1	.746
	市场进入战略 2	.744
	市场进入战略 3	.682
KMO 值		.617
Bartlett's Test	Chi-Square	33.585
	d.f.	3
	Sig.	.000
因子方差累积贡献率（%）		52.5%
测度条目		因子
市场进入方式 ——交易结构维度	市场进入战略 5	.720
	市场进入战略 6	.783
	市场进入战略 7	.746
	市场进入战略 8	.636
KMO 值		.608
Bartlett's Test	Chi-Square	113.609
	d.f.	6
	Sig.	.000
因子方差累积贡献率（%）		52.3%

a.样本量为 150；b.提取方法：主成分分析；旋转方法：方差最大化正交旋转法；c.因子载荷大小顺序排列，并略去载荷小于 0.5 的条目的值。

以各层面单独进行因子分析，其样本充分性检验 KMO 值均达到了

---

① Nunnally, J.C.. Psychometric Theory.New York: McGraw-Hill Book Company, 1978.

0.60 以上，Bartlett's 检验显著，较为适合做因子分析。各个条目的因子载荷水平都比较高，均超过了 0.6，条目之间关联密切，同时因子方差累积贡献率达到了 52.5%和 52.3%。按照因子分析的结果，将抽取的两个变量因子命名为市场进入战略的产品与服务维以及交易结构维。同时通过因子的回归方程计算出每个企业在产品与服务和交易结构两个维度上的相应得分水平（这在 SPSS 因子分析中直接选取回归方法并对因子做变量保存即可实现），为下文进行进一步变量分析做好准备。

5.1.4.2　技术独享性

技术独享性是本书的一个重要的调节变量，新技术企业是基于特有技术能力基础之上的新企业，创业机会多来源于某种创新性的技术，而技术创业恰是通过新企业创建的方式将技术创新市场化的过程，选择何种方式进入市场，受到技术属性的重要影响，其中技术的独享性代表了技术创新者是否可以独享创新的市场价值，而降低被其他竞争者、合作伙伴等盗用的风险。在产业层面的研究中，学者们提出独享体制是允许新技术免遭模仿的知识以及技术所处运营环境的属性（Arrow，1962；Levin et al.，1987）。Levin 等（1987）对 100 多个产业的分析显示，独享体制是一个多维度的构念（Construct）。本书专注于技术而非产业层面的测量，并利用主客观结合方式对这一概念进行度量[①]，主观层面利用已有研究的量表进行测度，客观独享性利用新技术企业是否申请专利等知识产权保护形式以及具体的数量来度量，相关的条目描述、信度检验和因子分析结果如下。

1. 测量条目描述

表 5.10 汇报了技术可独享的主观测度条目的描述，表 5.11 为客观的样本企业申请专利等知识产权情况的描述。从描述性统计分析中可以看到，被调查的新技术企业 47%都申请了形式不同的知识产权保护措施，其中专利是最主要的知识产权保护形式，申请专利最多的新企业数量达到了 20 项，从平均值来看，每个样本企业平均申请 1 项知识产权保护措施。实用新型及软件类企业的软件著作权等形式也成为保护新企业专有技术的有效途径，样本企业拥有实用新型最多为 7 项，软件著作权最高为 9 项。对外观设计保护申请仍然较为薄弱，最大值为 3，均值仅为 0.09。

---

① Gans, J.S., Hsu, D.H., Stern, S.. When Does Start-Up Innovation Spur the Gale of Creative Destruction.The RAND Journal of Economics, 2002, 33(4): 571-586.

表 5.10　技术独享性主观测度条目描述[a]

测度条目	最小值	最大值	均值	方差
独享性 1	2	7	5.82	.954
独享性 2	2	7	5.99	.993
独享性 3	2	7	6.19	1.056

a. 样本量为 150。

表 5.11　样本企业专利等知识产权申请情况描述[a]

知识产权保护措施	最小值	最大值	均值	方差
是否申请	0	1	.47	.251
发明专利	0	20	.90	4.461
实用新型	0	7	.42	1.024
外观设计	0	3	0.09	.166
软件著作权	0	9	.21	1.105
总量	0	20	1.6733	6.597

a. 样本量为 150。

2. 数据信度分析

对于主观性测度量表进行信度检验，仍然采用 Cronbach's α 系数法，由表 5.12 中可以看到条目对全体条目的更正相关系数均在 0.50 以上，若删除该条目的 Cronbach's α 系数均低于全体条目的 α 系数，且整体 α 系数达到了 0.761，由此可以看出，量表数据与测度变量之间具有较高的一致性。

表 5.12　技术独享性测度量表信度检验[a]

测度条目	条目对全体条目的更正相关系数	若删除该条目的 Cronbach's α	全体条目 Cronbach's α
独享性 1	.593	.678	
独享性 2	.590	.680	.761
独享性 3	.592	.679	

a. 样本量为 150。

3. 变量因子提取

本书采用主、客观两种方式度量新技术企业核心技术的独享性，为了得到这两个变量，需做进一步因子分析，提取因子。因子分析结果如表 5.13 所示。

表 5.13　技术独享性因子分析结果 [a]

测度条目		因子 1	因子 2
技术独享性主观测度条目	独享性 1	.825	
	独享性 2	.821	
	独享性 3	.821	
技术独享性客观测度条目	是否申请了知识产权保护措施		.913
	申请的数量		.915
KMO 值		.610	
Bartlett's Test	Chi-Square	199.794	
	d.f.	10	
	Sig.	.000	
因子方差累积贡献率（%）		74.229%	

a. 样本量为 150。

本书利用 3 个主观性条目以及是否申请知识产权保护措施及申请的数量这两个客观情况测度技术独享性这个概念，通过表 5.13 的探测性因子分析，提取了两个因子，其样本充分性检验 KMO 值均达到了 0.60 以上，Bartlett's 检验显著，较为适合做因子分析。各个条目的因子载荷水平都比较高，均超过了 0.8，条目之间关联密切，同时因子方差累积贡献率达到了 74.229%。按照因子分析的结果将抽取的两个变量因子命名为主观技术独享性及客观技术独享性。同时通过因子的回归方程计算出每个企业在这两个维度上的相应得分水平（这在 SPSS 因子分析中直接选取回归方法并对因子做变量保存即可实现），为下文进行进一步变量分析做好准备。

5.1.4.3　环境宽松性

本研究的另一个调节变量是环境层面的变量，重点考察环境资源的充足度情况。以下对该变量的条目描述和信度检验情况进行汇报。

1. 测度条目描述

本研究借鉴 Tan（1993）的研究观点，从利益相关者的角度来度量环境层面的变量，分别考察其影响程度和有利性，再对这两个层面的数据进行合并就可以用来测量环境资源的充足度。本研究采用 Likert-7 级评分法，取值越大意味着被调查者对该测度条目所反映的内容持认可意见，相反，取值小，则意味着持反向意见。从前文的理论推导来看，第一个层面测度被调查者感知到的各个维度的利益相关者对本企业的影响程度，第二层面考察不同维度的利益相关者是否对本企业的发展是有利的，这表明新企业是否容易从环境中获得有利于发展的资源。具体的条目描述性分析如表 5.14 所示。

表 5.14　环境宽松性测度条目描述 [a]

测度条目		最小值	最大值	均值	方差
环境影响性	竞争者	1	7	4.43	2.798
	消费者	3	7	6.21	.934
	供应商	1	7	4.59	1.907
	人才供应方	2	7	5.47	2.372
	融资机构	1	7	4.23	2.314
	技术条件	2	7	5.95	.904
	政策法规	1	7	4.51	2.453
环境有利性	竞争者	1	7	4.57	2.623
	消费者	3	7	6.20	.846
	供应商	1	7	5.14	1.396
	人才供应方	2	7	5.89	1.505
	融资机构	1	7	4.53	1.727
	技术条件	2	7	5.98	1.053
	政策法规	1	7	4.64	2.165

a. 样本量为 150。

2. 数据信度分析

为了确保变量与其测度条目之间具有很好的一致性，通过 Cronbach's α 系数检验进行信度分析，优化数据对变量测度的一致性。为了使数据量表测度的一致性和可靠性能达到更优，同样采取"条目删除 Cronbach's α 系数检验"，并且，选择条目对全体条目的相关系数大于 0.4 作为条目的取舍标准。于是，在以上第一次因子分析的基础上，对环境资源充足度变量分别进行"条目删除 Cronbach's α"系数检验的结果如表 5.15 所示。

表 5.15　环境宽松性度量表信度检验 [a]

测度条目		条目对全体条目的更正相关系数	若删除该条目的 Cronbach's α	全体条目 Cronbach's α
环境影响性	竞争者	.408	.702	.773
	消费者	.412	.772	
	供应商	.467	.752	
	人才供应方	.514	.746	
	融资机构	.547	.742	
	技术条件	.449	.770	
	政策法规	.565	.740	
环境有利性	竞争者	.468	.749	
	消费者	.451	.764	
	供应商	.433	.756	
	人才供应方	.578	.743	
	融资机构	.582	.741	
	技术条件	.452	.756	
	政策法规	.578	.739	

a. 样本量为 150。

从表 5.15 可以看出，测度环境资源充足度的各个条目对相应全体条目的更正相关系数均大于 0.4，而且，删除任何一个条目后的 α 系数值均小于全体条目的 α 系数值，因此，不用删除任何条目。这已表明，量表数据与测度变量之间具有较高的一致性。

在后续的分析中，对这两个层面的数据进行合并就可以用来测量环境资源的充足度。此处合并指问题 1 和问题 2 对应同一环境因素的答案数值相乘除以所选 Likert 标度值（本研究中选取的 Likert 标度值为 7）（Tan，1993），此种计算方法也被我国学者用于其博士论文的研究中，例如吉林大学的崔启国博士[①]和柳燕博士[②]。

5.1.4.4 新技术企业初期绩效

新技术企业初期绩效是本研究的因变量，来验证何种市场进入战略创新性对绩效的解释作用。本研究利用主观与客观相结合的方式来度量初期绩效，在客观绩效评价调查中，要求被调查者（首席创业者）自行选择新企业目前的资产规模、员工人数与上年度销售收入所归属的区间，并借此来衡量新企业初期绩效水平[③]；主观绩效评价请调查者（首席创业者）选择与其主要的竞争对手相比，新企业自成立以来在市场占有率、销售收入增长率、净利润等三方面的营业表现，采用 Likert-7 级量表，1 表示非常差；7 表示非常好。

1. 测量条目描述

通过表 5.16、5.17 对客观及主观绩效测度条目的描述性分析看到，在客观绩效的资产规模项下，绩效区间占比最大的为 100 万-500 万，比例为 57.3%；有近一半的新企业员工人数在 5 人－20 人的区间；上年度实现销售收入较为分散，21 万－50 万的占比 35.3%，51 万－100 万的占比 20.7%。表 5.17 描述了主观性绩效评价，首席创业者感知他们的新企业在市场占有率、销售收入增长率、净利润三方面与主要竞争对手相比的营业表现均略高于平均值，评价均值分别为 4.60、4.73 和 4.83。

---

①崔启国.基于网络视角的创业环境对新创企业绩效的影响研究. 吉林大学博士论文, 2007.

②柳燕.创业环境、创业战略与创业绩效关系的实证研究——基于汽车行业大型跨国企业的创业经验. 吉林大学博士论文, 2007.

③ Chandler, G.N., Hanks, S.H.. Market Attractiveness, Resource-based Capabilities, Venture Strategies, and Venture Performance.Journal of Business Venturing, 1994, 9(4): 331-349.

表 5.16　客观绩效测度条目描述 [a, b]

测度条目	绩效区间	数量	比例（%）
资产规模	10 万以下	0	0
	10 万到 50 万	13	8.7
	50 万到 100 万	40	26.7
	100 万到 500 万	86	57.3
	500 万以上	11	7.3
员工人数	5 人以下	17	11.3
	5 人到 20 人	73	48.7
	20 人到 50 人	34	22.7
	50 人到 100 人	22	14.7
	100 人以上	4	1.3
上年度销售收入	5 万及以下	11	7.3
	6-10 万	17	11.3
	10 万-20 万	24	16
	21 万-50 万	53	35.3
	51 万-100 万	31	20.7
	100 万以上	14	9.3

a. 样本量为 150；b. 对于绩效区间的划分，本研究利用探测性调查以及与业界专家的访谈基础上反复修改调整而来，从分布上看，并没有出现过度聚集的情况，具有广泛的代表性。

表 5.17　主观绩效测度条目描述 [a]

测度条目		最小值	最大值	均值	方差
主观绩效	市场占有率	2	6	4.60	1.315
	销售收入增长率	2	7	4.73	1.395
	净利润	1	7	4.83	1.258

a. 样本量为 150。

2. 数据信度分析

从表 5.18 可以看出，无论是客观还是主观绩效评价条目对相应全体条目的更正相关系数均大于 0.4，而且，删除任何一个条目后的 α 系数值均小于全体条目的 α 系数值，因此，不用删除任何条目。这已表明，量表数据与测度变量之间具有较高的一致性，且主客观测量条目的整体 Cronbach's α 系数都超过了 0.6，具有良好的效度。

表 5.18　初期绩效测度信度检验 [a]

测度条目		条目对全体条目的更正相关系数	若删除该条目的 Cronbach's α	全体条目 Cronbach's α
客观绩效	资产规模	.321	.649	.613
	员工人数	.478	.442	
	上年度销售收入	.554	.328	
主观绩效	市场占有率	.651	.793	.827
	销售收入增长率	.716	.727	
	净利润	.686	.759	

a. 样本量为 150。

3. 变量因子提取

本研究采取主客观两种绩效评价方法，利用因子分析得到主观绩效评价 3 个条目的聚合因子，将因子得分作为该变量的取值纳入下一步的回归分析；客观绩效变量为定序变量，采取定序回归的方式加以检验，具体办法见后文。主观绩效因子分析结果如表 5.19 所示。

表 5.19　主观绩效因子分析结果 [a]

测度条目		因子
主观绩效	市场占有率	.841
	销售收入增长率	.881
	净利润	.863
KMO 值		.715
Bartlett's Test	Chi-Square	165.034
	d.f.	3
	Sig.	.000
因子方差累积贡献率（%）		74.295%

a. 样本量为 150。

因子分析结果显示，代表其样本充分性检验 KMO 值为 0.715，Bartlett's 检验显著，较为适合做因子分析。各个条目的因子载荷水平都比较高，条目之间关联密切，同时因子方差累积贡献率达到了 74.295%。按照因子分析的结果将抽取的变量因子命名为主观绩效。同时通过因子的回归方程计算出每个企业在这个维度上的相应得分水平（这在 SPSS 因子分析中直接选取回归方法并对因子做变量保存即可实现），为下文进行进一步变量分析做好准备。

5.1.4.5　创业团队先前经验构成

创业团队的经验构成特征是本研究的自变量，本研究考察了创业团队成员先前职能经验与行业经验的类型、组合特征以及经验的长短，借由其组合特征挖掘背后的认知和决策风格差异。

1. 经验特征描述

本研究对创业团队部分的测量遵循着客观度量的思路，由首席创业者或公司总经理自行填写有关创业团队成员的先前经验构成情况，样本企业的平均成立年限为 3 年，由于成立年限较短，在一定程度上克服了被调查者的回溯偏见。此外，在访问员实际进行调查的过程中，对此部分格外重视，如遇到首席创业者表示记忆不清的情况，访问员会尽量要求创业者与其他创业成员当面沟通，或经确认后再填写问卷。表 5.20 对测度条目进行了描述性统计分析。

表 5.20　创业团队成员先前经验构成分析 [a]

测度条目	最小值	最大值	均值	方差
创业团队人数	2	6	3.17	.52
拥有研发经验的成员比例	.00	1.00	.59	.13
拥有营销经验的成员比例	.00	1.00	.22	.06
研发经验的深度	.00	60.00	7.92	74.38
营销经验的深度	.00	22.00	2.90	18.65
与新企业所在技术领域相关的经验深度	.00	40.00	10.24	62.35
行业多样性	.00	12.00	5.29	5.29

a. 样本量为 150。

从表 5.20 的分析中发现，样本企业创业团队成员数量（含首席创业者本身）从 2—6 人不等，平均由 3 人组成。其中拥有研发经验的成员比例占到了 59.26%，拥有营销经验的成员比例占到了 22.41%，这些成员平均拥有的研发经验为 4 年（7.9233/3.17×0.5926=4.2），营销经验也为 4 年（2.9000/3.17×0.2241=4.1）。团队成员平均在 2 个左右的行业工作过（10.2367/3.17=1.668）。就与新企业所在行业相关的经验来看，创业团队成员平均拥有 3 年的相关行业经验（10.2367/3.17=3.229）。通过初步的描述性统计分析，可以得到如下几点发现：（1）新技术企业的创业团队规模一般较小，平均为 3 人组成，团队在职能角色的搭配上可能为 1 名总经理和 2 名职能经理；（2）就先前职能经验的构成来讲，新技术企业创业团队主要是由拥有研发经验的员工构成，相比于研发人员来讲，较少的拥有市场营销方面的成员，其技术导向性较强；（3）创业团队成员在加入新企业之前一般具有与新企业所在行业相关的经验，但是从业经验并不长，平均是 3 年，基本还处于新手创业的阶段。

2. 因子分析

本书按照创业团队的经验构成，将其分为技术导向型和市场导向型两种类型。利用创业团队中拥有技术经验的成员比例，其拥有的技术研发类经验的长短，以及他们在新企业所属技术领域内工作的年限，这三个变量来度量考查创业团队的技术导向性程度。利用创业团队中拥有市场经验的成员比例，其拥有的市场及营销类经验的长短，以及他们曾在多少个行业工作过，这三个维度来度量创业团队的市场导向性程度。但这都只是理论推演的结果，这些变量能够在统计意义上具有相同的背后建构，从而归为一个因子还需要进一步的探测性因子分析。

表 5.21　创业团队经验构成的因子分析结果 [a]

测度条目		因子
技术导向型	拥有研发类经验的成员比例	.594
	研发经验的深度	.903
	与新企业所在技术领域相关的经验深度	.515
KMO 值		.656
Bartlett's Test	Chi-Square	52.656
	d.f.	3
	Sig.	.000
因子方差累积贡献率（%）		47.755%
测度条目		因子
市场导向型	拥有市场经验的成员比例	.939
	市场经验的深度	.939
	行业多样性	.789
KMO 值		.679
Bartlett's Test	Chi-Square	129.673
	d.f.	3
	Sig.	.000
因子方差累积贡献率（%）		58.844%

a. 样本量为 150。

以各层面单独进行因子分析，其样本充分性检验 KMO 值均达到了 0.60 以上，Bartlett's 检验显著，较为适合做因子分析。各个条目的因子载荷水平都比较高，条目之间关联密切，同时因子方差累积贡献率达到了 47.755% 和 58.844%。按照因子分析的结果，将抽取的两个变量因子命名为技术导向型团队及市场导向型团队。同时通过因子的回归方程计算出这两个维度上的相应得分水平（这在 SPSS 因子分析中直接选取回归方法并对因子做变量保存即可实现），为下文进行进一步变量分析做好准备。

第二节　回归分析与假设检验

本书主要利用 SPSS 13.0 统计软件对研究变量进行描述性统计、相关分析以及回归分析等，以此来检验理论模型与假设。

5.2.1　描述性统计和相关性分析

在进行具体回归分析之前，本书首先对各研究变量进行了描述性统计和它们之间的相关性分析，结果如表 5.22 所示，报告了这些研究变量各自的均值、标准差以及它们之间的 Pearson 两两相关系数（bivariate correlation）。

表 5.22　主要变量的描述性统计分析汇总 [a, b, c, d]

编号	变量	最小值	最大值	均值	方差
1	企业年龄	0.5	5	2.93	1.59
2	注册资本	3	1000	145.76	18693.94
3	团队规模	2	6	3.17	.52
4	拥有研发经验的成员比例	.00	1	.59	.13
5	拥有营销经验的成员比例	.00	1	.22	.06
6	研发经验的深度	.00	60	7.92	74.38
7	营销经验的深度	.00	22	2.90	18.65
8	与新企业所在行业相关的经验深度	.00	40	10.24	62.35
9	曾工作过的行业数量	.00	12	5.29	5.29
10	主观绩效	-2.49	3.01	.00	1.00
11	客观绩效	-3.09	1.97	.00	1.00
12	技术独享性	-4.04	1.22	.00	1.00
13	是否申请专利等知识产权保护措施	0	1	.47	.25
14	申请的知识产权保护数量	0	20	1.67	6.60
15	环境资源充足度	11.57	46.29	28.30	45.72
16	市场进入战略——产品与服务维度	-2.59	2.51	.00	1
17	市场进入战略——交易结构维度	-2.94	2.50	.00	1

a. 样本量为 150；b. 客观绩效变量为企业目前资产规模、员工人数及上年度销售收入三个变量因子分析的得分；c. 主观绩效为核心创业者所感知到的自新企业成立以来在市场占有率、销售收入增长率、净利润三方面与主要竞争对手相比的营业表现，采用 Liket7 级量表进行打分，1 为非常差，7 为非常好，此处的数值为该因子分析的得分。同理可得对技术独享性、环境资源充足度、市场进入战略各维度的度量；d. 本书中统计的知识产权保护措施包括：发明专利、实用新型、外观设计、软件著作权及其他。

从表 5.22 的描述性统计分析结果来看，此次调研的样本企业成立年限最小的为不足 1 年的新企业，最高不超过 5 年，平均值为 2.93，即样本企业的平均成立年限不足 3 年，这样的调研企业客观上满足了度量新技术企业初始条件的要求，捕捉到了更贴近于新企业成立时的初始情况。

表 5.23 给出了主要自变量、控制变量与因变量的相关关系。首先看控制变量与因变量市场进入战略和初期绩效之间的关系，技术领域、创业团队规模及注册资本不同程度上与新技术企业市场进入战略的两个维度，主、客观绩效表现出一定的相关关系，表明行业类型与新技术企业市场进入战略的选择和初期绩效表现存在着关联，较为明显的是生物技术行业与高技术服务业等领域。同时创业团队的规模与新技术企业的主客观初期绩效存在着显著的正相关关系，这说明创业团队作为初创期新企业的一种宝贵的初始资源，较大的团队规模代表了更充裕的人力资源，更多的团队成员意味着有更多的人去从事创建新企业的繁多工作、更专业化的制定决策同时加速决策制定的速度。Kazanjian（1988）提出了新企业所要从事的诸多活动，例如融资、技术开发、生产筹备及市场营销。如果有足够大的创业团队，那么就可以分配专门人员去处理生产、营销或是融资工作。相反，规模小的团队可能会被这些问题所绊倒。此外，团队规模直接影响成员间的经验构成特征，进而影响进入战略的选择。新企业的注册资本代表了其初始财务资源的充足度，新企业进入市场环节需要一定的初始禀赋的支撑，初始资源充足与否决定了新企业是否可以采取以产品或服务创新、加大研发投入为支撑的方式来谋求发展，同时也影响了新企业是否有实力扩展交易范围等。关于初始财物资源对新企业初期绩效的影响在以往的研究中已有了诸多探讨（Shane and Stuart，2002；Aspelunda，Berg-Utbya and Skjevdal，2005），初始资源充足的新企业更能抵御初期的经营风险，为新企业的产品上市获得正现金流及财务独立赢得了充足的时间。与此相对企业年龄并未表现出与市场进入战略创新性之间的显著相关关系，但却与资产规模、销售收入等客观绩效指标呈现出显著正相关关系。

其次，考察主要的自变量之间是否存在显著的相关关系，从而判断是否存在多重共线性问题。从表 5.23 中看到三种经验导向的团队之间存在一定的相关关系，技术导向型团队与市场导向型团队之间的相关系数为-0.319（P<0.05），与兼顾型团队之间的相关系数为 0.146，市场导向型团队与兼顾型团队之间的相关系数为-0.163，总体上看各类团队之间虽然存在相关关系，但相关系数并不高，且多数不显著。至于自变量之间

是否因为相关而可能产生的多重共线性还需要进一步的检验，要在回归分析中利用诸如方差膨胀因子（VIF）、容忍度（Tolerance）或状态指标（CI）等工具进行检验。技术独享性的两种度量方式，主观与客观技术独享性指标之间的相关系数分别是 r=0，这是因为在因子分析中通过方差最大化正交旋转（Varimax Orthogonal Rotation）的结果，表明它们分别是在同一变量下的不同维度，是相互独立的，可以对因变量产生不同的影响作用[1]。就创业团队经验构成与技术独享性间的相关关系而言，技术型团队与主/客观技术独享性之间的系数分别为 0.043 和 0.028；市场导向型团队与主/客观技术独享性之间的系数分别为-0.164（P<0.05）及-0.090；兼顾型团队相对应的相关系数为-0.064 与 0.072。这表明自变量与调节变量间的相关性较低，可单独分析其对进入战略创新性的影响。再来看创业团队类型与环境宽松性间的相关关系，技术、市场及兼顾型团队与环境宽松性变量之间的相关系数分别为-0.009、-0.182（P<0.05）及-0.111，相关系数同样较低，可以单独探讨与进入战略之间的因果关联。

第三，考察创业团队类型与市场进入战略创新性之间的相关关系，发现技术导向型团队与市场进入方式的产品与服务维度的创新性呈显著正相关关系（r=0.609，P<0.05），与交易结构维度的创新性呈现显著的负相关关系（r=-0.160，P<0.05）。市场导向型团队与产品与服务创新性成显著负相关关系（r=-0.387，P<0.05），与交易结构维度的创新性呈正相关（r=0.335），但关系不显著。兼顾型团队与产品服务及交易结构创新性均呈负相关（r_1=-0.308，r_2=-0.278）。这为进一步的因果关系检验提供了基础。

第四，从市场进入战略的两个维度来看，产品与服务维度和交易结构维度之间具有较大的相关性（r=0.506，p<0.01），但没有达到相互替代的程度，这也说明新企业市场进入方式是一个相互联系的整体，二者密切相关。从初期绩效的主客观两个维度来看，由因子得分表示的主观绩效变量与客观绩效三个维度（资产规模、员工人数和销售收入）之间的相关系数分别为 0.279、0.149 和 0.285。这说明主客观绩效之间存在一定关联，但相关性不高的事实表明这两种度量方式反映了新企业绩效的不同方面，采用二者相结合的方式可以更加全面反映初创期新企业的经营绩效。三个客观绩效指标：资产规模、员工人数、上年度销售收入

---

① 李正卫.动态环境条件下的组织学习与企业绩效. 浙江大学博士论文, 2003.

各自反映了新企业初期绩效的某个侧面，是实际经营状况的体现。同时主观绩效度量指标让核心创业者评价新企业自成立以来与主要竞争对手相比在市场占有率、销售收入增长率和净利润等三方面的经营绩效，采用 Likert 量表评分的方法，这有效补充了由于新企业成立年限尚短，客观绩效指标难以全面反映其经营成果的问题。

以上各研究变量之间的两两相关系数虽然说明它们之间存在相关关系，但不能判明变量之间的因果关系和影响作用大小。例如两个相关的变量可能同时均为因，或者均为果，而且变量之间的两两简单相关关系并没有排除其他因素对它们之间关系的影响。因此，变量之间的两两相关关系系数只能作为判断它们之间具有因果关系的一个参考，其具体因果关系仍然需要通过进一步的回归分析来确定。

表 5.23　主要变量间的相关系数矩阵 [a, b]

变量	1	2	3	4	5	6	7	8	9	10	11	12	13	14	15	16	17	18	19	20
1 成立年限	1																			
2 软件	-.052	1																		
3 光机电一体化	.003	-.145	1																	
4 生物技术	-.038	-.089	-.117	1																
5 高技术服务业	-.012	-.123	-.161*	-.099	1															
6 其他行业	-.112	-.198*	-.259**	-.158	-.219**	1														
7 团队规模	-.197*	-.019	-.004	-.027	-.146	.026	1													
8 注册资本	.129	-.142	-.100	.073	-.047	.120	-.074	1												
9 技术型团队	.162*	-.281**	.120	.007	.059	-.076	.177*	-.004	1											
10 市场型团队	-.017	.063	-.042	-.054	-.100	.233**	-.136	.062	-.319*	1										
11 兼顾型团队	.113	.170*	.019	-.078	-.038	-.169*	.138	-.035	.146	-.163	1									
12 产品服务创新	-.155	.063	-.005	.303**	.077	-.075	.239**	-.174*	.609**	-.387*	-.308	1								
13 交易结构创新	.023	-.061	-.040	.336	.163*	-.068	.062	-.051	-.160*	.335	-.278	.506*	1							
14 独享性-主观	-.155	-.013	-.050	.062	.025	-.094	-.018	-.044	.043	-.164*	-.064	.286**	.226**	1						
15 独享性-客观	-.027	.133	-.006	.167*	.116	-.043	.080	.242**	-.028	-.090	.072	.125	.042	.000	1					
16 环境宽松性	-.139	-.067	-.007	-.024	.45	-.029	.027	-.107	-.009	-.182*	-.111	.504**	.340**	.310**	.023	1				
17 主观绩效	-.010	-.047	-.016	-.341	.147	-.092	.229**	.219*	-.103	.087	.403**	.526**	.240**	.163*	.235*		1			
18 资产规模	.258**	-.075	-.152	-.120	.072	.129	-.143	.536**	-.119	.156	-.115	-.126	.061	-.004	.131	-.123	.279	1		
19 员工人数	.067	.131	-.088	.004	.154	-.126	.383**	.147	-.242**	.067	-.117	.047	.143	-.065	.195*	.139	.149	.203*	1	
20 销售收入	.165*	.086	-.066	-.057	.150	-.109	.162*	.136*	-.243**	.018	-.035	-.083	.044	-.036	.204*	-.012	.285	.335**	.507**	1

a，样本量为 150；b，*表示 $P<0.10$；**表示 $P<0.05$；***表示 $P<0.01$
注：** 表示在 $p<0.01$ 的水平上显著相关（双尾检验）；* 表示在 $p<0.05$ 的水平上显著相关（双尾检验）

5.2.2　控制变量检验

本书引入了一些可能影响市场进入战略和新企业绩效的变量作为控制变量，主要包括两个层面的四个变量，在企业层面控制新企业的成立年限、技术领域、注册资本三个变量，在团队层面控制团队的规模，见表 5.24。

表 5.24 控制变量效应分析[a]

研究变量		因变量：市场进入战略		因变量：初期绩效	
		模型 1-1 产品与服务维度	模型 1-2 交易结构维度	模型 1-3 客观绩效	模型 1-4 主观绩效
成立年限		-.094	.065	.116[*]	-.032
技术领域	软件	.049	-.051	.386	-.066
	光机电一体化	-.003	-.011	-.226	-.042
	生物技术	.016[*]	.049[*]	-.265	-.064
	高新技术服务业	.101	.161[*]	.445[*]	.099
	其他	-.041	-.039	-.172	-.115
团队规模		.227[***]	.088	-.136	-.022
注册资本		-.129[*]	-.061	.012[***]	.031
R2		.105	.214	.203	.033
Adjusted R2		.054	.046	.158	-.022
△ adjusted R2				.	
F		2.057[**]	1.818[*]	4.467[***]	.606
N, df		150，8	150，8	150，8	150，8

a. 样本量为 150。

5.2.2.1 成立年限

在创业研究中，新企业的生存年限是一个广为关注的指标，因为选择创业绝非易事，成功创业更是难上加难。根据 Barringer 等（2005）的研究，美国每年大约创建 70 万家新企业，其中只有 3.5%能够成长并发展为大企业，绝大部分的新企业都遭遇了失败或停滞在初创阶段的水平，仅有不到 20%的新企业能够度过 5 年的光阴。因此面临着新进入缺陷（Liability of newness）的创业企业，越是身处初创期就越是面临着巨大的生存危机，绩效表现也相对更差。

5.2.2.2 技术领域

为了捕捉到不同技术领域内的新企业在进入市场战略上的差异，以及因为行业层面因素对新企业初期绩效可能带来的影响，本书对新企业所在的技术领域进行了控制。通过变量的描述性统计分析电子与信息、光机电一体化、高新技术服务业、软件行业、生物技术五个领域的新企业比例占到了总体的 74%，其余的技术领域类型主要包括航空航天及交通、新型材料、生物技术等，此外需要说明的是被访企业中不涉及核应用技术和农业技术这两个领域（见描述性统计分析部分）。对技术领域变量以"纯哑变量模型"进行虚拟变量设置。选择样本企业分布最多的"电子与信息"类新技术企业为参考类型，其余变量参考该变量进行设置，DS1=0，DSi=1。

5.2.2.3　注册资本

注册资本是指新企业的所有者在创业之初投入的权益资本，是创业团队带入新企业的初识资源禀赋，这将决定新企业的创业过程及战略行为，并将新企业定位在不同的发展路径上。在企业的产品或服务进入市场获得销售收入之前，几乎所有的创业活动都是靠新企业的初始财务资源在支撑的，无论是在产品与服务开发上积极投入进行创新还是与合作伙伴建立联系都少不了资金的支持。因此初始财务资源的充足与否直接决定了创业团队在市场进入战略上谋求创新的可行性，以及新企业是否能够渡过初创期，等到产品与服务成功进入市场以赚取营业收入，从而迎来良性的发展。

5.2.2.4　团队规模

较大的团队规模代表了更充裕的人力资源，意味着有更多的人去从事创建新企业的繁多工作、更专业化的制定决策同时加速决策制定的速度。本书的主要自变量是创业团队的经验构成特征，团队规模的大小间接影响了团队成员经验构成的分布比例，将规模控制之后将更好地理清经验特征本身对市场进入战略的影响。另一方面团队规模对新企业的初期绩效也有显著影响，因为初创期的新企业要从事融资、技术开发、生产筹备、市场营销等诸多活动。如果有足够大的创业团队，那么就可以分配专门人员处理这些工作。相反，规模小的团队可能会被这些问题所绊倒。此外一些以新技术企业为例进行的实证研究也将团队规模与企业成功联系起来。例如，Cooper 和 Bruno（1977）发现团队规模与较高的销售额相关，Roure 和 Keeley（1989）发现团队完整性，它与团队规模高度相关，是新企业内部回报率的主要预测指标之一。

本研究继续考察四个控制变量对市场进入战略和初期绩效的影响。首先来看对市场进入战略的影响，从整体上分析，本书所选取的四个控制变量对于产品与服务维度的创新影响较为显著，而对交易结构维度的影响不大。具体来看，在所选择的五个技术领域内，生物技术领域的新技术企业相对于参照组电子与信息类新企业在产品和服务以及交易结构维度上更加追求创新。在以往的研究中学者们也曾提出，生物技术行业是新企业可以大展拳脚的领域，例如，据统计截止 1997 年美国 FDA 所批准的所有新产品中超过 55%是基于生物技术开发的（BioWorld Publishing，1998）。同时在大多数案例中，研究导向的生物技术公司利用它们的创新产出与既有医药企业在商业化过程中展开多样化的合作（Gans and Stern，2002）。此外，高技术服务业在交易结构上相对于参照类更善于创新，高技术服务业主要包括诸如工业设计、技术咨询服务、公共服务、共性技术等。该产业通过提供增值的专业化服务扩散高技术成果，主要是特指高技术制造业向后延伸形成的新业态，常以传统产业内的企业为合作伙伴，为其提供增值的专业化服务，因此更容易在交易结构上谋求创新。

此外，团队规模越大的企业越容易在产品与服务上谋求创新，但是在交易结构组合的创新程度上并不明显。这一点需要结合创业团队的经验构成进一步给予解释。就注册资本对进入战略的影响而言，注册资本越高的新企业越不愿意在产品与服务上进行创新，这与本书预想和假设不一致。本书假设提出充裕的初始资本可以支撑新技术企业的产品与服务创新的高研发投入，但此处实证检验的结果表明，二者之间呈现负向影响的关系。可能的解释是，注册资本越高说明新企业的规模和实力就越大越强，相对于不那么创新的企业而言，他们进行创新的惰性也就越高，通过创新驱动成长的愿望相对较低，可能更倾向于通过既有的产品和服务进入市场。这提出了一个有待进一步验证和思考的话题，是否实力越强的新企业越不愿意创新？是否常说的大企业病以及既有企业在面临创新时候的惰性过早地出现在了新企业的身上？如果是这样，它背后又存在着怎样的原因，如何加以解释。注册资本对交易结构维度创新性的影响虽不显著，但二者同样呈现负相关关系（β=-0.051），也就是说初始财务资源的多少对其在交易结构上谋求创新呈阻碍作用，且影响并不显著。这可能是因为在产品与服务上的创新需要实实在在的研发投入、对关键技术的攻关等，这需要创业团队耗用其注册资金来支撑；但是要想在交易结构上谋求创新，可能无需耗用实在的财务资源也能达到，例如创业团队可以借由在以往工作中积累的行业经验以及社会资本，低成本甚至无成本地找到合适的渠道进入市场，当然这种作用关系是否稳定还需要在后面的模型中进一步考察。

其次，考察控制变量对新技术企业初期绩效的影响，本书从主观和客观两个方面度量新企业的初期绩效，较为全面地反映了处在创业初期新技术企业的经营状况。通过表 5.24 的分析看出，这四类控制变量对于客观绩效的影响要明显高于对创业者主观绩效评价的影响。具体而言，企业的成立年限对客观绩效具有正向的显著的影响（β=0.116，P<0.1），也就是说企业的成立年限越久其经营绩效就越好，这点切合了新进入缺陷学说中的解释，而且与以往关于新企业高死亡率的论证数据相一致，越是处于初创期的新企业，其失败的风险就越高，如果能够成功地将产品与服务推向市场，获得市场的认可从而走向良性经营的轨道，那么它们的经营绩效会大大提升，抵御风险的能力也就逐步提高了。在五个技术领域之中，高技术服务业内的新企业的客观经营绩效要比电子信息类新企业的绩效好，显著性水平均在 p<0.1 的置信水平下，其余技术领域内的新企业在主客观绩效上并无明显差异。在模型 1-4 中，发现四类控制变量对新技术企业主观绩效模型的整体效应不显著，且每个变量的统计检验也不显著，对此需要进行进一步的检验，判断是否主观绩效指标的选择不切合实际还是创业者的主观判断存在某种偏见，导致了模型的整体不显著性。但是在以往的实证研究中学者们都认可对于创业企业绩效采用主观评价的方式进行测度（Wall and Michie et al.，2004），而且也验证过诸如企业年龄、行业和注册资本等变量对于主观绩效的影响。

综上，本书的控制变量对于市场进入战略和新技术企业初期绩效具有一定的影响，控制这些变量的影响将有助于将创业团队经验构成这一核心变量的作用独立出来。同时对控制变量效应的分析也得出了一些与常识和先前研究不一致的地方，这需要在下文的检验中进一步验证，或在今后的研究中加以重视。

5.2.3　市场进入战略创新性与新企业初期绩效关系研究

基于西方规范市场经济情境下的实证研究发现新技术企业进入战略的创新性越强，即产品/服务或交易结构创新性越强，越可能避开在位企业的报复性竞争，赢得市场认可从而收获更好的绩效（e.g., Amason et al., 2006; Baum and Haveman，1997; Beckman，2006; Zott and Amit，2007）。Zott 和 Amit（2007）将产品/服务推向市场的交易结构划分为创新型与模仿型两类，发现创新型交易结构能显著改善新技术企业绩效，而模仿型与新技术企业绩效之间没有显著性作用关系。以下将依据中国情境下的新技术企业样本，实证检验这一在西方研究中仍很前沿的市场进入战略对新企业初期绩效的解释作用，以期得到情境化的比较证据。

本书利用主观与客观两种方法来度量新技术企业的初期绩效，主观绩效是由因子分值转化而来的数值，可视为定距变量使用，因此可以使用普通多元线性回归（OLS）模型进行数据的分析处理。但是客观绩效包括三个维度，资产规模、员工人数和销售收入，这些变量是一个 5 或 6 级的定序变量，不能简单地使用普通线性回归模型来分析。为此，本书使用了一种新的分析定序因变量的统计方法，称为"定序因变量回归"（Ordinal Regression Model）。其基本思路是假定定序因变量其实是一个潜藏的连续变量的分类表现，可以使用一般线性模型，用指定的自变量来预测因变量不同类别的累加概率。定序因变量回归模型的基本公式为：

$$link(\ y_{ij}) = \theta_j - (\ \beta_1\ X_{i1} + \beta 2 X_{i2} + ... + \beta_p X_{ip})$$

其中 Y_{ij} 是第 i 个样本处于第 j 个类别的累加概率，link 是一个联结函数，θj 是第 j 个类别的阈值，X_{i1} 到 X_{ip} 是第 i 个样本的预测变量（自变量），$\beta1$ 到 βp 是这些自变量的回归系数[①]。在实际预测中，需要将累加概率转换为一个函数后再加以预测，这个函数称为"联结函数（link function）"，本书使用的是"Cauchit"联结函数。

综上所述，鉴于回归模型所涉及的因变量为定距变量和定序变量，不能简单遵循一般线性模型的思路来处理数据。对于定距因变量的回归分析采纳一般线性模型，而对于定序因变量的回归分析则采纳以"Cauchit"为联结函数的定序回归模型处理，分析结果如表 5.25 所示。

就主观绩效的分析结果来看，研究结论支持了假设 1a-1c 的结论，从表 5.25 的模型 1-2 中发现（β $_{产品与服务}$=0.195，P<0.05；β $_{交易结构}$=0.365，P<0.01；β $_{交互项}$=0.196，P<0.05）。市场进入战略的创新程度与新技术企业初期绩效正相关，产品与服务的创新或是交易结构的创新，以及在二者上的兼顾都能使创业者感知自身具有更好的发展绩效。这一结论支持了熊彼特创新理论提出的创业企业就应该是那些创造出一些新的、与众不同的事情并能够创造价值的企业（Schumpeter，1934）。在市场进入战略上谋求创新，以此创造价值是构成创业活动的基本内涵。另一方面支持了资源基础论学者提出的，基于稀缺的、有价值的、难以模仿和不可替代的独特资源是企业竞争优势的来源，创新型的市场进入方式成为了新企业价值创造和创新的新来源，从而成为了有可能产生创业租金的独特优势所在。

但是从表 5.26 客观绩效的定序回归模型来看，有一些不同的发现，本书从三个维度，即资产规模、员工人数、上年度销售收入来度量新技术企业的初期绩效。从模型 1-3/4/5 中看到，从总体上判断，产品与服务维度的创新在客观上给新企业带来的是负面的影响（β $_{1-3}$=-0.722，P<0.01；

---

① McCullagh, P., Nelder, A.N. Generalized Linear Models. London: Chapman & Hall, 1989.

表 5.25　市场进入战略与主观绩效评价的回归效应分析[a, b]

研究变量			因变量：新技术企业初期绩效	
			模型 1-1 主观绩效度量	模型 1-2 主观绩效度量
控制变量	技术领域	成立年限	-.032	-.029
		软件	-.066	-.036
		光机电一体化	-.042	-.029
		生物技术	-.064	-.120
		高技术服务业	.099	-.010
		其他	-.115	-.084
		团队规模	-.022	-.126
		注册资本	.031	.096
主效应	市场进入方式	产品与服务维度		.195**
		交易结构维度		.365***
		产品与服务×交易结构		.196**
	R^2		.033	.360
	Adjusted R^2		-.022	.308
	△ adjusted R^2			
	F		.606	6.952***
	N, df		150, 8	150, 11

a. 样本量为 150；b. 回归模型采取的是强制进入法，表中列示的是标准化回归系数，*表示 $P<0.10$；**表示 $P<0.05$；***表示 $P<0.01$，各模型的相关检验结果如下：

模型 1-1，D.W.值为 1.435，容忍度介于 0.694 到 0.934 之间，方差膨胀因子（VIF）介于 1.071 到 1.440，由于 D.W.值接近 2，容忍度小于 1，方差膨胀因子小于 10，所以模型的残差自相关与多重共线性并不严重；

模型 1-2，D.W.值为 1.899，容忍度介于 0.653 到 0.912 之间，方差膨胀因子（VIF）介于 1.097 到 1.531，由于 D.W.值接近 2，容忍度小于 1，方差膨胀因子小于 10，所以模型的残差自相关与多重共线性并不严重；

b.模型 1-2 的△ adjusted R^2 来自于其与模型 1-1 的比较。

资料来源：作者整理。

$\beta_{1-5}=-0.235$，$P<0.1$），而交易结构的创新对新企业绩效的影响却是积极且稳定的（$\beta_{1-3}=0.860$，$P<0.05$；$\beta_{1-4}=0.880$，$P<0.01$；$\beta_{1-5}=0.115$，$P<0.1$）。交互项与新企业绩效呈现了负向且显著的关系（$\beta_{1-3}=-0.485$，$P<0.1$；$\beta_{1-4}=-0.404$，$P<0.05$；$\beta_{1-5}=-0.234$，$P<0.1$）。这一结果说明市场进入战略的创新性是一把双刃剑，对于新企业来讲最好是通过交易结构的创新，经由新的渠道进入市场，而在产品与服务的创新上过多地追求新奇在初创期会带来负面影响。若想同时在这两个维度上双面出击，结果却会适得其反。这支持了 Zott 和 Amit（2007）的结论，兼容了新奇和效率的进入方式会混淆新企业的竞争侧重点，并且会使其投入过多的资源，从而给绩效带来负面影响。

综合以上进入战略创新性对主客观绩效的影响分析，发现了一些不一致的结果，这是要重点讨论的地方。本书利用创业者感知新企业成立以来在市场占有率、销售收入增长率、净利润水平等方面，相对于主要竞争对手的表现来度量新企业的主观绩效，基于 Likert 量表打分。检验的结果发现，新企业在进入战略上越具有创新性，核心创业者感知到的经营绩效会更好，在两个维度及其交互项的作用关系上是一致的。但从客观绩效三个维度的考察来看，实际的表现与创业者的感知存在不一致的地方，具体而言，通过引入创新产品与服务进入市场的新技术企业在资产规模和销售收入上的表现都不尽人意，而交易结构的创新性却稳定的与从这三个维度度量出的客观绩效正相关。同时兼顾在这两个维度上进行创新，则会降低新企业的绩效。

这种结论的差异可能是由于主、客观绩效各自反映了经营情况的不同侧面而决定的。首先本书采用的主观绩效指标测度了创业者感知到的其在盈利水平、成长潜力上与主要竞争对手相比的绩效表现，主要反映了新企业的成长性（Ensley and Banks，1992；Siegal et al.，1994；Chandler and Hanks，1994）。客观绩效的三个测量指标分别是新企业目前的资产规模、员工人数及上年度的销售收入，是截止访问时间的截面数据，度量了以规模为基础的新企业经营绩效。市场进入战略的创新性与主观绩效的正相关性表明，创业者认为由于他们在产品与服务上积极进行研发创新，或是引入了新的交易机制，这必定驱动新企业的成长。而客观上，从以资产规模、员工人数或销售收入的实际数量来测度，却出现了一些相悖之处。积极通过研发投入、革新技术进而向市场中提供新产品或服务的企业，在刚刚创建初期会经历一个暂时的低谷，可能是因为企业将过多的资金投入新产品或服务的开发，由于技术创新的高不确定性，难免产生沉没成本，耗用了部分的初始财务资源，同时着力在产品与服务上的创新，也会延缓新产品上市的时间[①②]，影响了销售收入。与此相对交易结构创新所带来的效果却是立竿见影的，依托交易结构创新进入市场的那些新企业不仅面临着较好的成长性，而且在企业规模上获得了快速发展，通过创新的交易机制向市场中提供产品或服务，获取了销售收入，并由此不断积累和扩充着资产规模，企业获得了更好的发展自然带动了更多的就业机会，员工人数也得以增加。对于试图兼顾这二者的新企业，可能由于其资源禀赋的欠缺或是创业团队成员难以有效分配任务，

① Claudia Bird. Speeding Products to Market: Waiting Time to First Product Introduction in New Firms. Administrative Science Quarterly, 1990, 35: 177-207.

② Ans Heirman and Bart Clarysse.Which Tangible and Intangible Assets Matter for Innovation Speed in Start-Ups.Journal of Product Innovation Management, 2007, 24: 303–315.

因此结果适得其反。但是从主观感知的角度，创业者认为从新企业成长性的角度，由于他们自身在进入市场环节中的创新性尝试，新企业会具有较强的成长性，这难免带有主观过度自信的色彩。

综合以上研究发现和解释，整体上的结论是这样的：在我国情境下，谋求创新性的进入战略选择是新技术企业生存和成长的重要途径，是技术成果商业化过程的重要环节。新技术企业在进入市场的环节中，从产品与服务或是交易结构上进行创新会给其带来更好的成长性，而从短期的企业发展规模上来看，致力于产品与服务上的创新会牺牲新企业短期内的资产规模、销售收入等指标，因为技术创新的价值是有一定的滞后效应的。此外，交易结构的创新对初创期的新企业来讲却是一个兼顾了短期利益与长期发展的"万金油"，不仅会给新企业带来实际的销售收入、资产规模和员工人数的增加，而且还使其拥有更好的成长性，在市场占有率和销售收入增长率上相对于其他企业有更好的表现。至于要多方出击，一方面开发新产品，另一方面找新渠道，虽说是一种理论上的最佳模式，但在实际操作中仍然面临障碍，会显著地牺牲新企业短期内的经营成效。以上结论对实践中的技术创业活动具有借鉴意义，相关启示将在下一章节中汇报。

表 5.26 市场进入战略与客观绩效的定序回归模型 [a, b, c]

		因变量：客观绩效的三个维度		
		模型 1-3 资产规模	模型 1-4 员工人数	模型 1-5 上年度销售收入
成立年限		.504[**]	.191	.081
技术领域	软件	.107	-.607	-1.351
	光机电一体化	1.148[*]	.236	-.298
	生物技术	-.057	1.491[*]	-.236
	高新技术服务业	-1.010	-.261	-1.048[*]
	其他	-.895	.329	.058
团队规模		.098	.080	-.571[***]
注册资本		.045[***]	.004[***]	.003[**]
市场进入战略 产品与服务维度		-.722[**]	.286	-.235[*]
市场进入战略 交易结构维度		.860[**]	.880[***]	.115[*]
产品与服务×交易结构		-.485[*]	-.404[**]	-.234[*]
Chi-Square		105.718[***]	32.763[***]	16.362[*]
-2 Log Likelihood		213.006	357.893	472.288
Cox and Snell		.510	.199	.105
N		150	150	150

a. 样本量为150；b. 回归模型的联结函数为 Cauchit；c.表中列示的是回归系数，*表示 P<0.1，**表示 P<0.05，***表示 P<0.01。

5.2.4　创业团队经验特征与市场进入方式选择的直接效应分析

市场进入战略创新性对新技术企业初期绩效在整体上的促进作用，说明了初始战略规划应对初创期新进入缺陷和高死亡率的作用，进一步佐证了这一研究问题的重要性，为进一步探讨什么样的创业团队更可能设计出创新性的进入战略问题提供了必要性。本书考察创业团队的经验构成与市场进入战略选择之间的关系。正如前文理论推导中所论证的，在新企业的初创期，创业团队依靠在以往工作中积累的经验进行集体决策，因为先前经验塑造了团队成员的认知模式，形成团队中的某种导向型认知模式，从而影响初始战略的决策过程，当然这一决策过程还要受到诸如环境条件、技术资产情况的影响。但首先需要在经验构成与市场进入战略选择之间建立一个直接效应的联系。而且以上对自变量外可能影响进展战略选择的因素进行了控制，在此基础上才可着重分析主要的自变量影响。分析结果见表 5.27。

表 5.27 中的模型 2-1 和 2-2 是控制变量的检验，结果同上一单元的分析一致，在此不赘述。模型 2-3 考察了创业团队经验构成对产品与服务维度创新性的影响。在加入了自变量之后的模型中，主要的控制变量仍然体现出了一定的影响关系，例如生物技术类的新企业在产品与服务维度和合作伙伴组合关系维度都表现出了较参照企业更强的创新性，高新技术服务业在交易结构上相对于参照类企业更善于创新。团队规模越大的新技术企业更可能在产品与服务上谋求创新，但是在交易结构上并未表现出显著的创新性。同时注册资本与产品和服务的创新性仍然呈现负相关的关系（$\beta=-0.120$，$P<0.1$），对交易结构维度的影响为正，但并不显著。新企业成立年限对市场进入战略创新程度没有明显的影响，也就是说本书所选择的成立年限在 5 年之下的新企业并没有呈现出因年龄而表现出来创新倾向上的不同。

在创业团队经验构成的主效应模型上，从整体上看，回归模型均达到了统计上的显著性水平，说明它们具有统计意义，可以进一步对模型特征予以深入探讨。通过主效应模型的分析看出，它对因变量市场进入战略的解释力度远远强于控制变量模型（模型 2-1 和 2-2），调整后的确定系数 R^2 分别增加了 0.120 和 0.096，并具有统计上的显著性（$P<0.05$），这意味着主效应模型较控制变量模型对因变量的解释力度分别提高了12%和 9.6%。2-3 表明：创业团队的技术导向性越强，市场进入战略产品与服务维度的创新程度越高，假设 2a 得到了支持（$\beta=0.026$，$P<0.1$），而假设 2b 创业团队的技术导向性越强，市场进入战略的交易结构维度的

新技术企业市场进入战略决策机制研究

表 5.27 创业团队经验构成与市场进入方式选择的主效应分析 [a, b, c, d]

研究变量			因变量：市场进入战略		因变量：市场进入战略	
			模型 2-1 产品与服务	模型 2-2 交易结构	模型 2-3 产品与服务	模型 2-4 交易结构
控制变量		成立年限	-.094	.065	-.082	.105
	技术领域	软件	.049	-.051	.098	-.049
		光机电一体化	-.003	-.011	-.001	.005
		生物技术	.016[*]	.049[*]	.045[*]	.035[*]
		高新技术服务业	.101	.161[*]	.084	.153[*]
		其他	-.041	-.039	-.018	-.023
	团队规模		.227[***]	.088	.217[**]	.109
	注册资本		-.129[*]	-.061	-.120[*]	-.059
主效应	创业团队经验构成	技术导向型			.026[*]	-.129
		市场导向型			-.192[**]	.188[**]
		兼顾型团队			-.153[*]	-.127
R^2			.105	.214	.243	.209
Adjusted R^2			.054	.046	.174	.142
△ adjusted R^2					.120[**]	.096[*]
F			2.057[**]	1.818[*]	2.079[**]	1.131[**]
N, df			150, 8	150, 8	150, 11	150, 11

a. 样本量为 150；b. 回归模型采取的是强制进入法，表中列示的是标准化回归系数，*表示 $P<0.10$；**表示 $P<0.05$；***表示 $P<0.01$，各模型的相关检验结果如下：

模型 2-1，D.W.值为 1.987，容忍度介于 0.694 到 0.934 之间，方差膨胀因子（VIF）介于 1.071 到 1.440，由于 D.W.值接近 2，容忍度小于 1，方差膨胀因子小于 10，所以模型的残差自相关与多重共线性并不严重；

模型 2-2，D.W.值为 1.606，容忍度介于 0.695 到 0.933 之间，方差膨胀因子（VIF）介于 1.072 到 1.438，由于 D.W.值接近 2，容忍度小于 1，方差膨胀因子小于 10，所以模型的残差自相关与多重共线性并不严重；

模型 2-3，D.W.值为 1.707，容忍度介于 0.662 到 0.931 之间，方差膨胀因子（VIF）介于 1.074 到 1.512 之间，由于 D.W.值接近 2，容忍度小于 1，方差膨胀因子小于 10，所以模型的残差自相关与多重共线性并不严重；

模型 2-4，D.W.值为 1.099，容忍度介于 0.662 到 0.929 之间，方差膨胀因子（VIF）介于 1.076 到 1.511 之间，由于 D.W.值接近 2，容忍度小于 1，方差膨胀因子小于 10，所以模型的残差自相关与多重共线性并不严重；

c. 模型 2-1 和 2-2 表示控制变量对因变量的检验模型，模型 2-3 和 2-4 是自变量与市场进入战略变量后的主效应模型。

d. 模型 2-3 和 2-4 的 R^2 变化来自于其与模型 2-1 和 2-2 的比较。

创新程度越低，没有得到支持，但与假设的方向相同，技术导向型团队与交易结构维度的创新性呈负相关（β=-0.129），进一步设想，既然检验结果不显著，那么是否可以认为技术经验所带来的认知模式对创业团队寻求新伙伴进入市场的影响并不稳定，因此是否有可能通过外生的力量改变其决策行为，对此假设的检验将在后文中完成。

进一步考察模型 2-4 可知：创业团队的市场导向性越强，市场进入战略的产品与服务维度的创新程度越低，假设 2c 得到了支持（β=-0.192，P<0.05），但是市场导向型团队却更可能在交易结构上进行创新，假设 2d 得到了支持（β=0.188，P<0.05）。二者的交互项，即兼顾了技术与市场的创业团队，虽然拥有异质性的团队构成，反而在产品与服务上疏于创新（β=-0.153，P<0.1），假设 2e：兼顾市场与技术导向的创业团队，市场进入战略的产品/服务维度的创新程度越高，得到了反向支持。再观察模型 2-4 发现，兼顾技术与市场的异质型团队同样难以在交易结构上谋求创新（β=-0.127），统计结果并不显著，假设 2f 没有得到支持，而且β 系数为负说明二者呈现负向相关的关系。结合以上分析结果得出，兼顾技术和市场经验的创业团队难以在市场进入战略上谋求创新，对于该结论的考察还要进一步计算团队异质性的其他指标，从而判断是否团队成员的经验构成越异质，越难以在进入战略上进行创新。这可能是因为团队异质性所带来的认知冲突阻碍了团队创新的进程，对此的解释将着重在结论与讨论部分展开。

通过主效应模型的检验，从总体上支持了本书的基本假设，即新企业的初始战略来源于创业团队的集体决策，而没有以往成功记录和组织常规可参考的创业团队更多地依靠先前经验作决策，经验构成偏向技术导向型的创业团队更加倾向于在产品与服务上进行创新，通过新产品进入市场。与此相对经验构成偏向市场导向型的创业团队更加倾向于在进入渠道也就是交易结构上谋求创新，例如吸纳业内其他企业没有的新的合作伙伴（如海外合作伙伴、新的分销商及供应商）或者是以新颖的方式将这些合作伙伴组合起来，但是这样的团队通常会忽视在产品与服务上的创新。兼顾了市场与技术的异质性团队反而会面临创新难题，在产品与服务、交易结构上都呈现出负面影响。

5.2.5　技术独享性与环境宽松性的调节效应分析

5.2.5.1　技术独享性的调节效应分析

根据前文的理论推演和假设，在创业团队决策市场进入战略的过程中，技术独享性影响着创业团队的决策过程。为了检验技术独享性在创业团队经验构成—市场进入战略关系中的调节效应，即本书的假设 3，3a，3b，3c，我们采用层级回归方法，对从主、客观两个层面度量的技术独享性与创业团队的两种构成方式的交互回归系数进行显著性检验。在检验技术独享性的调节效应时，仍然对可能影响市场进入战略的潜在变量，即新企业成立年限、技术领域、团队规模和注册资本等进行控制。首先，分别将市场进入战略的两个维度，即产品与服务维度、交易结构维度作为因变量，让控制变量先进入回归方程，然后加入创业团队构成特征变量，最后再引入创业团队构成特征与技术独享性主客观度量方式的交互项（相乘）进行回归。在此基础上，检验引入交互项前后两种回归模型调整后的 R^2 的变化、交互项回归系数是否显著。回归过程及其结果如表 5.28 所示。

表 5.28　技术独享性的调节效应分析 [a, b, c, d]

研究变量		市场进入战略		市场进入战略		市场进入战略	
		模型 3-1 产品服务	模型 3-2 交易结构	模型 3-3 产品服务	模型 3-4 交易结构	模型 3-5 产品服务	模型 3-6 交易结构
成立年限		-.082	.105	-.039	.113	-.047	.159[*]
技术领域	软件	.098	-.049	.072	-.144	.090	-.050
	光机电一体化	-.001	.005	.007	.072	.012	.027
	生物技术	.045[*]	.035[*]	-.028	.139	-.115	.008
	高新技术服务业	.084	.153[*]	.068	.505[*]	.051	.189[*]
	其他	-.018	-.023	.002	.011	.019	-.018
团队规模		.217[**]	.109	.221[***]	.173	.234[**]	.122
注册资本		-.120[*]	-.059	-.152[*]	.001	-.167[**]	-.055
技术导向型团队		.026[*]	-.129	.019[**]	-.138	.045[**]	-.229[**]
市场导向型团队		-.192[**]	.188[**]	-.134[**]	.147[*]	-.146	.208[**]
兼顾型团队		-.153[*]	-.127	-.126	-.089	-.105	-.208[*]
技术可独享性	主观测度			.248[***]	.209[**]	.258[***]	.162[*]
	客观测度			.128	.009	.152[*]	-.028
技术导向型团队× 主观独享性						.032[**]	-.032
技术导向型团队× 客观独享性						.029[*]	-.217
市场导向型团队× 主观独享性						-.048[*]	.217[**]
市场导向型团队× 客观独享性						-.167[*]	.103[*]

研究变量	市场进入战略		市场进入战略		市场进入战略	
	模型 3-1 产品服务	模型 3-2 交易结构	模型 3-3 产品服务	模型 3-4 交易结构	模型 3-5 产品服务	模型 3-6 交易结构
兼顾型团队× 主观独享性					-.036	-.172
兼顾型团队× 客观独享性					-.003	-.052
R^2	.243	.209	.261	.241	.289	.280
Adjusted R^2	.174	.142	.213	.169	.230	.188
△ adjusted R^2	.120**	.096*	.039***	.027**	.017*	.019*
F	2.079**	1.131**	2.803***	1.461**	2.174***	1.475*
N，df	150，11	150，11	150，13	150，13	150，19	150，19

a. 样本量为 150；b. 回归模型采取的是强制进入法，表中列示的是标准化回归系数，*表示 P<0.10；**表示 P<0.05；***表示 P<0.01，各模型的相关检验结果如下：

模型 3-3，D.W.值为 1.345，容忍度介于 0.643 到 0.911 之间，方差膨胀因子（VIF）介于 1.098 到 1.554，由于 D.W.值接近 2，容忍度小于 1，方差膨胀因子小于 10，所以模型的残差自相关与多重共线性并不严重；

模型 3-4，D.W.值为 1.255，容忍度介于 0.674 到 0.914 之间，方差膨胀因子（VIF）介于 1.094 到 1.484 之间，由于 D.W.值接近 2，容忍度小于 1，方差膨胀因子小于 10，所以模型的残差自相关与多重共线性并不严重；

模型 3-5，D.W.值为 1.315，容忍度介于 0.509 到 0.838 之间，方差膨胀因子（VIF）介于 1.194 到 1.966 之间，由于 D.W.值接近 2，容忍度小于 1，方差膨胀因子小于 10，所以模型的残差自相关与多重共线性并不严重；

模型 3-6，D.W.值为 1.262，容忍度介于 0.502 到 0.829 之间，方差膨胀因子（VIF）介于 1.206 到 1.991 之间，由于 D.W.值接近 2，容忍度小于 1，方差膨胀因子小于 10，所以模型的残差自相关与多重共线性并不严重；

c. 模型 3-1 与 3-2 表示控制变量自变量对因变量的检验模型，模型 3-3 与 3-4 是加入调节变量——技术独享性后的模型。模型 3-5 和 3-6 是加入自变量与调节变量——技术独享性交互作用的模型。

d. 模型 3-3 与 3-4 的 R^2 变化来自于其与模型 3-1 和 3-2 的比较，模型 3-5 与 3-6 的 R^2 变化来自于其与模型 3-3 和 3-4 的比较。

资料来源：作者整理。

从以上对技术独享性调节效应的分析结果来看，如表 5.28 所示，模型 3-3 与 3-4 和模型 3-1 与 3-2 相比较，回归方程调整后的 R^2 由之前的 0.174 和 0.142 上升到了 0.213 和 0.169，分别增加了 0.039 和 0.027，并具有统计上的显著性（P<0.01 和 P<0.05），这意味着加入该调节变量后的模型较主效应模型对因变量的解释力度分别提高了 3.9%和 2.7%。而且从整体上看，加入调节变量的回归模型均达到了统计上的显著性水平（P<0.01 和 P<0.05），说明它们具有统计意义，可以进一步对模型特征予以深入探讨。

具体来看，模型 3-3 和 3-4 加入了技术独享性对于市场进入战略两个维度创新性的影响，从回归分析结果可见，加入该调节变量后，自变量创业团队的经验构成与市场进入战略两个维度的关系仍然支持了假设的方向。创业团队的技术导向性越强，市场进入战略的产品与服务维度的创新程度越高（$\beta=0.019$，$P<0.05$），而对交易结构维度的创新程度影响为负，但不显著（$\beta=-0.138$）；创业团队的市场导向性越强，市场进入战略的产品与服务维度的创新程度越低（$\beta=-0.134$，$P<0.05$），而交易结构的创新程度却越高（$\beta=0.147$，$P<0.1$）；兼顾型团队与产品/服务维度以及交易结构维度的创新没有统计上的显著影响，而且回归系数均为负。在本书中利用主、客观两种方式度量技术独享性，在模型 3-3 和 3-4 中分别检验了这两种方式度量下的技术独享性对市场进入战略创新性的影响，从回归分析的结果来看，创业者感知到的技术独享性越高，创业团队越倾向于在产品服务上进行创新（$\beta=0.248$，$P<0.01$）；同时也越可能在与合作伙伴联系的时候大胆创新（$\beta=0.209$，$P<0.05$），例如尝试引入其他企业不曾引入的合作伙伴，或者使其与新的形式结合起来，因为他们的专有技术能较好地受到知识产权的保护，或者在面临侵权威胁的时候能有效地诉诸法律以保护自身的利益。另一方面，就客观的知识产权保护情况来看，即使新企业申请了知识产权保护措施，且项目越多，但却无法显著提升新企业在产品与服务以及交易结构上的创新程度，统计结果显示与假设方向相同，但影响并不显著。这可能是因为有关知识产权情况的客观指标是新企业自成立以来申请的知识产权保护措施，但并不是已经得到批准的正规产权保护措施，因此在客观上并未对创业团队的决策产生影响，仅仅存在申请了知识产权还不足以提供恰当的保护。

模型 3-5 和 3-6 汇报了创业团队经验构成与技术独享性之间的交互作用对市场进入战略的影响。从整体上看，模型调整后的 R^2 由之前的 0.213 和 0.169 上升到了 0.230 和 0.188，分别增加了 0.017 和 0.019，并具有统计上的显著性（$P<0.05$），这意味着加入该调节变量后的模型较主效应模型对因变量的解释力度分别提高了 1.7%和 1.9%，支持了本书假设 3 的结论，即技术独享性在创业团队经验构成与市场进入战略之间起到正向的调节作用。在模型 3-5 和 3-6 中可以看到，在核心技术独享性更强的时候，技术导向性团队会更加倾向在产品与服务上的创新（$\beta_{主观}=0.032$，$P<0.05$；$\beta_{客观}=0.029$，$P<0.1$），同时对交易结构维度的创新的影响始终为负（$\beta_{主观}=-0.032$，$\beta_{客观}=-0.217$），也就是说，即使在核心技术受到知识产权强有力保护的条件下（包括感知到的以及客观上拥有较强的知识产权保护措施两种情况下），技术导向型团队仍然难以有效地寻

求合作伙伴之间的创新，而仅仅将目光锁定在了产品或服务的推陈出新上面。如此说来他们便可能忽略了一条可能引致创新的道路，无论是主观感知到的技术独享性还是客观上受到的知识产权保护，这些有利于创新的因素都没能发挥应有的作用。可见经验对创业团队认知模式的塑造是十分稳定且强烈的，这回答了主效应模型检验中提出的设问（第三节：既然检验的结果不显著，那么是否可以认为技术经验所带来的认知模式对创业团队寻求新伙伴进入市场的影响并不稳定，因此是否有可能通过外生的力量改变其决策行为），检验结果至少说明核心技术的属性尚不足以改变创业团队的决策行为。

对市场导向型团队而言，仍然面临类似的情况，主观与客观独享性条件的检验结果支持了假设 3b 的结论，市场导向型的团队在面临较高的技术独享性条件下，会更倾向于通过交易结构的组合创新进入市场（$\beta_{主观}$=0.217，P<0.05；$\beta_{客观}$=0.103，P<0.1），但反观产品与服务维度的创新情况，仍然表现出负向的创新性（$\beta_{主观}$=-0.048,P<0.1；$\beta_{客观}$=-0.167,P<0.1）。这说明无论是感知到的较强技术独享性还是客观上拥有多项的知识产权保护措施，都没能改变市场导向型团队忽视产品与服务创新的问题，与技术导向型团队忽视交易结构创新的问题一样，市场型团队同样没能突破以往经验的固有认知模式。

兼顾型团队的统计仍然维持了不显著的结果，同时影响系数均为负。这可能是因为兼顾型团队内产生的认知冲突遮盖了团队成员对其核心技术属性的感知，使得疲于协调内部关系的团队无法挖掘核心技术中蕴含的独特价值。同时也从另一个角度说明在新企业创建初期，过早强调团队构成的异质性可能会使其因为认知模式上的冲突而桎梏了创新的步伐，相反存在主导型认知模式的创业团队，无论是技术导向型还是市场导向型却都能在不同程度上谋求创新。

以上对于本书的第一个调节变量，技术独享性在创业团队选择市场进入战略过程中的作用进行了分析，总体上支持了假设 3 提出的技术独享性在创业团队经验构成与市场进入战略之间起到正向调节作用的结论。技术导向型团队在面临较高的技术独享性条件下，会更倾向于通过产品与服务的创新进入市场；市场导向型团队在面临较高的技术独享性条件下，会更倾向于通过交易结构的组合创新进入市场。但是技术独享性的情况仍然没有改变技术型团队忽视交易结构创新以及市场型团队忽视产品与服务创新的思维桎梏，结果上仍然维持负相关的关系。由此得到一个初步的推断，即先前经验对创业团队认知模式和决策行为的影响是稳定的，一旦某种认知模式形成，即使客观上存在某种有利的条件，如果他们能够突破认知模式的桎梏，完全是可以寻求进一步的创新源的，但是这种可能性却被新生创业团队所忽视了，对此进一步的解释留在讨论部分深入展开。

5.2.5.2 环境宽松性调节作用分析

本书的第二个调节变量是环境宽松性，为了检验环境条件在创业团队经验构成—市场进入战略关系中的调节效应，即本书的假设 4，4a，4b，我们采用层级回归方法，在检验环境宽松性的调节效应时，仍然对可能影响市场进入战略的变量，即新企业成立年限、技术领域、团队规模和注册资本等进行控制。首先，分别将市场进入战略的两个维度，产品与服务维度、交易结构维度作为因变量，让控制变量先进入回归方程，然后加入创业团队构成特征变量，最后再引入创业团队构成特征与环境宽松性的交互项（相乘）进行回归。在此基础上，检验引入交互项前后两种回归模型调整后 R^2 的变化、交互项回归系数是否显著。回归过程及其结果如表 5.29 所示。

表 5.29　环境宽松性的调节作用 [a, b, c, d]

研究变量		市场进入战略		市场进入战略		市场进入战略	
		模型 4-1 产品服务	模型 4-2 交易结构	模型 4-3 产品服务	模型 4-4 交易结构	模型 4-5 产品服务	模型 4-6 交易结构
成立年限		-.082	.105	-.020	.139	-.015	.146
技术领域	软件	.098	-.049	.141*	-.017	.125	-.029
	光机电一体化	-.001	.005	.026	.016	.031	.041
	生物技术	.045*	.035*	.038	.059	.041	.052
	高新技术服务业	.084	.153*	.098	.162*	.078	.139
	其他	-.018	-.023	.003	-.011	.017	.002
团队规模		.217**	.109	.215***	.107	.213***	.117
注册资本		-.120*	-.059	-.077	-.027	-.081	-.029
技术导向型团队		.026*	-.129	.062**	-.097*	-.429**	-.255*
市场导向型团队		-.192**	.188**	-.070	.103**	-.254	.651*
兼顾型团队		-.153*	-.127	-.064	-.072	-.408	-.116
环境宽松性				.479***	.320***	.480***	.294***
技术导向型团队×环境宽松性						-.515**	.115*

研究变量	市场进入战略		市场进入战略		市场进入战略	
	模型 4-1 产品 服务	模型 4-2 交易 结构	模型 4-3 产品 服务	模型 4-4 交易 结构	模型 4-5 产品 服务	模型 4-6 交易 结构
市场导向型团队× 环境宽松性					-.281**	.823**
兼顾型团队× 环境宽松性					.379	-.025
R^2	.243	.209	.348	.275	.374	.288
Adjusted R^2	.174	.142	.291	.172	.303	.191
△ adjusted R^2	.120**	.096*	.117***	.030***	.012**	.019**
F	2.079**	1.131**	6.055***	2.393***	5.291***	2.307***
N, df	150, 11	150, 11	150, 12	150, 12	150, 15	150, 15

a. 样本量为 150；b. 回归模型采取的是强制进入法，表中列示的是标准化回归系数，*表示 $P<0.10$；**表示 $P<0.05$；***表示 $P<0.01$，各模型的相关检验结果如下：

模型 4-3，D.W.值为 1.815，容忍度介于 0.661 到 0.923 之间，方差膨胀因子（VIF）介于 1.083 到 1.514，由于 D.W.值接近 2，容忍度小于 1，方差膨胀因子小于 10，所以模型的残差自相关与多重共线性并不严重；

模型 4-4，D.W.值为 1.526，容忍度介于 0.661 到 0.920 之间，方差膨胀因子（VIF）介于 1.087 到 1.513，由于 D.W.值接近 2，容忍度小于 1，方差膨胀因子小于 10，所以模型的残差自相关与多重共线性并不严重；

模型 4-5，D.W.值为 1.961，容忍度介于 0.575 到 0.921 之间，方差膨胀因子（VIF）介于 1.086 到 1.740 之间，由于 D.W.值接近 2，容忍度小于 1，方差膨胀因子小于 10，所以模型的残差自相关与多重共线性并不严重；

模型 4-6，D.W.值为 1.675，容忍度介于 0.462 到 0.909 之间，方差膨胀因子（VIF）介于 1.100 到 2.163 之间，由于 D.W.值接近 2，容忍度小于 1，方差膨胀因子小于 10，所以模型的残差自相关与多重共线性并不严重；

c. 模型 4-1 与 4-2 表示控制变量自变量对因变量的检验模型，模型 4-3 与 4-4 是加入调节变量——环境宽松性的模型。模型 4-5 和 4-6 是加入自变量与调节变量——环境宽松性交互作用的模型。

d. 模型 4-3 与 4-4 的 R^2 变化来自于其与模型 4-1 和 4-2 的比较，模型 4-5 与 4-6 的 R^2 变化来自于其与模型 3-3 和 3-4 的比较。

资料来源：作者整理。

从以上对环境宽松性调节效应的分析结果来看，如表 5.29 所示，模型 4-3 与 4-4 和模型 4-1 与 4-2 相比较，回归方程调整后的 R^2 由之前的 0.174 和 0.142 上升到了 0.291 和 0.172，分别增加了 0.117 和 0.030，并具有统计上的显著性（$P<0.01$），这意味着加入该调节变量后的模型较主效应模型对因变量的解释力度分别提高了 11.7%和 3%。而且从整体上看，加入调节变量的回归模型均达到了统计上的显著性水平（$P<0.01$），

说明它们具有统计意义，可以进一步对模型特征予以深入探讨。通过对具体变量的考察，在模型 4-3 和 4-4 中环境宽松性变量的影响都是正向的且在统计上具有显著性（β_{4-3}=0.479，P<0.01；β_{4-4}=0.320，P<0.01）。模型 4-5 和 4-6 中加入了创业团队和环境宽松性交互项，整体解释力度较模型 4-3 和 4-4 分别上升了 1.2%和 1.9%，显著性达到 P<0.01。在进一步对交互项系数的考察中发现，正如模型 4-5 中所证明的，在面临宽松的环境时技术导向型团队和市场导向型团队均不同程度表现出了对其产品与服务创新的忽视，二者之间呈现出负相关关系，且统计结果显著（β_1=-0.515，P<0.05；β_2=-0.218，P<0.05）。而此时这两类团队都会更加倾向于在交易结构上进行创新，借由新的交易机制进入市场（β_1=0.115，P<0.1；β_2=0.823，P<0.05）。因此假设 4，即环境宽松性在创业团队经验构成与市场进入战略之间起到正向的调节作用，仅得到了部分支持。当环境更为宽松的时候，无论技术导向型还是市场导向型的团队都会忽视在产品与服务上的创新，反而都更倾向于通过交易结构的创新来进入市场。这可能是因为当环境条件相对宽裕的时候，例如整个经济处于蓬勃发展的上升期，抑或新企业进入了一个新兴行业中，面临较小的竞争，有着充足的客源，创业团队会认为最重要的任务是如何将现有的产品或服务推向市场以尽快赚取收入，相对于较高的研发投入来开发创新的产品和服务，创新交易机制，找寻新的合作伙伴经由新的渠道进入市场会是更现实且低成本的选择，而且无论何种经验构成的团队都会着力于此，从而促成了彼此间网络的形成与扩大。正如著名经济学家库茨涅兹提出的不断地技术创新活动是彻底摆脱危机的最好办法。环境紧缩时期恰恰是技术创新的高峰期，每一次经济处于低谷最终都是靠一项新技术的发明和随后的商业化来引领其前行的。而在环境宽松的时候，创业团队作为追逐利润的经营者，会暂缓创新的步伐。

5.2.5.3 假设检验结果总结

本书提出的大多数假设都通过了实证检验，理论假设及其检验结果如表 5.30 所示。

表 5.30 假设检验结果汇总

假设	假设内容	结论
假设 1	**市场进入战略创新性与新技术企业初期绩效正相关**	部分支持
假设 1a	市场进入战略的产品/服务维度的创新性与新技术企业初期绩效正相关	部分支持
假设 1b	市场进入战略的交易结构维度的创新性与新技术企业初	支持

假设	假设内容	结论
假设 1c	期绩效正相关 市场进入战略的产品/服务创新性与交易结构创新性交互项与新技术企业初期绩效正相关	部分支持
假设 2	**创业团队先前经验构成与新技术企业市场进入战略创新性显著相关**	支持
假设 2a	创业团队的技术导向性越强，市场进入战略的产品/服务维度的创新程度越高	支持
假设 2b	创业团队的技术导向性越强，市场进入战略的交易结构维度的创新程度越低	不支持
假设 2c	创业团队的市场导向性越强，市场进入战略的产品/服务维度的创新程度越低	支持
假设 2d	创业团队的市场导向性越强，市场进入战略的交易结构维度的创新程度越高	支持
假设 2e	兼顾市场与技术导向的创业团队，市场进入战略产品/服务维度的创新程度越高	不支持，且方向相反
假设 2f	兼顾市场与技术导向的创业团队，市场进入战略的交易结构维度的创新程度越高	不支持，且方向相反
假设 3	**技术独享性在创业团队经验构成与市场进入战略创新性之间起到正向调节作用**	部分支持
假设 3a	技术导向型团队在面临较强的技术独享性条件下，会更倾向于在产品与服务维度进行创新	支持
假设 3b	市场导向型团队在面临较强的技术独享性条件下，会更倾向于在交易结构维度进行创新	支持
假设 3c	兼顾型团队在面临较强的技术独享性条件下，会更倾向于在进入战略的两个维度上进行创新	不支持
假设 4	**环境宽松性在创业团队经验构成与市场进入战略创新性之间起到正向调节作用**	部分支持
假设 4a	相对于紧缩的环境条件，技术导向型团队在环境更为宽松的时候，会更加倾向于在产品与服务维度进行创新	不支持
假设 4b	相对于紧缩的环境条件，市场导向型团队在环境更为宽松的时候，会更加倾向于在交易结构维度进行创新	支持
假设 4c	相对于紧缩的环境条件，兼顾技术与市场导向的团队在环境更为宽松的时候，会更加倾向于在进入战略的两个维度上进行创新	不支持

资料来源：作者整理。

第三节 结果讨论与解释

通过上文的实证检验，有的假设得到了支持，但也发现一些意外的有意思的发现，这表明研究变量之间的关系具有复杂性，可能受到多方面因素的影响。下面结合相关理论与我国创业企业发展经验给予讨论和解释。

5.3.1 市场进入战略创新性与新技术企业初期绩效关系探讨

本书从新技术企业在初创期面临的高死亡率与低成长性问题入手，引出初始战略规划，特别是市场进入战略规划对提升新企业绩效的重要作用。在清晰界定研究内容与变量的基础上，本书首先检验了市场进入战略创新性与新技术企业初期绩效间的关系，回答了在新技术企业的初创期，是否存在某种更可能促进新企业初期成长的市场进入战略，究竟是市场中的创新者抑或是模仿者会获得更好的生存的问题。实证研究结果发现，从新企业成长性和创新能力的角度来看，进入战略创新性越强（具体体现在产品/服务和交易结构两维度较产业内在位企业的新奇程度，以及二者的交互项）的新技术企业更可能获得好的绩效表现。这是因为在技术创业情境下，在位企业成熟的产品/服务、稳定的交易结构体系以及巩固的资源基础给新进入者带来了严峻的竞争挑战，新技术企业可控的战略选择非常少，创新就成了近乎唯一的战略选择[①]。具体而言，新技术企业可能谋求在进入战略两个维度上创新以求生存和成长。一是产品/服务创新，为顾客带来更高的价值体验，创造与在位企业相比较的产品/服务优势，塑造以技术为核心的难以模仿和难以替代的竞争优势，进而收获创业租金（Rumelt，1974）。二是交易结构创新，或者吸纳新主体进入产品/服务生产或销售流程，或者改变产业内产品/服务生产或销售流程参与者的交易组合关系，从而打破在位企业稳定交易结构带来的市场进入壁垒，降低新技术企业产品/服务的市场交易成本，塑造新技术企业较在位企业的成本优势[②]。

---

① Amason, A.C., Shrader, R.C., Thompson, G.H.. Newness and Novelty: Relating Top Management Team Composition to New Venture Performance.Journal of Business Venturing, 2006, 21: 125-148.

② 杨俊，田莉，张玉利，王伟毅. 创新还是模仿: 创业团队经验异质性与冲突特征的角色. 管理世界, 2010, 3: 84-96.该文章最早收集于第四届（2009）中国管理学年会——技术与创新管理分会场论文集.

另一方面，如果以规模为标准，对初创期的新技术企业进行截点绩效（包括资产规模、员工人数、销售收入三个客观维度），结果发现，通过引入创新产品与服务进入市场的新技术企业在资产规模和销售收入上的表现都不尽如人意，而交易结构的创新性却稳定地与从这三个维度度量出的客观绩效正相关。同时兼顾在这两个维度上进行创新，则会降低新企业的绩效。对此本书的解释如下，那些积极地通过研发投入进行技术创新，进而向市场中提供新产品或服务的企业，在刚刚创建初期会经历一个暂时的低谷，本研究样本企业的平均成立年限不足 3 年，尤其可能凸现这一问题。追求技术创新的新企业将过多的资金投入新产品或服务的开发，由于技术创新的高不确定性，难免产生沉没成本，耗用了部分的初始财务资源，同时着力在产品与服务上的创新，也会延缓新产品上市的时间（Bird，1990；Heirman and Clarysse，2007），因此影响了销售收入的获取。与此相对，交易结构创新所带来的效果却是立竿见影的，由此进入市场的那些新企业不仅面临着较好的成长性，而且在企业规模上获得了快速发展，通过创新的交易机制向市场中提供产品或服务，获取了销售收入，并由此不断积累和扩充着资产规模，企业获得了更好的发展自然带动了更多的就业机会，员工人数也得以增加。对于试图兼顾这二者的新企业，可能由于其资源禀赋的欠缺或是创业团队成员难以有效分配任务，结果适得其反。但是从主观感知的角度，创业者认为从新企业成长性的角度，由于他们自身在进入市场环节中的创新性尝试，新企业会具有较强的成长性。

　　为了证明初始战略这一问题对新企业生存与成长的重要意义，本书将问题的出发点和落脚点放在了对新企业绩效的解释上，回答了在新技术企业的初创期，是否存在某种更可能促进新企业初期成长的市场进入战略，究竟是市场中的创新者抑或是模仿者会获得更好的生存的问题。实证研究结果发现，从新企业成长性和创新能力的角度来看，进入战略创新性越强（具体体现在产品/服务和交易结构两维度较产业内在位企业的新奇程度，以及二者的交互项）的新技术企业更可能获得好的绩效表现。总而言之，在我国情境下，谋求创新性的进入战略选择仍是新技术企业生存和成长的重要途径，是技术成果商业化过程的重要环节。

5.3.2　创业团队经验构成与新技术企业市场进入战略选择的主效应分析

　　理论推导和基于我国情境下的实证研究得出了新技术企业的进入战

略创新性越强，即其产品/服务或交易结构相对于产业内在位企业的差异程度越大，越可能避开在位企业的报复性竞争，赢得市场认可从而收获更好的绩效（e.g.，Amason et al.，2006；Baum and Haveman，1997；Beckman，2006；Levesque and Shepherd，2004；Zott and Amit，2007）。但是什么样的创业团队更可能设计出创新性的进入战略，这是谋求战略创新并识别我国技术创业者商业技能提升途径的关键。

为此本书重点关注了新技术企业初始战略的来源，深入到决策过程进行考察。本书的基本判断是，新企业的初始战略是创业团队集体认知的结果（West，2007），创业团队先前经验塑造了团队成员的认知模式，形成团队中的某种导向型认知模式，从而影响初始战略的决策过程。上文的实证检验总体上支持了这一基本假设，创业团队的先前经验影响了其初始战略的选择，验证了社会认知理论中提出的"理论驱动型"决策模式，即创业团队依靠其先前经验去指导当下的创业行为（Abelson and Black，1986；Fiske and Taylor，1991）。技术导向型团队会更加倾向于通过产品与服务的创新进入市场，而市场导向型的团队会竭力从交易结构的创新入手，往往忽视产品与服务的创新，在行为模式上更加倾向于追逐利润的商人；兼顾技术和市场导向的多元化团队，虽然拥有多元化的认知模式，但却没能迸发出应有的创造力，这可能是因为团队异质性所带来的认知冲突阻碍了团队创新的进程。

团队冲突对成熟组织内团队行为和绩效的影响研究屡见不鲜，但针对创业团队冲突问题的研究直到近期才引起学者们的关注。新技术企业进入战略选择是创业团队对决策过程达成集体认知进而实施相应行动而产生的结果（West，2007）。同时兼顾了市场与技术知识、先前经验异质性高的创业团队具备进入战略决策优势，但这些优势要转化为实际的创新性进入战略选择却并非易事。在决策过程中，因认知模式不同而产生的冲突行为可能会影响先前经验异质性优势转化为创新性进入战略的可能性。技术创业过程中决策任务的复杂性与不确定性，使得创业团队成员的观点分歧是种常态，针对具体任务决策和执行的冲突不可避免。在缺乏角色分工和沟通规范的条件下，创业团队的沟通过程难以像高管团队那样遵循既定程序展开，进而寻求决策效率与效果的平衡，同时创业团队成员因其对创业的高度心理认可与责任心而倾向于对自认为合理的观点固执己见，这可能在一定程度上加剧针对具体任务的认知冲突。那些兼顾了技术与市场知识的创业团队，可能会因为经验背后蕴含的认知冲突而对团队决策效果产生重要影响。

本书有关创业团队经验存量与战略选择关系的讨论，从深层次阐述了经验特征影响新技术企业战略选择的作用机制，建立了二者之间的因果联系，验证了社会认知理论中提出的"理论驱动型"决策模式。先前经验构成偏向技术导向型的创业团队更容易开发出面向顾客需求的创新性产品/服务，行为模式更加偏向于"科学团队"；而市场导向团队会努力设计出不同于产业内在位企业的市场交易结构，将产品/服务推向市场；但是兼顾技术与市场导向的团队却陷入了"创新困境"，这可能是认知模式的冲突约束了团队构成转化为创新性进入战略的可能性与潜力。在创业情景下，创业团队成员因其对创业的高度心理认可与责任心而倾向于对自认为合理的观点固执己见，这直接导致创业团队在驾驭集体决策中的冲突、协调与整合等问题方面更加困难。先前经验异质性高的创业团队具备进入战略决策优势，但这些优势要转化为实际的创新性进入战略选择却可能受制于决策过程中沟通的有效性，这引发了未来研究的方向，深入到团队沟通的过程中，进一步挖掘冲突特征对创业团队先前经验异质性与进入战略创新性之间的影响。

5.3.3 技术独享性的调节作用

本书在市场进入战略的决策模型中加入了内外部两类调节变量，一是从内部视角下考察的技术资产属性，二是外部环境条件。在对技术资产属性调节作用的考察中，文章的实证检验支持了技术独享性在创业团队经验构成与市场进入战略之间起到正向调节作用的论断。技术导向型团队在面临较高的技术独享性条件下，会更倾向于通过产品与服务的创新进入市场，而市场导向型团队则会加大在交易结构上的创新力度。但是技术独享性的情况仍然没有改变技术型团队忽视交易结构创新以及市场型团队忽视产品与服务创新的思维桎梏，结果上仍然维持负相关的关系。对此的解释是先前经验对创业团队认知模式和决策行为的影响是稳定的，一旦某种认知模式形成，即使客观上存在某种有利的条件，也被创业团队忽视了。如果他们能够突破认知模式的桎梏，完全是可以寻求进一步的创新源的。

新技术企业是基于特有技术能力基础上的新企业，在刚刚创建时除了新技术本身外没有任何竞争优势，但新技术通常又面临巨大的被盗用风险。为了生存新企业必须使用知识产权保护来防止其他企业对新技术的模仿，直到其互补性资产到位。因此技术资产的独享性是有效商业化战略选择的关键驱动条件（Gans and Stern，2003；Gans，Hsu and Stern，

2002）。在新企业进入市场的环节中，创业团队准备将什么样的产品/服务通过什么样的交易结构推向市场，在其做出这些关键决策的过程中，会不同程度受到其技术资产情况的影响。如果要在产品与服务上创新，通过高研发进行技术创新，进而塑造以技术为核心的难以模仿和难以替代的竞争优势，收获创业租金（Rumlet，1974），那么只有当创新的价值能够被新企业所独享的情况下，创业团队才有激励去这样做，也就是说要有恰当的独享体制来保护其赖以创业的核心技术。另一方面，若要在交易结构上创新，尝试吸纳新主体进入产品/服务生产或销售流程，或者改变产业内产品/服务生产或销售流程参与者的交易组合关系，以此打破在位企业稳定交易结构带来的市场进入壁垒，降低新技术企业产品/服务的市场交易成本，塑造新技术企业较在位企业的成本优势。在合作伙伴关系上的新尝试使得创业团队不得不建立新的网络关系，在以往研究中，学者们曾提到合作伙伴间稳定、持久的合作关系会有助于建立关系承诺，从而促进组织运营绩效[1]。同时在对信任关系的研究中也发现，稳定持久的合作伙伴之间会存在更强的信任关系[2]。因此，如果是新建立的合作网络，或是创新了其间的交易机制，那么彼此之间的信任和关系承诺就会有所降低，从而需要借助外力的支持来避免出现合作方盗用技术的事件，在这里核心技术独享性就起到了外力的支持作用。

实证检验也支持了这一论断，当新技术企业的核心技术受到较强的知识产权保护，拥有较高的独享性的时候，他们会加大在产品与服务上的创新力度，更加积极地进行研发投入，为顾客带来更高的价值体验，创造与在位企业相比更高的产品/服务优势。此时技术导向型团队在创新交易结构，需求新的合作伙伴支持的过程中，也因为核心技术受到了知识产权的保护，而可能在促成交易的谈判中拥有更强的议价能力，并敢于跨出已有的机制尝试与新伙伴建立信任的承诺关系。

5.3.4 环境宽松性的调节作用

在本书提出的初始战略选择模型中，综合考虑了环境条件的影响后，检验结果发现，在面临宽松的环境时技术导向型团队和市场导向型团队均不同程度表现出了对其产品与服务创新的忽视，而纷纷将注意力投向

① Goodman, L. E., Dion P. A.. The Determinants of Commitment in the Distributor-manufacturer Relationship. Industrial Marketing Management, 2001, 30: 287-300.

② IWG Know, Suh, T.. Factors Affecting the Level of Trust and Commitment in Supply Chain Relationships.Journal of Supply Chain Management, 2004, 40: 4-14.

了交易结构的创新上，更加倾向于借由新的合作渠道进入市场。假设4，即环境宽松性在创业团队经验构成与市场进入战略之间起到正向的调节作用，仅得到了部分支持。这可能是因为当环境条件相对宽裕的时候，例如整个经济处于蓬勃发展的上升期，抑或新企业进入了一个新兴行业中，面临较小的竞争，有着充足的客源，创业团队会认为最重要的任务是如何将现有的产品或服务推向市场以尽快赚取收入，相对于较高的研发投入来开发创新的产品和服务，找寻新的合作伙伴经由新的渠道进入市场会是更现实且低成本的选择，而且无论何种经验构成的团队都会着力于此，从而促成了彼此间网络的形成与扩大。在上文表5.25对控制变量的考察中，同样检验了新企业的初始资本，即注册资金的多少对创业团队选择初始战略的影响。注册资本代表着创业团队带入新企业的初识资源禀赋，与外部环境的宽松性一起代表了创业团队可获取并利用的自身及外部资源。在控制变量的检验中发现，注册资本越高的新企业越不愿意在产品与服务上进行创新（$\beta=-0.129$，$P<0.1$），二者之间呈现负向影响的关系。而注册资本对交易结构创新性的影响虽然并不显著，但却呈正相关（$\beta=0.003$）。对此可能的解释是，注册资本越高说明新企业的规模和实力就越大越强，相对于实力较弱的企业而言，它们进行创新的惰性也就越高，通过创新驱动成长的愿望相对较低，这致使其可能偏好于利用现有或改进型产品进入市场。在产品与服务上的创新需要实实在在的研发投入，对关键技术进行攻关，这需要创业团队耗用其注册资金来支撑，但是要想在交易结构上谋求创新，可能无需耗用过多的财务资源也能达到，例如创业团队可以借由在以往工作中积累的行业经验以及社会资本，低成本甚至无成本地找到更具创新性的渠道进入市场。此处结合环境宽松性的影响进一步说明，当外部环境中的资源更充足，内部的注册资本越丰裕，新企业通过产品与服务创新进入市场，驱动成长的愿望会更低，反而将精力投向了如何打破在位企业稳定交易结构带来的市场进入壁垒，尝试借由新的渠道进入市场。从更宏观的意义上讲，这个结果验证了经济学理论中提出的关于技术创新与经济危机关系的论断，正如著名经济学家库茨涅兹提出的不断的技术创新活动是彻底摆脱危机的最好办法。环境紧缩时期恰恰是技术创新的高峰期，每一次经济处于低谷最终都是靠一项新技术的发明和随后的商业化来引领其前行的。而在环境宽松的时候，创业团队作为追逐利润的经营者，会暂缓技术创新的步伐。同时也说明合作伙伴间的网络资源是社会活动的润滑剂，正如学者们曾验证过的先前经验丰富的创业者更懂得如何动用自身更广

泛的网络联系来发现创新性机会①，同时也能够从经验中找到如何创新交易机制以进入市场。

---

① 张玉利, 杨俊, 任兵.社会资本、先前经验与创业机会———个交互效应模型及其启示.管理世界, 2008, 7: 91-102.

第六章 结论与展望

本章是整篇研究的总结与提升，总结主要的研究结论，提炼创新点和理论贡献，指出局限和不足，并对未来研究方向加以展望。

第一节 主要结论与创新点

本书基于初始条件的视角，对初创期的新技术企业进行了研究，验证了初始战略应对新企业初创期高死亡率与低成长性现状的重要性。在此基础上，将战略逻辑的链条延伸到初始战略从何而来、创业团队如何做决策等更具本源性意义的问题上。构建了基于创业团队先前经验特征的新技术企业市场进入战略选择模型，并将技术资产属性与环境条件等因素纳入到"创业团队经验特征-市场进入战略选择"关系之中，考察其权变作用，利用中国情境下的随机样本数据进行了实证检验。研究结论揭示了创业团队特征在影响新技术企业初始战略制定过程中的作用机制和规律。本书的主要结论和发现包括如下几方面。

6.1.1 主要结论

6.1.1.1 市场进入战略创新整体上提升了新技术企业绩效，但对成长性绩效和规模绩效的影响性不同

本书考察初始战略对新技术企业生存及成长的关键作用，聚焦于市场进入战略的探讨。基于西方规范市场经济情境下的实证研究发现新技术企业进入战略的创新性越强，即产品/服务或交易结构创新性越强，越可能避开在位企业的报复性竞争，赢得市场认可，从而收获更好的绩效（e.g.，Amason et al.，2006；Baum and Haveman，1997；Beckman，2006；Zott and Amit，2007）。本书扩展并丰富了这一研究结论，得到了中国情

境下的独特解释。本书从成长性和客观规模两方面全面考量新技术企业的绩效，发现进入战略的创新性对新技术企业成长性绩效和规模绩效的影响是不同的。从成长性的角度来讲，新企业在产品与服务、交易结构单一维度及交互项上的创新都使其拥有了更高的成长性，体现在市场占有率、销售收入和净利润的增长率等方面。从某一截点的发展规模来看，在产品与服务上谋求创新的新企业会暂时牺牲其发展规模，在资产规模和销售收入上都会因为产品创新的高投入而使其绝对值暂时受到影响。交易结构维度的创新性却稳定地与以规模为标准测度的三方面绩效正相关，在资产规模、员工人数和销售收入三方面都略胜一筹。在技术创业的情境下，在位企业成熟的产品/服务、稳定的交易结构体系以及巩固的资源基础都给新进入者带来了严峻的竞争挑战，新技术企业可控的战略选择非常少，创新就成了十分重要的战略选择，通过产品与服务以及交易结构的创新成功地将产品推向市场以获取财物独立，是新企业获得成长的充分条件之一。本书的研究结果从整体上证实了进入战略创新性是技术创业成功并改善新技术企业绩效的重要因素，尤其是在提升新企业成长性方面发挥着稳定的积极影响。但同时应关注不同的创新方式在成长性与短期发展规模之间存在的不一致性，需要创业团队相机权衡，在二者之间做出权衡，同时格外关注交易结构创新的重要意义，以做出最佳的战略选择。

本书的结论为考察初始条件对新企业绩效影响的研究开拓了思路。绩效是一个多维度的构念（Cameron and Whetton，1983；Cooper and Gimeno-Gascon，1992），考量初始条件重要与否取决于组织的目标和所选用的绩效指标。以往的实证研究笼统地考量新企业的绩效，带来了结论的不一致性，因此要小心推广相关结果，分析结论得出的前提、解释的内容以及所限定的条件，通过更加聚焦的研究得到更富解释力的结果。

6.1.1.2 初始战略来源于创业团队基于先前经验而达成的集体认知决策

基于社会认知理论，本书提出了一个重要观点，即新技术企业的初始战略是创业团队对决策过程达成集体认知进而实施相应行动而产生的结果。与既有企业高管团队的决策方式不同，新企业的创业团队缺少了以往成功决策的案例支撑，初始资源禀赋的匮乏也使其没有能力通过大规模的市场调研为决策提供科学的依据，因此在创业伊始阶段，创业团队通常依靠先前经验来做决策，在某一职能领域或行业内积累的经验塑造了其认知模式，透过路径依赖的作用影响到在新企业中的决策行为。

本书从初始战略决策这一更具本源性意义的话题切入，构建起基于创业团队经验特征的新技术企业初始战略选择模型，并重点关注初创期最先面临的重要战略——市场进入战略的选择问题。实证检验发现，技术导向型团队会更加倾向于通过产品与服务的创新进入市场，通过高研发投入来开发行业内不曾用过的新技术或工艺，创造出具有新颖功能的产品和服务。市场导向型的团队则会竭力从交易结构的创新入手，通过吸纳其他企业没有的新合作伙伴，例如海外合作伙伴，新的分销商和供应商等等，或是创新原有合作伙伴间的组合方式，经由更加多样化的渠道进入市场。在行为模式上更加倾向于追逐利润的商人，往往会忽视产品与服务的创新。兼顾技术和市场经验的团队，虽然拥有多元化的认知模式，却没能迸发出应有的创造力。在以往的研究中，学者们提到教育、职能背景多元化所造成的知识、技能和观点差异有可能促使团队进行多视角的思考，进而引发建设性任务冲突，对创业产生正面影响[①]。但本书却发现认知模式的差异对团队内部化过程产生了负面影响，这可能是因为由经验差异而带来的认知冲突使得团队成员将精力耗在内部协调上，桎梏了在进入战略上谋求创新的尝试。这也从另一方面验证了以往研究中曾提到的，在新企业的初创期过多考虑团队成员构成的平衡，可能并不是选择成员的理想标准。事实上，只有很少创业团队一开始就考虑成员间企业职能方面的互补性，与此相比，更重要的是共同的兴趣、相同的技术能力和对高成长机会的认同。对该问题的讨论将引发进一步的研究探讨，例如进一步考察创业团队先前经验异质性与进入战略创新性的逻辑关系，探索冲突特征对该作用过程的影响等。

本书证明了经验和知识因素在战略决策制定和新企业初期成长过程中扮演着关键角色，验证了从认知和社会心理学视角得到的关键理论与实证证据可以扩展到新企业初创期的决策制定中，扩展了有关新企业战略选择研究边界，将其追溯到新企业生命周期的最前端，为有关新企业创业机理与成长模式的研究提供了支持。

6.1.1.3 技术独享性提升了市场进入战略的创新性，但没有改变创业团队固有认知模式

创业团队积极寻求进入战略创新的动力来自新企业能够独享创新成果的利润，技术资产的独享性在创业团队选择市场进入战略的过程中起到了调节作用。

---

① 石磊.论创业团队构成多元化的选择模式与标准.外国经济与管理, 2008, 4: 52-58.

这是因为新技术企业的创业机会来源于某种创新性的技术及其由此而提供的产品或服务，无论产品与服务的研发环节，还是后续进入市场的交易环节，都需要新企业能够围绕核心技术构建起强有力的保护机制，这是延长机会窗口并获取竞争优势的必要条件（Teece，2000；Shane，2000）。因此可以推断核心技术的独享性左右了创业团队在进入战略上谋求创新的动力。

本书从主、客观两个层面度量新企业的技术独享性，验证了其在创业团队经验构成与进入战略创新性之间发挥了正向的调节作用。技术导向型的团队会因为其核心技术拥有较好的知识产权保护而更加倾向于通过高研发投入来开发具有独特功能的产品与服务，因为良好的知识产权保护可以使新企业尽可能独享创新的经济价值，并在遇到侵权威胁时诉诸法律保护，由此激发了创业团队的创新动力；市场导向型的团队则会因为较强的技术独享性而加大在交易结构维度创新的力度，技术资产受到知识产权的保护，使得创业团队在寻求外部合作伙伴的过程中拥有更大的议价能力，也降低了因创新交易结构而遭遇的技术被盗用风险；即使面临着较强的技术独享性，兼顾技术与市场经验的创业团队依然维持着对进入战略创新性的不显著作用关系。实证结果表明技术独享性没有改变创业团队构成与进入战略创新性之间的主效应作用方向，也就是说技术独享性并没有使得创业团队成员跨出固有认知模式的烙印作用，而尝试新的创新途径，而仅仅是使其在原有的模式上进一步深入。从实践层面上讲，技术资产优势无疑是另一条可以引致创新的渠道，但这种优势在客观上被创业团队忽视了，从而牺牲了潜在的创造利润的空间，值得引起创业者的重视，由此带来的实践启示在后文的实践意义一节加以展开。

6.1.1.4 环境宽松性改变了创业团队在选择市场进入战略时的关注点

新企业资源禀赋的匮乏加大了从外部获取资源的必要性，在进入战略上的创新更需要权衡外部环境条件而谋求平衡。本书在市场进入战略选择模型中加入了环境宽松性的调节作用，研究发现当环境较为宽松时，技术导向型和市场导向型的创业团队都呈现出对产品与服务创新的忽视，而加大了在交易结构上谋求创新的力度，兼顾型团队仍然呈现出对进入战略创新的忽视。这说明当环境条件相对宽裕的时候，例如整个经济处于蓬勃发展的上升期，或新企业进入了竞争较小，有着充足客源的新兴行业，创业团队认为最重要的任务是如何借着良好的外部环境，将现有的产品或服务推向市场以尽快赚取收入。相对于通过高研发投入来开发创新的产品和服务，找寻新的合作伙伴经由新的交易机制进入市场会是更现实且低成本的选择，而且无论何种经验构成的团队都会着力于此，从而促成了彼此间网络的形成与扩大，客观上也为交易结构的创新提供了可能性。检验结果说明环境宽松性改变了创业团队在选择市场进入战略时的关注点，相对于技术独享性无法改变创业团队固有认知模式的现状来讲，环境因素作为战略选择的重要情境变量发挥着更强、更显著的影响。也说明创业者和创业团队对外部环境的冲击力更加敏感，但对自身技术资产优势的关注有所不足。这促使学者们进一步思考新企业进行技术创新的动力与外部环境之间的关联，正如经济学家在论证技术创新与经济危机关系中所提到，每一次危机都蕴含下一次技术革新的可能，也是创业者引发"创造性破坏"浪潮的最佳时机，而在经济蓬勃发展之时，创业者将更加倾向于通过交易结构的创新搭建起共同发展的平台网络，行为模式更加商业化。

6.1.2　研究特色

本书紧跟创业研究前沿，理论创新与实践应用并重，研究工作体现多学科交叉的特点。与已有研究相比较，论文的特色主要表现在以下三方面：（1）目前中国情境下的实证研究多采用便利性的抽样方案，利用熟人发放问卷或采用学生样本，由此得到的样本准确性和精确度早已被学者置疑。但受限于时间、人力制约，这种非概率抽样方式仍然占据主流方式。本书在抽样设计上大胆尝试了分层随机抽样的方案，针对研究对象与研究问题的特殊性，选择了颇具代表性的样本框——天津市国家级和市级全部 9 家创业中心内，这构成母体中两个有代表性的层次，然后在每层中按照等额比例抽取样本。严谨而概率性的抽样方法，获得了有代表性的样本，确保了研究结论的可信性，并能更好地代表总体的各种差异特征。（2）以往很多有关初始条件的研究，都将研究对象集中于年轻企业而不是新企业，甚至将新企业的年限放宽至不高于 8 年的企业，这使得研究无法测度创立时期的初始条件，同时也难以对该主题下有关新企业初期成长的研究提供任何贡献。本书样本企业的成立年限不足 3 年，成立年限较短，确保了可以在新企业创建的起始点上考察其初始创业行为，为初始条件视角下的新企业研究积累了实证证据。（3）从操作层面来讲，本研究协同专业市场调查公司在问卷的探测性调研、修改到实际执行等多环节展开合作，利用第三方公司保证了数据收集过程的专业性和公正性。这种取样方案也为学者们研究提供了先导性的尝试。

6.1.3 主要创新点

基于严谨的抽样设计得到了具有代表性的研究数据，在此基础上作者进行了规范的实证检验，所得到的研究结论与已有研究相比较，主要的创新点体现在以下三个方面。

6.1.3.1 站在新企业的起始点上考察其初始战略的来源和决策机制

基于组织与战略视角下的新企业战略研究，正在经历从借鉴成熟企业战略研究范式到逐步分析其战略选择独特性的转变过程。但大多数学者，尤其是国内创业学者的研究仍集中于考察战略选择与新企业绩效间的关系，旨在佐证新企业同样是需要战略规划的，采取适宜的战略能够提升其经营绩效。为数不多的对战略选择影响因素的研究中，考量最多的同样是环境因素，这仍是基于传统战略选择理论下的研究思路。宽泛地界定新企业战略的应用边界，简单地套用成熟企业战略管理的思路，抹煞了新企业的独特性。创业研究关注企业生命周期前端的活动，解释企业初始条件的形成与演化规律是其做出理论贡献的突破点。具体到战略视角，从新企业的独特性出发，挖掘新企业初始战略的来源与决策机制，理清新企业战略逻辑的形成规律是一个重要但却罕有探讨的主题。

本书以初创期的新技术企业为研究对象，突破了已往研究仅仅关注哪种战略选择更有助于提升新企业绩效的问题，将视角前移到新企业的初始战略从何而来等一系列更具本源性的问题，突出战略决策主体——创业团队的角色，而非仅仅是环境因素。基于社会认知等理论，构建了创业团队经验构成与市场进入战略选择之间的逻辑关系，证明了经验和知识因素在战略决策制定、产业差异及新企业初期成长过程中扮演着关键角色，验证了从认知和社会心理学视角得到的关键理论与实证证据可以扩展到新企业初创期的决策制定中。研究结论扩展了有关新企业战略选择研究边界，将其追溯到新企业生命周期的最前端，为有关新企业创业机理与成长模式研究提供了支持。

6.1.3.2 针对初始战略的多层次、多维度性，聚焦于市场进入战略前因与结果研究

从 20 世纪 90 年代至今，在新企业战略研究领域，学者们引入"维度"这一概念，提出新企业战略是一个多层次、多维度的概念。大量研究从这一观点出发，针对新企业的某一类或某几类具体战略进行分析（e.g., McDougall and Robinson, 1990; Park and Bae, 2004）。在这一研

究思路的指导下，本书立足于初创期新技术企业的实际，考察其最先面临的市场进入战略的选择问题，回答了新企业将什么样的产品/服务通过什么样的交易结构推向市场的问题。以往有关市场进入的研究多是基于既有企业进入国际市场，以及多元化战略中进入新市场等情境，对于新企业市场进入战略的研究直到最近才引起学者们的重视，并正逐渐成为创业研究中新的成长点。

本书基于中国情境下的新技术企业随机样本，界定市场进入战略的内涵与维度，在整合现有研究的基础之上开发测度量表，进行中国情境下的量表修正，并探讨市场进入战略对新企业绩效的影响及其创新性的来源。本书通过对新企业绩效的全方位考核，扩展了西方实证研究领域的笼统结论，得出市场进入战略的两个维度对新技术企业成长性绩效与规模性绩效存在不同影响的结论，深化了对该前沿问题的了解。在此基础上，本书将西方研究领域里仍很前沿的创业团队构成与进入战略创新性关系问题引入中国情境，超越了对创业团队经验存量与进入战略创新性关系的讨论，从经验构成的整体特征角度挖掘了创业团队构成与进入战略创新性之间的作用关系，有助于启发后续研究从不同角度去探索创业团队构成对进入战略创新性的作用关系，从而系统解释什么因素导致新技术企业进入战略更倾向于创新性。

6.1.3.3 将技术资产及环境要素纳入市场进入战略选择的分析框架并验证其调节作用

以往成熟企业和早期新企业战略选择的研究主要集中于考察环境因素的影响（e.g., Haiyang Li, 2001; Eisenhardt and Schoonhoven, 1990; Romanelli, 1989），把环境视做影响战略选择的前因变量，这一模式并没有从创业自身的特点去分析新企业战略选择的特有模式。虽然近年来创业领域的学者提出构建创业机会导向的新企业战略制定模式，认为创业战略的制定模式从根本上讲就是创业机会的开发模式（林嵩，张帏，姜彦福，2006）。但总体上针对新企业独特性而研究战略选择的成果少而又少，更谈不上专门针对技术型创业企业的探讨。作为知识经济时代高端创业的主流形式，技术创业在引领创业实践的过程中，其独特性应该受到更多的关注，例如关注技术、产业技术环境和制度因素在新企业创建过程中的影响作用等，展开有针对性的研究。

本书在构建了创业团队经验特征与市场进入战略创新性的主效应模型基础上，深入到新企业初始战略的决策过程中，针对新技术企业的独特性，考察了技术独享性、环境宽松性对创业团队决策的影响。这两个权变因素的加入从新企业内外部两个层面捕捉到了团队决策的影响因素，最大程度上还原创业团队决策的真实过程。实证检验的结果发现，技术独享性和环境宽松性在不同程度上提升了创业团队在进入战略上谋求创新的力度，但在影响其认知模式的作用上有不同表现。研究结论启发了有关创业认知和决策行为的研究，检验了西方理论对我国新技术企业进入战略生成的适用性，有助于启发东西方制度文化背景下的比较研究，探索制度文化差异如何塑造进入战略属性及其生成过程特征、不同制度文化条件下影响进入战略创新性的关键要素有何差异等深层次问题。

第二节　理论贡献与实践启示

基于上述研究结论和主要的创新点，论文还可能为创业研究和管理实践提供一定的启示。

6.2.1　对创业及战略管理研究的理论贡献

6.2.1.1　对创业过程中先前经验研究的理论贡献

创业者特质论的研究由于没能清晰勾勒出创业者轮廓，甚至将创业者描绘为充满着矛盾的超现实人物，而逐渐被研究人员所摈弃。但是在实践领域，创业者及创业团队在新企业创建与成长过程中处于主体性地位，风险投资家在评估投资项目时关注创业者及团队构成的现象仍然十分普遍。理论研究的忽视与现实评估的重视带来了亟需深入解析的悖论现象。在这样的背景下，同样是创业主体视角下的研究给出了新的解释，研究发现创业者的先前经验会影响新企业生成、机会发现、融资及绩效等关键变量，逐渐延伸出特质论外的一些解释。同时，在创业实践领域，有先前经验的创业者更容易获得风险投资家偏好，新企业存活率相对较高，进一步验证了理论研究的正确性，对先前经验的研究成为近年来创业研究中的一个热点，观点呈现出多元化和细致化的趋势，并大有成为机会学派之外的另一个主流研究领域的发展势头，将创业过程诸多要素串联在这一新的解释视角下。

本书正是在这样的背景下应运而生的，其理论价值表现在：首先，研究以知识经济背景下的高端创业——技术创业活动为研究对象，针对其活动的复杂性与多样性，从团队视角考察其成员先前经验的组合特征。

按照行业经验与职能经验的有无、多少及相关性划分为不同的类型，将以往对先前经验的零散探讨系统串联起来。其次，在创业过程与行为研究成为创业研究主流的情况下，本书从社会认知理论出发，透过先前经验概念本身，挖掘先前经验背后的创业团队认知模式，先前经验如何转换成认知，又如何影响新企业的初始战略选择行为，这样的逻辑链条将研究延伸到更本源的层面，有助于深化对创业过程与创业行为的了解。总而言之，本书超越了对创业团队经验存量与进入战略创新性关系的讨论，从经验构成的内部特征角度挖掘了创业团队构成与进入战略创新性之间的作用关系，有助于启发后续研究从不同角度去探索创业团队构成对新企业初始战略选择的作用关系，进一步系统解释什么因素导致新技术企业进入战略更倾向于创新性。本书深化了对创业过程中先前经验的研究，为累积创业者特质论外影响创业行为与过程的要素提供了证据。

6.2.1.2 对新企业初始战略选择研究的理论贡献

本书梳理了新企业战略选择研究的发展脉络，发现对新企业战略的研究经历了一个从宽泛到集中，从借鉴成熟企业战略管理范式到关注新企业独特性，提出创业战略概念、维度并与创业过程关键要素进行匹配的研究过程。视角更加集中和具有针对性，所得出的结论对新企业的指导意义也更强，这些都从一个侧面反映出近年来创业研究规范化、系统化，并尝试构建本领域研究范式，向独立学科发展的倾向。

沿着这样的研究脉络，本书采用更加聚焦的视角，在认可学者们提出的新企业战略是多层次、多维度概念的基础上，从新技术企业的实际出发，重点考察其市场进入战略的选择问题。研究在界定进入战略内涵的基础上，划分其维度，并整合前人的研究量表进行中国情境下修订与实证检验。在此基础上，本书扩展了现有研究仅探讨新企业战略选择概念与内涵本身，并主要关注战略选择结果变量的研究套路，进一步探究初始战略的来源，考察创业团队如何依赖先前经验选择市场进入战略，这在一定程度上将现有关于新企业战略的研究向前推进了一步，通过对其前因变量的考察理清来龙去脉，更好地为实践中的创业活动提供指导。此外，本书将西方研究领域里仍很前沿的创业团队构成与进入战略创新性关系问题引入中国情境，检验了西方理论对我国新技术企业进入战略生成的适用性，有助于启发东西方制度文化背景下的比较研究，探索制度文化差异如何塑造进入战略属性及其生成过程特征、不同制度文化条件下影响进入战略创新性的关键要素有何差异等深层次问题。最后，在研究对象的选取和新企业战略的度量方面，现有研究往往采用年限、规模等变量来识别新企业，认为生存年限低于 8-10 年的都是新企业（Biggadike，1979；McDougall et al.，1994），将新企业与小企业混为一谈。而对战略选择的度量也多选择了企业成立数年后的战略（Eisenhardt and Schoonhoven，1990；McDougall，et al.，1994；Stearns，et al.，1995）。但是新企业在最初成立的几年中，其战略可能随着企业的成长而发生演化和聚合，那些带来最初成功的战略可能并非当下所采取的战略（Boeker，1989）。因此，在创建后度量战略或许无法提供初始战略与绩效关系的正确检验。本书则选择平均成立年限不足三年的新企业来度量其初始战略，尽可能地贴近新企业初创期的实际，规避后视偏见带来的研究误差。

6.2.1.3 对创业团队研究的理论贡献

随着知识经济的到来，技术创业活动层出不穷并日渐成为新时代创业活动的主流，考虑到新技术的开发和商业化复杂过程，单靠个人的力量难以实现成功，因此创业团队的重要性凸显出来。鉴于团队创业现象的普遍化，创业团队开始引起越来越多学者的重视，相关研究也从关注单个创业者转向了关注创业团队对新企业创建与成长的驱动作用。梳理有关创业团队的研究成果发现，现有研究对这一话题已经做了充分的探讨，研究主题涵盖了团队资源（如人力资本和社会资本要素等）、团队互动的群体过程、任务行为以及团队成员个体与任务进程的整合等四个方面[1]。因此进一步的研究不能停留在简单的影响关系上，而需要细化这些主题，深入探究影响关系的作用机理。

基于这样的背景，本书从团队视角展开研究，重点关注了创业团队的先前经验这一要素，并基于经验组合特征划分了团队类型，借助社会认知理论提出的经验塑造认知、认知影响行为的观点，考察创业团队的经验构成特征如何影响其初始战略选择行为，并分析了技术独享性和环境宽松性在市场进入战略选择过程中的调节作用。研究启发了有关创业团队静态构成特征与其创业行为间联系的探讨，深入到团队群体互动过程中考察了创业团队如何影响新企业的初始战略、结构、行动和绩效，对深化团队视角下的创业研究，整合现有的研究主题，构建研究框架提供了佐证。

---

[1] Vyakarnam, S., Handelberg, J.. Four Themes of the Impact of Management Teams on Organizational Perrformance Implications for Future Research of Entrepreneurial Teams.International Small Business Journal, 2005, 3(3): 236–256.

6.2.2 对创业管理与政策实践的启示

本书的结论给实践中的创业活动以启示。首先，实证检验证明在我国情境下，谋求创新性的进入战略选择是新技术企业生存和成长的重要途径，是技术成果商业化过程的重要环节，尤其是在促进新企业的成长性方面。在我国，缺乏商业意识和商业技能是导致大学教授与研究人员创业失败的主要原因，尽管掌握了具有商业前景的技术，但往往难以设计出针对需求而不是技术本身的创新性产品/服务，至于如何设计交易结构来避开在位企业竞争，对缺乏商业技能的技术创业者来说更是一种挑战。本书的结论表明有助于实现战略创新的重要途径之一就是识别合适的创业伙伴。具体而言，在创业团队形成过程中，先前经验构成偏向于技术导向型的团队会更加倾向于通过技术创新来开发独特的产品或服务，为顾客带来更高的价值体验，创造出与在位企业相比较的产品/服务优势，进而收获创业租金。而经验构成偏向于市场导向型的团队会着力于交易结构的创新，吸纳新主体进入产品/服务生产或销售流程，或者改变产业内产品/服务生产或销售流程参与者的交易组合关系，这有助于打破在位企业稳定交易结构带来的市场进入壁垒，降低新技术企业产品/服务的市场交易成本，塑造较在位企业而言的成本优势。而试图兼容市场和技术导向的团队则可能因为认知冲突而面临创新障碍。因此对初创期的新企业而言，拥有某一种主导认知模式的创业团队是必要的，成员间气味相投的兴趣偏好，即对发展方向的认同要比成员之间经历的差异性更加重要。依照新企业的战略定位配备拥有相关经验的团队成员，有助于借助彼此的专业知识来设计更具有创新性的进入战略。因此研究创业团队结构与进入战略创新性的关系，有助于识别技术创业的管理重点，为团队组建提供针对性的建议和指导。

其次，本书深入战略决策制定过程，发现技术独享性和环境宽松性都会影响进入战略的创新性，并在不同程度上左右团队成员的集体认知过程。尤其应该注意的是，研究发现技术资产的独享性优势未能改变创业团队固有的认知模式，其价值在一定程度上被忽视了，这提醒创业团队充分挖掘技术资产的价值，拥有良好的保护机制的技术资产可以拓宽新企业的创新途径，进而转化为商业利润。

第三，对于政府政策制定和创业支持机构的借鉴意义。过去 20 年里，旨在开发具有潜在商业应用价值的发明和技术的新企业急剧增长，已成为自主创新、技术变革和产业升级的生力军。同时在全世界都期待新技术能够引爆新一轮的产业增长，带动世界经济走出低谷的背景下，如何识别并培育出具有成长潜力和财富积累效应的新技术企业，发挥创业带动就业的潜力，成了摆在创业者和管理部门面前的重要课题。政府大力扶植科技型中小企业，但是为了资源利用效益的最大化，政策扶植应该有的放矢。对风险投资家、创业孵化机构和银行信贷机构而言，他们在评估商业计划、企业孵化以及培训项目的时候也需要切实可行的依据，而这种筛选便可依据对初始条件的评估。例如评估新企业在战略创新上的力度，这实际上反映出他们对开发新技术的规划，那些能在产品与服务或是交易结构上谋求创新的企业能够获得较高的成长性，这将成为政府大力扶持的优选对象以及风险投资家投资的种子企业。

第三节 局限性与未来研究展望

6.3.1 研究局限与不足

尽管本书得出了一些具有启发性的研究结论，并提炼出以上的理论与实践贡献，但是仍然存在诸多不足，需要在提高自身研究能力的基础上，在未来的学术研究工作中逐步克服。

首先，市场进入战略创新性是本书中的关键变量，其测度量表是作者在整合前人研究的基础上开发的，虽经过探测性调研的检验和修改，但经正式的随机抽样调研，仍然有一个条目没有通过鉴别能力分析（条目4），因此将该题项删去。由于时间和精力及研究经费的局限，没有再一次对新的量表进行检验，而直接进入了下一步的分析。在正式实证分析种，市场进入战略创新性两维度信度系数虽高于 0.5 的基本要求，但总体上仍不高（0.537 和 0.688）。鉴于进入战略创新性的研究和测量仍处于探索阶段，未来研究可以在此基础上进一步针对我国情境开展深度访谈，修正进入战略创新性量表的测量题项，进而更细致地探索创新性进入战略的生成过程及其关键驱动因素。

其次，在新企业绩效的测量上，本书采用主客观相结合的方式加以度量，以期更完善地捕捉到新企业初期发展的各个方面，同时也希望通过更加具有针对性的测量方式得到更为聚焦的答案。虽然客观绩效的三个维度在以往诸多实证研究中已经多次使用，并得到了很好的检验结果（杨俊，2008），但是在本书中客观绩效的验证性因子分析并没有取得最佳效果，KMO 值为 0.574，这说明量表的建构效度仍存在一些问题，这可能是因为本书的样本企业成立年限平均不足三年,成立时间过短可能导致客观财务数据无法有效反映新技术企业的经营现状,因此带来了测度结果上的不足,可能影响到回归分析的结果。

第三,以往的研究提出技术独享性是一个多维度的构念,早期的研究在产业层面展开,近年来研究人员将其扩展到了企业层面,囊括了专利、商标等知识产权保护措施、商业秘密、关键员工的雇佣管理及劳工诉讼、企业进入市场的领先时间、拥有专业化营销以及生产互补性资产等多个层面。本书针对研究对象的特殊性,仅选择了专利等知识产权保护措施一个维度来度量新企业的技术独享性,在一定程度上简化了这个概念的内涵,由此可能对研究结果产生一定影响。因此未来研究还需要进一步挖掘技术独享性构念的内涵与外延,从多个层面展开度量。同时这个变量是本书在探测性调研后进一步修改研究模型,从而纳入的新变量,故相关的研究量表未经过探测性调研的检验,虽然在正式调研中取得了较好的结果,但研究过程仍显不够严谨,成为研究的不足之处。

6.3.2 未来研究展望

鉴于研究引发的理论启示与存在的局限性,计划在未来进行以下几方面的深入探索。

第一,继续修正并完善市场进入战略创新性概念的测量量表,有两点努力方向:第一是以现有量表为基础,继续结合专家访谈、探测性调查等手段对量表进行反复的修正与完善。第二是在更加系统性地梳理相关理论文献基础上,借鉴有关机会创新性、商业模式创新性等成型的量表,将其嫁接到市场进入战略的研究情境下。多角度地测量将有助于从理论上理清市场进入战略的概念,更好地探讨这一创业研究中的热点问题。

第二,本书在考察创业团队构成与进入战略创新性的关系时,发现兼顾技术与市场导向的异质性团队难以在进入战略上谋求创新,且在主效应和调节效应分析中都呈现出稳定的不显著关系。对此作者从异质性团队可能存在的内部冲突入手加以解释,但这仅是一种理论推导,未来的研究应在此基础上展开实证检验,考察团队冲突特征在创业团队经验异质性与进入战略创新性间的影响。这将为创业团队经验异质性作用于进入战略创新性的边界条件提供理论解释,回答创业团队经验异质性在什么情况下,以何种程度、什么方式作用于进入战略选择的内在机理。

第三,动态跟踪式研究设计已成为创业领域的重要设计思路。有关创业研究范式探索的研究已指出跟踪式设计有助于把握动态复杂的创业过程中事件之间的因果关系，以及挖掘影响因素与行为之间的复杂作用联系（Van de Ven，2004）。特别是针对初始条件的研究，更需要从新企业孕育和生成的起始点上开始，捕捉到新企业创建最初阶段的原始数据，并定期跟踪其成长过程，获得面板式数据，考察哪些关键事件影响或塑造了新企业的成长轨迹。本书因为条件限制，未能采取跟踪式设计来展开论述，在将来的研究中，可以进行此方面的探索，从而更准确地把握创业现象的本质特征和初始条件的烙印过程，提高研究结论的普适性与有效性。

参考文献

中文文献：

[1] 阿玛尔·毕哈德. 新企业的起源与演进. 魏如山，马志英译. 北京：中国人民大学出版社，2004.

[2] 艾尔·巴比. 社会研究方法. 邱泽奇译. 北京：华夏出版社，2006.

[3] 陈浩义，葛宝山. 基于创业者资源禀赋的新创企业战略选择研究. 改革与战略，2008, 3: 27-30.

[4] 陈俊. 社会认知理论的研究进展. 社会心理科学，2007, 1: 59-62.

[5] 陈晓萍，徐淑英，樊景立. 组织与管理研究的实证方法. 北京：北京大学出版社，2008: 320-321.

[6] 崔启国. 基于网络视角的创业环境对新创企业绩效的影响研究. 吉林大学博士论文, 2007.

[7] 陈传明，孙俊华. 企业家人口背景特征与多元化战略选择——基于中国上市公司面板数据的实证研究. 管理世界, 2008, 5: 124-133.

[8] 丁明磊，王云峰，吴晓丹. 创业自我效能与企业家认知及创业行为关系研究. 商业研究, 2008, 11: 139-142.

[9] 高静美，郭劲光. 高层管理团队（TMT）的人口特征学方法与社会认知方法的比较研究. 国外社会科学, 2006, 7: 29-46.

[10] 高建设，王岩. 企业进入战略分析. 技术与市场, 2005, 1: 57-59.

[11] 胡时珍. 国外高管团队异质性的研究进展. 科技信息, 2008, 29: 646-647.

[12] 韩小亮，陈晨. 定序变量的回归分析模型及其在消费者信心指

数编制中的应用. 数理统计与管理, 2007, 2: 194-199.

[13] 杰弗里·蒂蒙斯, 小斯蒂芬·斯皮内利. 创业学. 北京: 人民邮电出版社, 2005.

[14] 柯惠新, 沈浩. 调查研究中的统计分析法 (第 2 版). 北京: 中国传媒大学出版社, 2005: 204.

[15] 林强, 姜彦福, 张健. 创业理论及其架构分析. 经济研究, 2001, 9: 85-96.

[16] 林嵩, 张帏, 林强. 高科技创业企业资源整合模式研究. 科学学与科学技术管理, 2005, 3: 143-147.

[17] 刘常勇. 创业管理的 12 堂课. 北京: 中信出版社, 2002.

[18] 龙立荣. 层级回归方法及其在社会科学中的应用. 教育研究与实验, 2004, 1: 51-56.

[19] 李乾文. 公司创业导向与组织绩效间的转化路径研究. 南开大学博士论文, 2006.

[20] 罗珉. 战略选择论的起源、发展与复杂性范式. 外国经济与管理, 2006, 1: 9-16.

[21] 罗伯特·A·巴隆, 斯科特·A·谢恩. 创业管理: 基于过程的观点. 张玉利, 谭新生, 陈立新译. 北京: 机械工业出版社, 2005.

[22] 李华晶, 张玉利. 高管团队特征与企业创新关系的实证研究——以科技型中小企业为例. 商业经济与管理, 2006, 5: 9-13.

[23] 李剑力. 创新方式选择与企业绩效关系实证研究——基于探索与开发的理论视角. 南开大学博士论文, 2008.

[24] 李正卫. 动态环境条件下的组织学习与企业绩效. 浙江大学博士论文, 2003.

[25] 林嵩. 创业战略: 概念、模式与绩效提升. 北京: 中国财政经济出版社, 2007.

[26] 李华晶, 邢晓东. 高管团队与公司创业战略: 基于高阶理论和代理理论融合的实证研究. 科学学与科学技术管理, 2007, 9: 139-144.

[27] 鲁倩, 贾良定. 高管团队人口统计学特征、权力与企业多元化战略. 科学学与科学技术管理, 2009, 5: 181-187.

[28] 柳燕. 创业环境、创业战略与创业绩效关系的实证研究——基于汽车行业大型跨国企业的创业经验. 吉林大学博士论文, 2007.

[29] 林嵩, 张帏, 姜彦福. 创业战略的选择: 维度、影响因素和研究框架. 科学学研究, 2006, 2: 79-84.

[30] 李晓侠. 关于社会认知理论的研究综述. 阜阳师范学院学报（社会科学版），2005, 2: 87-89.

[31] 龙勇，常青华. 创新类型、风险资本对高技术企业联盟行为的影响. 科技与对策，2009, 7: 76-79.

[32] 刘燕，吴道友. 创业团队研究的理论视角及其进展. 人类工效学，2008, 3: 66-68.

[33] 李正卫. 动态环境条件下的组织学习与企业绩效. 浙江大学博士论文，2003.

[34] 刘忠明，魏立群，Lowell Busenitz. 企业家创业认知的理论模型及实证分析. 经济界，2003, 6: 57-62.

[35] 卢俊义，程刚. 创业团队内认知冲突、合作行为与公司绩效关系的实证研究. 科学学与科学技术管理，2009, 5: 117-123.

[36] 苗青. 基于认知观的创业过程研究. 心理科学，2005, 5: 1274-1276.

[37] 苗青. 基于认知的中小企业创业研究. 人类功效学，2005, 1: 66-68.

[38] 苗青. 基于规则聚焦的公司创业机会识别与决策机制研究. 浙江大学博士论文，2006.

[39] 彭罗斯. 企业成长理论. 赵晓译. 上海：上海人民出版社，2004.

[40] 切斯特·巴纳德. 经理人员的职能. 北京：中国社会科学出版社，1997.

[41] 孙海法，伍晓奕. 企业高层管理团队研究的进展. 管理科学学报，2003, 4: 82-89.

[42] 石磊. 论创业团队构成多元化的选择模式与标准. 外国经济与管理，2008, 4: 52-58.

[43] 田莉. 新技术企业初始资源禀赋与初期绩效关系研究. 中国科技论坛，2009, 9: 52-57.

[44] 田莉，薛红志. 新技术企业创业机会来源：基于技术属性与产业技术环境匹配的视角. 科学学与科学技术管理，2009, 3: 61-68.

[45] 田莉，薛红志. 创业团队先前经验、承诺与新技术企业初期绩效——一个交互效应模型及其启示. 研究与发展管理，2009, 4: 1-9.

[46] 王飞绒，陈劲，池仁勇. 团队创业研究述评. 外国经济与管理，2006, 7: 16-22.

[47] 王汉生. 应用商务统计分析. 北京：北京大学出版社，2008.

[48] 王晓文. 创业者人力资本与新企业绩效关系研究——基于创业学习视角. 南开大学博士论文, 2009.

[49] 王一军, 王筱萍, 林嵩. 创业战略的维度构建——概念内涵及发展模式. 江西财经大学学报, 2009, 3: 46-50.

[50] 魏立群, 王智慧. 我国上市公司高管特征与企业绩效的实证研究. 南开管理评论, 2002, 4: 16-22.

[51] 温忠麟, 候杰泰, 张雷. 调节效应与中介效应的比较和应用. 心理学报, 2005, 2: 268-274.

[52] 伍莹. 国企、民企与外企高管团队传记特征与行为整合的比较研究. 中山大学硕士论文, 2008.

[53] 吴明隆. SPSS 统计应用实务: 问卷分析与应用统计. 北京: 科学出版社, 2003.

[54] 吴三忙. 西方市场进入理论研究评述及其政策启示. 经济评论, 2008, 3: 142-146.

[55] 杨俊, 张玉利. 国外 PSED 项目研究评述及其对我国创业研究的启示. 外国经济与管理, 2007, 7: 1-9.

[56] 杨俊, 张玉利. 基于企业家资源禀赋的创业行为过程分析. 外国经济与管理, 2004, 2: 2-6.

[57] 杨俊. 创业过程的研究评述与发展动态. 外国经济与管理, 2004, 9: 8-12.

[58] 杨俊. 社会资本、创业机会与新企业初期绩效——基于关键要素互动过程视角的实证研究. 南开大学博士论文, 2007.

[59] 杨俊, 田莉, 张玉利, 王伟毅. 创新还是模仿: 创业团队经验异质性与冲突特征的角色. 管理世界, 2010, 3: 84-96.

[60] 约瑟夫·熊彼特. 经济发展理论. 何畏等译. 北京: 商务印书馆, 1990.

[61] 伊查克·爱迪思. 企业生命周期. 赵睿等译. 北京: 中国社会科学出版社, 1997.

[62] 张建君, 李宏伟. 私营企业的企业家背景、多元化战略与企业业绩. 南开管理评论, 2007, 10: 12-25.

[63] 张平. 高管团队的异质性与企业绩效的实证研究. 管理学报, 2007, 4: 501-508.

[64] 张平. 我国上市公司高管团队异质性与企业绩效的关系研究. 华南理工大学博士论文, 2005.

[65] 张文彤, 董伟. SPSS 统计分析高级教程. 北京: 高等教育出版社, 2004: 278.

[66] 张文彤. SPSS11 统计分析教程（高级篇）. 北京: 北京希望电子出版社, 2002.

[67] 张玉利, 任学锋. 小企业成长的管理障碍. 天津: 天津大学出版社, 2001.

[68] 张玉利. 管理学(第二版). 天津: 南开大学出版社, 2004: 54-55.

[69] 张玉利, 杨俊, 任兵. 社会资本、先前经验与创业机会———一个交互效应模型及其启示. 管理世界, 2008, 7: 91-102.

[70] 赵都敏. 基于因果倒置理论的创业行为与新企业绩效关系研究. 南开大学博士论文, 2008: 72.

[71] 周劲波. 多层次创业团队决策模式及其决策绩效机制研究. 浙江大学博士论文, 2005.

英文文献:

[1] Acs, Z. J., & Audretsch, D. B.. Innovation and Technological Change. In, Z. J. Acs and D. B. Audretsch(eds.). Handbook of Entrepreneurship Research. Boston: Kluwer Academic Publishers, 2003: 55-79.

[2] Aldrich, H. E.. Organizations and Environments. Englewood Cliffs, NJ: Prentice Hall, 1979.

[3] Aldrich, H. E., Wiedenmayer, G.. From Traits to Rates: An Ecological Perspective on Organizational Founding. in, J. A. Katz and R. H. Brockhaus(Eds.). Advances in Entrepreneurship, Firm Emergence, and Growth. Greenwich, CT: JAI Press, 1993: 145-195.

[4] Allison, P. D.. Measures of Inequality. American Sociological Review, 1978, 43: 865-880.

[5] Alvarez, S. A., Busenitz, L. W.. The Entrepreneurship of Resource-based Theory. Journal of Management, 2001, 27(6): 755-775.

[6] Amason, A. C., Shrader, R. C., Tompson, G. H.. Newness and Novelty: Relating Top Management Team Composition to New Venture Performance. Journal of Business Venturing, 2006, 21(1): 125-148.

[7] Andries, P., Debackere, K.. Adaptation in New Technology-based Ventures: Insights at the Company Level. International Journal of

Management Reviews, 2006, 8(2): 91-112.

[8] Arrow K.. Economic Welfare and the Allocation of Resources for Invention. In the Rate and Direction of Inventive Activity. Nelson RR(ed). Princeton University Press: Princeton NJ, 1962: 609-625.

[9] Aspelunda, A., Berg-Utbya, T., Skjevdal, R.. Initial Resources' Influence on New Venture Survival: a Longitudinal Study of New Technology-based Firms. Technovation, 2005, 25: 1337-1347.

[10] Bamford, C. E., Dean, T. J., McDougall, P. P.. An Examination of the Impact of Initial Founding Conditions and Decisions upon the Performance of New Bank Start-ups. Journal of Business Venturing, 1990, 15: 253-277.

[11] Bantel, K. A., Jackson, S. E.. Top Management and Innovations in Banking: Does the Composition of the Top Team Make a Difference? Strategic Management Journal, 1989, 10: 107-124.

[12] Barney, J.. Firm Resources and Sustained Competitive Advantage. Journal of Management, 1991, 17(1): 99-120.

[13] Baron, R., Kenny, D.. The Moderator-mediator Variable Distinction in Social Psychological Research: Conceptual, Strategic, and Statistical Considerations. Journal of Personality and Social Psychology, 1986, 51(6): 1173-1182.

[14] Barringer, B. R., Jones, F. F., Neubaum, D. A.. Quantitative Content Analysis of the Characteristics of Rapid Growth Firms and Their Founders. Journal of Business Venturing, 2005, 20: 663-687.

[15] Baron, R. A.. Cognitive Mechanisms in Entrepreneurship: Why and When Entrepreneurs Think Differently than Other People. Journal of Business Venturing, 1998, 13(4): 275-294.

[16] Baron, R. A.. The Cognitive Perspective: a Valuable Tool for Answering Entrepreneurship's Basic "Why" Questions. Journal of Business Venturing, 2004, 19: 221-239.

[17] Baron, R. A.. Potential Benefits of the Cognitive Perspective: Expanding Entrepreneurship's Array of Conceptual Tools. Journal of Business Venturing, 2004, 19(2): 169-172.

[18] Baron, R. A., Ward, T. B.. Expanding Entrepreneurial Cognition's Toolbox: Potential Contributions from the Field of Cognitive Science.

Entrepreneurship: Theory and Practice, 2004, 28: 553-573.

[19] Baum, A. C. & Haveman, H. A.. Love the Neighbor? Differentiation and Agglomeration in the Manhattan Hotel Industry 1898-1990. Administrative Science Quarterly, 1997, 42(2): 304-338.

[20] Baumol, W. J.. Education for Innovation: Entrepreneurial Breakthroughs versus Corporate Incremental Improvements. NBER Innovation Policy and Economy, 2006, 5(1): 33-56.

[21] Beckman, C.. The Influence of Founding Teams Company Affiliations on Firm Behavior. Academy of Management Journal, 2006, 49: 741-758.

[22] Beckman, C., Burton, D. D., O'Reilly, C.. Early Teams: The Impact of Team Demography on VC Financing and Going Public. Journal of Business Venturing, 2007, 22: 147-173.

[23] Beckman, C., Burton, D. D.. Founding the Future: Path Dependence in the Evolution of Top Management Teams from Founding to IPO. Organization Science, 2008, 19(1): 3-24.

[24] Bergmann Lichtenstein, B. M., Brush, C. G.. How Do "Resource Bundles" Develop and Change in New Ventures? A Dynamic Model and Longitudinal Exploration. Entrepreneurship: Theory and Practice, 2001, 25.

[25] Bhave, R. A.. A Process Model of Entrepreneurial Venture Creation. Journal of Business Venturing, 1994, 9(3): 223-242.

[26] Bhide, A. V.. The Origin and Evolution of New Business. Oxford: Oxford University Press, 2000.

[27] Bird, C.. Speeding Products to Market: Waiting Time to First Product Introduction in New Firms. Administrative Science Quarterly, 1990, 35: 177-207.

[28] Boeker, W.. Organizational Origins: Entrepreneurial and Environmental Imprinting at the Time of Founding. Ecological Models of Organizations, 1988: 33-51.

[29] Boeker, W.. Strategic Change: the Effects of Founding and History. The Academy of Management Journal, 1989, 32(3): 489-515.

[30] Boeker, W., Wiltbank, R.. New Venture Evolution and Managerial Capabilities. Organization Science, 2005, 16(2): 123-133.

[31] Bruce A. B., Taylor, C. T.. R&D Intensity and Acquisitions in

High-Technology Industries: Evidence from the US Electronic and Electrical Equipment Industries. The Journal of Industrial Economics, 2000, 48: 47-70.

[32] Bruderl, J., Schussler, R.. Organization Mortality: The Liabilities of Newness and Adolescence. Administrative Science Quarterly, 1990, 35(3): 530-547.

[33] Burton, M. D., Sorensen, J. B., Beckman, C. M.. Coming from Good Stock: Career Histories and New Venture Formation. Social Structure and Organization Revisited, 2002, 19: 229-262.

[34] Breschi, S., Malerba, S., Orsenigo, L.. Technological Regimes and Schumpeterian Patterns of Innovation. The Economic Journal, 2000, 110(463): 388-410.

[35] Brush, C. G., Greene, P. G., Hart, M. M.. From Initial Idea to Unique Advantage: the Entrepreneurial Challenge of Constructing a Resource Base. Academy of Management Executive, 2001, 15(1): 64-80.

[36] Busenitz, L. W., West, G. P., Shepherd, D.. Entrepreneurship Research in Emergence: Past Trends and Future Directions. Journal of Management, 2003, 29(3): 295-305.

[37] Busenitz, L. W., Barney, J. B.. Differences between Entrepreneurs and Managers in Large Organizations: Bias and Heuristics in Strategic Decision-making. Journal of Business Venturing, 1997, 12(1): 9-30.

[38] Bygrave, W. D., Hofer, C. W.. Theorizing about Entrepreneurship. Entrepreneurship Theory and Practice, 1991, 16(2): 13-22.

[39] Chandler, G. N., Hanks, S. H.. Market Attractiveness, Resource-based Capabilities, Venture Strategies, and Venture Performance. Journal of Business Venturing, 1994, 9(4): 331-349.

[40] Chandler, G. N., Honig, B., & Wiklund, J.. Antecedents, Moderators, and Performance Consequences of Membership Change in New Venture Teams. Journal of Business Venturing, 2005, 20(5): 705-725.

[41] Clarysse, B., Moray, N.. A Process Study of Entrepreneurial Team Formation: The Case of a Research-based Spin-off. Journal of Business Venturing, 2004, 19(1): 55-79.

[42] Carroll, G. R., & Delacroix J.. Organizational Mortality in the Newspaper Industries of Argentina and Ireland: An Ecological Approach. Administrative Science Quarterly, 1982, 27(2): 169-198.

[43] Carroll, G. R., Hannan, M. T.. Density Delay in the Evolution of Organizational Populations: A Model and Five Empirical Tests. Administrative Science Quarterly, 1989, 34: 411-430.

[44] Carter, N. M., Stearns, T. M., Reynolds, P. D., Miller, B. A.. New Venture Strategies: Theory Development with an Empirical Base. Strategic Management Journal, 1994, 15: 21-41.

[45] Certo, S. T.. Influencing Initial Public Offering Investors with Prestige: Signaling with Board Structures. Academy of Management Review, 2003, 28(3): 432-446.

[46] Cohen, J., Cohen, P., West, S. G., et al.. Applied Multiple Regression/Correlation Analysis for the Behavior Sciences (3rd ed.). Mahwah, NJ: Lawrence Erlbaum Association, 2003

[47] Cooper, A. C., Gimeno-Gascon, F. J.. Entrepreneurs, Process of Funding, and New Firm Performance. The State of the Art in Entrepreneurship. Boston: PWS Kent Publishing Company, 1992.

[48] Cooper, A. C., Gimeno-Gascon, F. J., Woo C. Y.. Initial Human and Financial Capital as Predictors of New Venture Performance. Journal of Business Venturing, 1994, 9: 371-395

[49] Cooper, A. C., Dunkelberg, W. C., Woo, C. Y.. Entrepreneurs' Perceived Chances for Success. Journal of Business Venturing, 1988, 3: 97-108.

[50] Child, J.. Organization Structure, Environment and Performance: the Role of Strategic Choice. Sociology, 1972, 6(1): 1-22.

[51] Chandler, A. D.. Strategy and Structure. Cambridge: MIT Press, 1962.

[52] Chandler, A. D.. Strategy and Structure: Chapters in the History of the American Industrial Enterprise. Cambridge, Massachusetts: MIT Press, 1962.

[53] Covin, J. G., Slevin, D. P., Heeley, M. B.. Pioneers and Followers: Competitive Tactics, Environment, and Firm Growth. Journal of Business Venturing, 2000, 15(2): 175-210.

[54] Dahlqvist, J., Davidsson, P., Wiklund, J.. Initial Conditions as Predictors of New Venture Performance: A Replication and Extension of the Cooper et al. study. Enterprise and Innovation Management Studies, 2000, 1

参考文献

(1): 1-17.

[55] De Castro, J. O., Chrisman, J. J.. Order of Market Entry, Competitive Strategy, and Financial Performance. Journal of Business Research, 1995, 33(2): 165-177.

[56] Deeds, D. L., Decrolis, D.,Coombs, J. E.. The Impact of Firm Specific Capabilities on the Amount of Capital Raised in an Initial Public Offering: Evidence from the Biotechnology Industry. Journal of Business Venturing, 1997, 12: 31-46.

[57] Delmar, F., Shane, S.. Does Experience Matter? The Effect of Founding Team Experience on the Survival and Sales of Newly Founded Ventures. Strategic Organization, 2006, 4(3): 215-243.

[58] Dess, Gregory G., Beard, Donald W.. Dimensions of Organizational Task Environments. Administrative Science Quarterly, 1984, 29: 52-73.

[59] Dess, G. G., Robinson, R. B.. Measuring Organizational Performance in the Absence of Objective Measures: the Case of the Privately-held Firm and Conglomerate Business Unit. Strategic Management Journal, 1984, 5: 265-273.

[60] Dollinger, M.. Entrepreneurship Strategies and Resources. Upper Saddle River, NJ: Prentice Hall, Indiana University, Ganser, T. 1999.

[61] Duchesneau, D. A., Gartner, W. B.. A Profile of New Venture Success and Failure in an Emerging Industry. Journal of Business Venturing, 1990, 5(5): 297-312.

[62] Eisenhardt, K. M., Schoonhoven, C.. The Organizational Growth: Linking Founding Team, Strategy, Environment and Growth among U. S. Semiconductor Ventures. Administrative Science Quarterly, 1990, 35: 504-529.

[63] Ensley, M. D., Pearson, A. W., Amason, A. C.. Understanding the Dynamics of New Venture Top Management Teams: Cohesion, Conflict, and New Venture Performance. Journal of Business Venturing, 2002, 17(4): 365-386.

[64] Feeser, H. R., Willard, G. E.. Founding Strategy and Performance: A Comparison of High and Low Growth High Tech Firms. Strategic Management Journal, 1990, 11(2): 87-98.

[65] Fern, M.. The Origin of Strategy in New Ventures: Evidence from Air Transportation Industry, 1995-2005. Doctoral Dissertation, University of North Carolina, 2006.

[66] Fichman, M., Levinthal, D. A.. Honeymoons and the Liability of Adolescence: a New Perspective on Duration Dependence in Social and Organizational Relationships. Academy of Management Review, 1991, 16(2): 442-468.

[67] Fowler, F. J.. Survey Research Methods. Newbury Park: Sage, 1988.

[68] Friedrich, R. J.. In Defense of Multiplicative Terms in Multiple Regression Equations. American Journal of Political Science, 1982, 26(4): 797-833.

[69] Gartner, W. B.. Who is an Entrepreneur is the Wrong Question. American Journal of Small Business, 1988, 12(4): 11-31.

[70] Gans, J. S., Stern, S.. The Product Market and the Market for "Ideas": Commercialization Strategies for Technology Entrepreneurs. Research Policy, 2003, 32: 333-350.

[71] Gans, J. S., Hsu, D. H., Stern, S.. When does Start-up Innovation Spur the Gale of Creative Destruction. The RAND Journal of Economics, 2000, 33: 571-586.

[72] Gimeno, J., Folta, T. B., Cooper, A. C., Woo, C. Y.. Survival of the Fittest? Entrepreneurial Human Capital and the Persistence of Underperforming Firms. Administrative Science Quarterly, 1997, 42: 750-783.

[73] Gregorio, D. D., Shane, S.. Why do Some Universities Generate More Start-ups than Others? Research Policy, 2003, 32(2): 209-227.

[74] Haiyang Li, Jun Li.. Top Management Team Conflict and Entrepreneurial Strategy Making in China. Asia Pacific Journal of Management, 2009,26(2): 263-283.

[75] Haiyang Li.. How does New Venture Strategy Matter in the Environment-performance Relationship. The Journal of High Technology Management Research, 2001,12(2): 183-204.

[76] Hambrick, D. C., Mason, P. A.. Upper Echelons: The Organization as a Reflection of Its Top Managers. Academy of Management Review, 1984,

参考文献

9(2): 193~206.

[77] Hambrick, Donald C., Ian MacMillan, & Diana Day. Strategic Attributes and Performance in the BCG Matrix—A PIMS-based Analysis of Industrial Product Businesses. Academy of Management Journal, 1982, 25: 510-531.

[78] Hannan, M. T., Freeman, J. H.. Structural Inertia and Organizational Change. American Journal of Sociology, 1984, 89: 149-164.

[79] Harper, D. A.. Towards a Theory of Entrepreneurial Teams. Journal of Business Venturing, 2008, 23(6): 613-626.

[80] Helfat, C. E., Lieberman, M. B.. The Birth of Capabilities: Market Entry and the Importance of Pre-history Industrial and Corporate Change, 2002, 11(4): 725-760.

[81] Henneke, D., Lüthje, C.. Interdisciplinary Heterogeneity as a Catalyst for Product Innovativeness of Entrepreneurial Teams. Creativity and Innovation Management, 2007, 16(2): 121-132.

[82] Heirman A., Clarysse. B.. How and Why do Research-Based Start-Ups Differ at Founding? A Resource-Based Configurational Perspective. Journal of Technology Transfer, 2004, 29: 247-268.

[83] Heirman, A., Clarysse B.. Which Tangible and Intangible Assets Matter for Innovation Speed in Start-Ups. Journal of Product Innovation Management, 2007, 24: 303-315.

[84] Hemphill, T. A.. National Technology Entrepreneurship Policy: Foundation of a Network Economy. Science and Public Policy, 2005, 32(6): 469-478.

[85] Higgins, M. C., Gulati, R.. Getting off to a Good Start: The Effects of Upper Echelon Affiliations on Underwriter Prestige. Organization Science, 2003, 14(3): 244-263.

[86] Hindle, K., Yencken, J.. Public Research Commercialization, Entrepreneurship and New Technology Based Firms: an Integrated Model. Technovation, 2004, 24: 793-803.

[87] Hsu, D. H.. Experienced Entrepreneurial Founders, Organizational Capital, and Venture Capital Funding. Research Policy, 2007, 36: 722-741.

[88] Johnson,V.. What is Organizational Imprinting? Cultural Entrepreneurship in the Founding of the Paris Opera. American Journal of

Sociology, 2007, 113(1): 97-127.

[89] Kamm, J., Shuman, J., Seeger, J. A., & Nurick, A.. Entrepreneurial Teams in New Venture Creation: a Research Agenda. Entrepreneurship Theory and Practice, 1990, 15: 7-17.

[90] Katila, R., Shane, S.. When does Lack of Resources Make New Firms Innovative. Academy of Management Journal, 2005, 48(5): 814-829.

[91] Keh, H. T., Foo, M. D., Lim, B. C.. Opportunity Evaluation under Risky Conditions: The Cognitive Process of Entrepreneurs. Entrepreneurship Theory and Practice, 2002, 27(2): 125-148.

[92] Kelley, D. J., Price, M. P.. Technology-based Strategic Actions in New Firms: the Influence of Founding Technology Resources. Entrepreneurship Theory and Practice, 2001, 26(1): 55-73.

[93] Kelley, D. J., Rice, M. P.. Advantage beyond Founding: The Strategic Use of Technologies. Journal of Business Venturing, 2002, 17: 41-57.

[94] Lévesque, M., Shepherd, D. A.. Entrepreneurs' Choice of Entry Strategy in Emerging and Developed Markets. Journal of Business Venturing, 2004, 19(1): 29-54.

[95] Lichtenstein, B. B., Brush, C. G. How do "Resource Bundles" Develop and Change in New Venture? A Dynamic Model and Longitudinal Exploration. Entrepreneurship Theory and Practice, 2001, 25(2): 37-58.

[96] Low, M., MacMillan, I.. Entrepreneurship: Past Research and Future Challenges. Journal of Management, 1988, 14(2): 139-161.

[97] Lumpkin G. T., Dess G. G. Clarifying the Entrepreneurial Orientation Construct and Linking it to Performance. Academy of Management Review, 1996, 21(1): 135-172.

[98] March, J. G. Exploration and Exploitation in Organizational Learning. Organization Science, 1991, 2(1): 71-87.

[99] Marvel, M. R., & Lumpkin, G. T.. Technology Entrepreneurs' Human Capital and its Effects on Innovation Radicalness. Entrepreneurship Theory and Practice, 2007, 31(6): 807-828.

[100] Miles, R., Snow,C.. Organizational Strategy, Structure and Process. New York: McGraw-Hill, 1978.

[101] Miller, D.. Strategy Making and Structure: Analysis and

Implications for Performance. Academy of Management Journal, 1987, 30(1): 7-32.

[102] Miller, T.. The Structural and Environmental Correlates of Business Strategy. Strategic Management Journal, 1987, 8: 55-76.

[103] Mitchell, R. K., Busenitz, L.,Lant, T., et al.. Toward a Theory of Entrepreneurial Cognition: Rethinking the People Side of Entrepreneurship Research. Entrepreneurship Theory and Practice, 2002, 27(2): 93-104.

[104] Murphy, G., Trailer, J., Hill, R.. Measuring Performance in Entrepreneurship Research. Journal of Business Research, 1996, 36(1): 15-23.

[105] Pia Hurmelinna-Laukkanen, Kaisu Puumalainen.. Nature and Dynamics of Appropriability: Strategies for Appropriating Returns on Innovation. R&D management, 2007, 37: 95-112.

[106] Penrose, E. T.. The Theory of the Growth of the Firm. White Plains, N. Y.: M. E. Sharpe, 1959.

[107] Quinn, R., & Cameron, C.. Organizational Life Cycles and Shifts Criteria of Effectiveness: Some Preliminary Evidence. Management Science, 1983, 29(1): 33-51.

[108] Roberts, E. B., Berry, C. A.. Entering New Business: Selecting the Strategies for Success. Slong Management Journal, Working Paper, 1492-83-84, 1984.

[109] Rosenkopf. L., Nerkar, A.. Beyond Local Search: Boundary-Spanning, Exploration, and Impact in the Optical Disk Industry. Strategic Management Journal, 2001, 22(4): 287-306.

[110] Rotefoss, B.. A Resource-based Approach to the Business Start-up Process. Doctoral Dissertation Brunell University/Henley Management College, 2001.

[111] Rumelt, R. P.. Theory, Strategy and Entrepreneurship, in Teece D. (Eds.). The Competitive Challenge: Strategies for Industrial Innovation and Renewal. Ballinger, Cambridge, MA, 1987: 137-158.

[112] Marvel, M. R., Lumpkin, G. T.. Technology Entrepreneurs' Human Capital and Its Effects on Innovation Radicalness. Entrepreneurship Theory and Practice, 2007, 31(6): 807-828.

[113] McDougall, P. P., Covin, J. G., Robinson, R. B., Jr., & Herron, L..

The Effects of Industry Growth and Strategic Breadth on New Venture Performance and Strategy Content. Strategic Management Journal, 1994, 14: 137-153.

[114] Michael J. Dowling, McGee, J. E.. Business and Technology Strategies and New Venture Performance: A Study of the Telecommunications Equipment Industry. Management Science, 1994, 40(12): 1663-1677.

[115] Nerkar, A., Shane, S.. When do Start-ups that Exploit Patented Academic Knowledge Survive? International Journal of Industrial Organization, 2003, 21(9): 1391-1410.

[116] Nicholls-Nixon,C. L. M., Cooper, A. D., Woo, C. Y.. Strategic Experimentation: Understanding Change and Performance in New Ventures. Journal of Business Venturing, 2000, 15, 493-521.

[117] Samuelsson, M.. Creating New Ventures: A Longitudinal Investigation of the Nascent Venturing Process, Doctoral Dissertation, Jonkoping: Jonkoping International Business School, Sweden, 2004.

[118] Schumpeter, J. A.. The Theory of Economic Development. Cambridge: Harvard University Press, 1934.

[119] Schumpeter, J. A.. Entrepreneurship as Innovation. Entrepreneurship: The Social Science View (pp. 51-88). New York: Oxford University, 2000.

[120] Shan, S.. Selling University Technology: Patterns from MIT. Management Science, 2002, 48(1): 122-137.

[121] Shane, S.. Prior Knowledge and the Discovery of Entrepreneurial Opportunities. Organization Science, 2000, 11(4): 448-469.

[122] Shane, S., Stuart, T.. Organizational Endowments and the Performance of University Start-ups. Management Science, 2002, 48(1): 154-170.

[123] Shane, S., Venkataraman, S.. The Promise of Entrepreneurship as a Field of Research. Academy of Management Review, 2000, 25(1): 217-226.

[124] Shane, S., Khurana, R.. Bringing Individuals Back in: the Effects of Career Experience on New Firm Founding. Industrial and Corporate Change, 2003, 12(3): 519-543.

[125] Shepherd, D. A., Douglas, E. J., Shanley, M.. New Venture

参考文献

Survival: Ignorance, External Shocks, and Risk Reduction Strategies. Journal of Business Venturing, 2000, 15: 393-410.

[126] Shrader, R., Siegel, D. S.. Assessing the Relationship between Human Capital and Firm Performance: Evidence from Technology-Based New Ventures. Entrepreneurship Theory and Practice, 2007, 31(6): 893-907.

[127] Singh, J. V., Lumsden, C. J.. Theory and Research in Organizational Ecology. Annual Review of Sociology, 1990, 16: 161-195.

[128] Srinivasan, R., Lilien, G. L., Rangaswamy, A.. Technology Opportunism and Radical Technology Adoption: An Application to E-Business. Journal of Marketing, 2002, 66(3): 47-60.

[129] Steensma, H. K., Corley, K. G.. On the Performance of Technology-Sourcing Partnerships: The Interaction between Partner Interdependence and Technology Attributes. The Academy of Management Journal, 2000, 43(6): 1045-1067.

[130] Stinchcombe A L.. Social Structure and Organizations. In, March J.G. eds.. Handbook of Organizations. Chicago: Rand McNally, 1965: 142-193.

[131] Stuart, R. W., Abetti, P. A.. Start-up Ventures: Towards the Prediction of Early Success. Journal of Business Venturing, 1987, 2(3): 215-230.

[132] Stuart, T. E., Hoang, H., Hybels, R. C.. Interorganizational Endorsements and the Performance of Entrepreneurial Ventures. Administrative Science Quarterly, 1999, 44(2): 315-349.

[133] Swaminatha. A.. Environmental Conditions at Founding and Organizational Mortality: a Trial-by-fire Model. Academy of Management Journal, 1996, 39(5): 1350-1377.

[134] Timmons, J. A.. New Venture Creation-Entrepreneurship for the 21st century. 5th edition. Irwin Mcgram Hill, 1999.

[135] Tomes, A., Erol, R., Armstrong, P.. Technological Entrepreneurship Integrating Technological and Product Innovation. Technovation, 2000, 20(3): 115-127.

[136] Utterback, J., Meyer, M., Tuff, T., Richardson.. When Speeding Concepts to Market can Be a Mistake. Interfaces, 1992, 22(4): 24-37.

[137] Venkatraman, N., Ramanujam, V.. Measuring of Business

Performance in Strategy Research: a Comparison of Approaches. Academy of Management Review, 1986, 11: 801-814.

[138] Vohora, A., Wright, M., Locket, A.. Critical Junctures in the Development of University High-tech Spinout Companies. Research Policy, 2004, 33: 147-175.

[139] Vyakarnam, S., Handelberg, J.. Four Themes of the Impact of Management Teams on Organizational Performance Implications for Future Research of Entrepreneurial Teams. International Small Business Journal, 2005, 3(3): 236-256.

[140] Ward, T. B.. Cognition, Creativity, and Entrepreneurship. Journal of Business Venturing, 2004, 19: 173-188.

[141] Wall, T. D., Michie, J., Patterson, M.. On the Validity of Subjective Measures of Company Performance. Personnel Psychology, 2004, 57(2): 95-118.

[142] Wernerfelt, B.. A Resource-based View of the Firm. Strategic Management Journal, 1984, 5(1): 171-180.

[143] West, P., Noel T.. The Impact of Knowledge Resources on New Venture Performance. Journal of Small Business Management, 2009, 47(1): 1-22.

[144] West, III G. P.. Collective Cognition: When Entrepreneurial Teams, Not Individuals, Make Decisions. Entrepreneurship Theory and Practice, 2007, 31(1): 77-102.

[145] Wolfe, R. A.. Organizational Innovation: Review, Critique and Suggested Research Directions. Journal of Management Studies, 1994, 31(3): 405-431.

[146] Zahra, S. A., Covin, J. G. Business Strategy, Technology Policy and Firm Performance. Strategic Management Journal, 1993, 14: 451-478.

[147] Zaltman, C., Duncan, R., Holbek, J..Innovations and Organizations. New York: Wiley, 1973.

[148] Zimmerman, M. A.. The Influence of Top Management Team Heterogeneity on the Capital Raised Through an Initial Public Offering. Entrepreneurship Theory and Practice, 2008, 32(3): 391-414.

[149] Zott, C., Amit, R.. Business Model Design and the Performance of Entrepreneurial Firms. Organization Science, 2007, 18(2): 181-199.

参
考
文
献

附　录

附录 1 调查问卷

尊敬的先生/女士：

　　您好！

　　本问卷是南开大学商学院在国家自然科学基金重点项目"新企业创业机理与成长模式研究"资助下展开的一项研究。旨在探索技术型创业团队市场进入战略选择问题，问卷调查纯属学术研究目的，**所收集的资料只做整体样本的分析，不涉及个案，而且仅供学术研究之用，不用于任何其他用途，不对外公开**，恳请**贵公司创办人**根据实际情况作答。

- -

调查及填表说明

1. 本调查针对注册年限在 5 年之内的技术型企业，技术型企业有如下几类：

①仅从事技术研发的企业　　②从事技术研发并进行生产制造的企业

③通过技术引进或技术转移的方式生产新产品的企业

④技术服务类企业

2. 本研究想要了解有关贵企业的创业团队和技术资产属性等相关的内容：

①创业团队是指在创业之初就全职加入新企业的创建过程，参与新企业的战略决策制定并拥有企业股份的成员。**请您注意：兼职的律师、会计师并不算做创业团队的人员。**

②有关贵公司技术资产的情况，我们仅需了解技术的一些表面特征，**而不涉及您的核心技术机密，敬请放心作答。**

3. 敬请贵企业的***核心创业者或总经理来填写该份问卷***，以确保对团队成员及技术资产情况有一个全面的了解。

4. 如果对本研究的调查结果感兴趣，我们将在第一时间向您反馈分析结果！

您的联系方式：地址及邮编： _____

Email： _____

电话： _____

一、核心创业者基本情况

1. 性别：　　　　□男　　　　□女

2. 您哪年出生_____年

3. 您创办贵公司时的教育程度为：

□高中及以下　　　□大专　　　□本科　　　□硕士　　　□博士

4.1 您在创立贵公司之前，有_____年在其他企业的工作经验。(**如果没有，请填写"0"，并跳到第8题**)

4.2 请曾经工作过的企业有几个？_____个，请列出曾经工作过的三家企业的名称(**按时间从近及远列示，若少于三家，可按实际情况填写**)

_____、_____、

_____

5. 您曾工作过的行业有几个？_____个，**请在相应□里划"√"**

□农、林、牧、渔业　□采矿业　　□制造业　　□建筑业

□交通运输、仓储和邮政业　　　□信息传输、计算机服务和软件业

□批发和零售业　　　□住宿和餐饮业

□科学研究、技术服务和地质勘查业　□房地产业

□租赁和商务服务业　□金融业　　　□水利、环境和公共设施管理业

□居民服务和其他服务业　□教育　　□国际组织

□公共管理和社会组织

□卫生、社会保障和社会福利业　　　□文化、体育和娱乐业

其中，**与贵公司所在行业相关**的工作经验为_____年(**如果没有，请填写"0"**)

6. 您**在贵企业**从事的岗位为_____？(**请在相应□里划"√"**)

A.总经理	B.职能岗位 (可多选)
	□技术研发　　□市场营销　　□财务会计　□生产制造　□一般管理(人事、行政等)　　　　□其他(**请注明**)

7. 您*以前在其他企业*从事过哪些管理岗位，工作过多少年？（**请在相应□里划"√"**）

A.总经理	B.职能岗位（可多选）
您曾从事该职位_____ 年	□技术研发 _____年 □市场营销 _____年 □财务会计 _____年 □生产制造 _____年 □一般管理 _____年 □其他（**请注明**）_____

8. 您持有本企业的股份比例为：_____%

二、创业团队构成情况（核心创业者的情况无需在此部分填写）

　　以下，我们想要了解一下贵公司核心创业团队的构成情况，创业团队是指在创业之初就**全职**加入新企业的创建过程，参与战略决策制定并拥有企业股份的成员。**请您注意：兼职的律师、会计师并不算做创业团队的人员。**

行业类型：

◆农、林、牧、渔业　　　◆采矿业　　　　　◆制造业　　◆建筑业

◆交通运输、仓储和邮政业◆信息传输、计算机服务和软件业

◆批发和零售业　　　　　◆住宿和餐饮业　　◆金融业

◆租赁和商务服务业　　　◆房地产业

◆水利、环境和公共设施管理业

◆科学研究、技术服务和地质勘查业　　　　◆居民服务和其他服务业

◆教育　　　　　　　　　◆文化、体育和娱乐业

◆公共管理和社会组织　　　　　◆国际组织

◆卫生、社会保障和社会福利业

问题	全职成员 1	全职成员 2	全职成员 3	全职成员 4	全职成员 5
1. 性别？	□男性　□女性	□男性　□女性	□男性　□女性	□男性　□女性	□男性　□女性
2. 年龄？	_____岁	_____岁	_____岁	_____岁	_____岁
3. 教育程度为？	□高中及以下 □专科 □本科	□高中及以下 □专科 □本科	□高中及以下 □专科 □本科	□高中及以下 □专科 □本科	□高中及以下 □专科 □本科

	□硕士 □博士	□硕士 □博士	□硕士 □博士	□硕士 □博士	□硕士 □博士
4. 该成员*在贵公司*担任的职位为？ **（若为职能经理请选择具体部门）**	□总经理 □副总经理 □职能岗位 **a.** 技术研发 **b.** 市场营销 **c.** 财务会计 **d.** 生产制造 **e.** 一般管理 □其他_____	□总经理 □副总经理 □职能岗位 **a.** 技术研发 **b.** 市场营销 **c.** 财务会计 **d.** 生产制造 **e.** 一般管理 □其他_____	□总经理 □副总经理 □职能岗位 **a.** 技术研发 **b.** 市场营销 **c.** 财务会计 **d.** 生产制造 **e.** 一般管理 □其他_____	□总经理 □副总经理 □职能岗位 **a.** 技术研发 **b.** 市场营销 **c.** 财务会计 **d.** 生产制造 **e.** 一般管理 □其他_____	□总经理 □副总经理 □职能岗位 **a.** 技术研发 **b.** 市场营销 **c.** 财务会计 **d.** 生产制造 **e.** 一般管理 □其他_____
5. 在加入贵企业之前，该成员有过工作经验吗？有多少年？	□有(____年) □没有(如果没有，请跳到第9题做答)	□有(____年) □没有(如果没有，请跳到第9题做答)	□有（____年） □没有(如果没有，请跳到第9题做答)	□有(____年) □没有(如果没有，请跳到第9题做答)	□有(____年) □没有(如果没有，请跳到第9题做答)
6. 在加入贵企业之前，该成员曾在几家单位工作过？	_____家	_____家	_____家	_____家	_____家
7. 在加入贵企业之前，该成员曾经在几个行业工作过？ **（行业类型请参见上页脚注）**	_____个 行业 请注明行业类型：_____ _____	_____个 行业 请注明行业类型：_____ _____	_____个 行业 请注明行业类型：_____ _____	_____个 行业 请注明行业类型：_____ _____	_____个 行业 请注明行业类型：_____ _____
8. 在加入贵企业之前，该成员是否曾在与新企业相关的行业工作过？工作过多少年？	□是(____年) □否	□是(____年) □否	□是(____年) □否	□是(____年) □否	□是(____年) □否

9. 在加入贵企业之前，该成员曾经在哪个职能领域工作过？工作过多少年？	□技术研发 ____年 □市场营销 ____年 □财务会计 ____年 □生产制造 ____年 □一般管理 ____年 □其他 ____年	□技术研发 ____年 □市场营销 ____年 □财务会计 ____年 □生产制造 ____年 □一般管理 ____年 □其他 ____年	□技术研发 ____年 □市场营销 ____年 □财务会计 ____年 □生产制造 ____年 □一般管理 ____年 □其他 ____年	□技术研发 ____年 □市场营销 ____年 □财务会计 ____年 □生产制造 ____年 □一般管理 ____年 □其他 ____年	□技术研发 ____年 □市场营销 ____年 □财务会计 ____年 □生产制造 ____年 □一般管理 ____年 □其他 ____年
10. 该成员持有的股份比例为多少？ **（如果没有，请填写"0"）**	____%	____%	____%	____%	____%

三、企业基本情况

1. 贵公司坐落在什么地方？ _____省_____市_____区

2. 贵公司注册成立于_____年_____月（**请您尽量回忆新企业的注册月份**）

3. 贵公司所属的技术领域为：

□电子与信息　　□软件　　　　□航空航天及交通　□光机电一体化

□新型材料　　　□生物技术　　□医药和医学工程　□新能源与高效节能

□环境与资源利用　　□地球、空间与海洋　　□核应用技术

□农　业　　　　□高技术服务业　　□其他（请注明）_____

4. 贵公司目前已经设置了下述哪些专业职能部门？（多选题）

□总经理室　□公司发展部　□战略规划部　□人力资源部

□销售部　　□市场部　　□研发部　　　□质量管理部

□质量控制部　□技术转移部　□生产部　□采购部

□财务部　　　□工程部

5．1 贵企业的注册资本为：_____元（人民币）

5．2 请问贵公司目前的资产规模为：

□10 万及以下　□11 万～50 万　□51 万～100 万　□101 万～500 万

□500 万以上

6．请问贵公司目前的员工人数为：**（全职员工或每年累计工作半年以上的兼职人员）**

□5 人及以下　□6 人～20 人　□21 人～50 人　□51 人～100 人

□100 人以上

7．请问贵公司上年度的销售收入为：

□5 万及以下　　□6～10 万　□ 11 万～20 万　□21 万～50 万

□51 万～100 万　　□100 万以上

8．贵公司自成立以来是否获得过风险投资、银行贷款或政府公共资金支持等？

□是（□风险投资　□　银行贷款　□　政府公共资金支持　）

□否

9．贵公司从成立以来申请并持有专利的情况：

（1）发明专利_____项，　　（2）实用新型_____项，

（3）外观设计_____项，　　（4）软件著作权_____项，

（5）其他**（请注明）**_____项，（6）没有申请

10．贵公司去年技术研发费用占总销售收入的比例是：

□1%及以下　　□2%～5%　　□6%～10%　　□11%～15%

□16%～20%　　□20%以上

11．与主要的竞争对手相比，贵公司自成立以来的营业表现是：	非常差						非常好
市场占有率	1	2	3	4（中立）	5	6	7
销售收入增长率	1	2	3	4（中立）	5	6	7
净利润水平	1	2	3	4（中立）	5	6	7
技术创新能力与水平	1	2	3	4（中立）	5	6	7

四、技术属性（您在多大程度上认可下列描述，并在相应位置上划"√"，如贵公司拥有多项核心技术，请依照占主营业务收入比例最大的技术属性来填写）

技术属性	评　判 请您根据实际情况在相应的数字上划"√"						
● **技术的可模仿性**	极不同意 ◄──────────► 极同意						
1. 竞争者很难通过技术的"逆向工程"来掌握本企业的技术机密	1	2	3	4	5	6	7
2. 对任意企业来说，复制这项技术将是直接的	1	2	3	4	5	6	7
3. 对其他企业来说，模仿此项技术将非常容易	1	2	3	4	5	6	7
● **技术的不确定性**	极不同意 ◄──────────► 极同意						
1. 我们期望这项技术有一个相对较长的生命周期	1	2	3	4	5	6	7
2. 在很短的时间内，未来技术的突破将降低这项技术的市场价值	1	2	3	4	5	6	7
3. 这项技术是否能获得商业上的成功还值得怀疑	1	2	3	4	5	6	7
4. 这项技术将达到我们的技术目标，对此我们非常自信	1	2	3	4	5	6	7
5. 这项技术是否如它在科学技术观点上的解释那样运作还不明朗	1	2	3	4	5	6	7
● **知识产权保护情况**	极不同意 ◄──────────► 极同意						
1. 专利、版权等知识产权保护措施对于贵企业独享创新成果十分重要	1	2	3	4	5	6	7
2. 如果发生技术侵权或盗用问题，贵企业可以通过专利、版权等知识产权保护的法律诉讼对核心技术加以保护	1	2	3	4	5	6	7
3. 商业秘密对于贵企业独享创新利润十分重要	1	2	3	4	5	6	7

五、有关市场进入方式的描述（您在多大程度上认可下列描述，并在相应位置上划"√"）

题　项	极不同意 ←					→ 极同意	
1. 与竞争对手相比，本企业的产品或服务具有非常新颖的功能	1	2	3	4	5	6	7
2. 本企业产品或服务的研发投入非常高	1	2	3	4	5	6	7
3. 本企业引入行业内其他不曾用过的新技术或工艺来创造产品或服务	1	2	3	4	5	6	7
4. 本企业产品或服务面临非常强的竞争压力	1	2	3	4	5	6	7
5. 在产品或服务推向市场的环节中，本企业吸纳了业内其他企业没有的新合作伙伴（如海外合作伙伴、新的分销商及供应商等等）	1	2	3	4	5	6	7
6. 在产品或服务推向市场的环节中，合作伙伴之间的组合方式不同于业内常规做法	1	2	3	4	5	6	7
7. 在产品或服务推向市场的环节中，所涉及的合作伙伴多样化程度较业内其他企业更强	1	2	3	4	5	6	7
8. 从整体上看，本企业将产品或服务推向市场的方式非常新颖、独到	1	2	3	4	5	6	7

六、企业经营情况（您在多大程度上认可下列描述，并在相应位置上划"√"）

题　项	极不同意 ←					→ 极同意	
1. 在过去三年里，企业上马了很多新产品或服务	1	2	3	4	5	6	7
2. 在过去三年里，企业对当前产品或服务组合进行了大幅度变更	1	2	3	4	5	6	7
3. 企业高度重视研发活动、追求技术或服务领先与创新	1	2	3	4	5	6	7

4. 企业管理团队更偏好可能获得高回报的高风险项目	1	2	3	4	5	6	7
5. 在面对不确定性时，企业倾向于采取积极行动来抓住机会而不是守旧	1	2	3	4	5	6	7
6. 为了实现经营目标，企业更倾向于采取大胆而迅速的行动	1	2	3	4	5	6	7
7. 企业会首先发起竞争行动，然后竞争者被迫做出响应	1	2	3	4	5	6	7
8. 企业在业内经常率先引入新产品、服务、管理技巧和生产技术等	1	2	3	4	5	6	7
9. 总体上看，企业管理团队非常强调先于竞争者引入新产品或创意	1	2	3	4	5	6	7

七、环境情况

环境对创业成败的影响很大。在您所处的地区环境中，您觉得下列因素对公司的影响程度如何？请根据您自身的感知回答以下问题，并在相应位置上划"√"。

1. 您认为下列各要素对贵公司的影响程度如何？	影响很小 ◀━━━━━━ ▶ 影响很大						
1）竞争者	1	2	3	4	5	6	7
2）消费者（顾客）	1	2	3	4	5	6	7
3）供应商	1	2	3	4	5	6	7
4）人才供应方	1	2	3	4	5	6	7
5）融资机构	1	2	3	4	5	6	7
6）技术条件	1	2	3	4	5	6	7
7）政策法规	1	2	3	4	5	6	7
2. 您认为下列要素对贵公司的发展是否*有利*的？	非常不利 ◀━━━━━ ▶非常有利						
1）竞争者（**例如**，竞争不激烈，有一个充裕的市场发展空间）	1	2	3	4	5	6	7
2）消费者（顾客）（**例如**，是否有稳定的顾客群体，客源充足）	1	2	3	4	5	6	7

3）供应商 （**例如**，是否容易获得便宜的供应商，关系稳定）	1	2	3	4	5	6	7
4）人才供应方 （**例如**，是否容易获得有助于企业发展的优秀人才）	1	2	3	4	5	6	7
5）融资机构 （**例如**，是否容易获得银行等金融机构的支持）	1	2	3	4	5	6	7
6）技术条件（**例如**，企业与科研院校有密切的联系，可以了解技术的最新发展动态，并获得相应支持）	1	2	3	4	5	6	7
7）政策法规 （**例如**，国家的政策法规是否有利于企业的发展）	1	2	3	4	5	6	7

八、关于创业团队沟通过程的描述

您多大程度上认可下列对创业团队沟通的描述，并在相应位置上划"√"	不同意 ←——————→ 同意						
我们注重营造"我们是一个整体"的氛围	1	2	3	4	5	6	7
我们注重寻求对每个人都有利的行动方案	1	2	3	4	5	6	7
我们将冲突视为解决彼此问题的办法	1	2	3	4	5	6	7
我们坚持工作以实现我们的理想和追求	1	2	3	4	5	6	7
我们注重寻求最好的角色分工来提高决策效率	1	2	3	4	5	6	7
团队成员总希望说服他人同意自己的立场	1	2	3	4	5	6	7
团队成员总希望他人做出让步而不是自己作出让步	1	2	3	4	5	6	7
团队成员将冲突视为非赢即输的竞赛	1	2	3	4	5	6	7
团队成员总利用固执来换取其他成员认同自己的观点	1	2	3	4	5	6	7
我们尽量将分歧控制在桌面之下	1	2	3	4	5	6	7
我们总试图通过避免分歧来化解彼此的观点差异	1	2	3	4	5	6	7

附
录

我们为营造和谐氛围而放弃开诚布公的交流	1	2	3	4	5	6	7
我们不鼓励彼此表达自己的消极情绪	1	2	3	4	5	6	7
我们尽量避免有争议的话题讨论	1	2	3	4	5	6	7
为了避免冲突带来的麻烦，成员之间尽量彼此作出让步	1	2	3	4	5	6	7
总体上看，我们对目前的分歧处理方式非常满意	1	2	3	4	5	6	7
我们的观点分歧处理办法进一步加深了彼此之间的关系	1	2	3	4	5	6	7
团队成员非常乐意去执行共同讨论后形成的决策	1	2	3	4	5	6	7
总体上看，大家对目前的沟通与交流方式很满意	1	2	3	4	5	6	7

九、对于下面的问题，请您尽可能地给出一个准确的范围，您有 90% 的把握确定该问题的正确答案在这个范围内（此量表用来测量创业者的心理特征，并非考察答案正确与否，请您依照自己的判断回答**）**

序号	下限	上限	题　项
1			1998 年，世界 500 强中（销售额为标准）有多少家日本企业？
2			中国官方公布的 2000 年国际贸易顺（逆）差是多少？（+表示顺差）
3			1995 年，中国新生儿的数量是多少？
4			2001 年，中国城镇居民的人数是多少？
5			2003 年，中国毕业的本科和专科学生共有多少人？
6			2008 年，中国新增多少对新婚夫妇？
7			1988 年，中国派出了多少名运动员参加汉城奥运会？
8			2006 年，全国房地产行业销售的住房面积是多少（万平方米）？
9			2002 年，中国家庭拥有轿车的数量是多少（万辆）？
10			2004 年，全国的政府财政收入是多少（亿元）？

十、您在多大程度上认可下列描述，并在相应位置上划"√"

题 项	极不同意 ◄———————————► 极同意						
1. 我觉得明年的经济形势将改善	1	2	3	4	5	6	7
2. 我通常预期自己的生活水平和国家经济水平将不断提高	1	2	3	4	5	6	7
3. 明年我在各个方面都将有改善和提高	1	2	3	4	5	6	7

问卷到此结束，请您查看是否有遗漏问项，非常感谢您的参与及大力支持，祝您事业蒸蒸日上！

*此外，如果您在创业过程中有想要与我们探讨的问题，欢迎您登陆 www.ebg.org.cn（南开创业网）与我们在线沟通，或通过该网站查询有关创业最新研究成果。

南开大学商学院

2009 年 5 月

附录 2 访谈提纲

尊敬的先生/女士：您好！

本次访谈主要针对贵公司如何进入目前锁定的市场，即新企业的进入战略(Market entry strategy)展开调研。主要考察初始战略（founding strategy）的选择和决策过程。以下是我们的访谈提纲供您参考。

1. 公司当前情况的简单介绍，贵公司主要的经营领域，提供何种产品或服务，企业的商业模式是怎样的？

2. 您是怎样发现这个创业机会的？基于创业者/管理层对市场的敏锐判断或直觉；或者看到业界已经有这样做的；或者消费者提出了这样的要求/一线员工的建议，或者其他？如何判断这个机会的可行性？

3. 在做出创业决策决定进入某一市场之后，您选择了怎样的进入战略。您认为创业之初最关键的任务是什么？

4. 进入战略的选择是您一个人决定的，还是团队的集体决策？

5. 在做出进入战略决策的时候，哪些因素是至关重要的？创业团队成员的背景、资历、经验等是否起到了作用？

6. 能不能分享一下当时决策的过程，是先有了一项技术，然后就去找他的用处，还是捕捉到了某种未满足的顾客需求，再去研发产品吗？

7. 技术在您创建企业及进入市场的过程中扮演什么样的角色？

8. 贵企业的技术是否申请了专利等知识产权保护措施（intellectual property rights）？这些保护措施是否有效保护了核心技术不被模仿或盗用。

9. 外部环境的宽松程度（Environment Munificence），例如经济形势的好坏，是否影响了贵企业的技术创新和进入战略的选择？

致　谢

谨以此书献给指引我进入学术研究殿堂的导师！

毕业两年之后，得以将博士论文出版，藉此机会与更多的学者和同行分享所学，荣幸之余，更心怀感激与忐忑。

感谢的是一路指引我进入学术研究殿堂的恩师：任学锋教授与张玉利教授。在过去的五年中，我的每一点滴成长，无不是在二位恩师指导与支持下完成的。恩师们严谨治学的科研精神、宽厚仁和的为人风范、从容不迫的处事风度、乐观积极的生活态度，为我树立了终身学习的典范。师恩如山，难以言谢，学生唯以不断的努力在自己的工作岗位上尽职尽责，以对社会的贡献回馈师恩。

忐忑的是，当我们学习的更多，了解了更多之后，便会越发觉得自己所知甚少，也因此而无法停止对真知的探索过程。在完成博士论文后的两年里，我不断就有关新企业成长与演化的研究主题深入研究，并在此论文的基础上衍生出自己的自然科学基金课题"基于初始条件的新创企业组织烙印机制研究（71102051）"，并赴香港科技大学商学院管理学系从事博士后研究工作，借此不断夯实自己的研究功底，提升研究能力。作者希望以此书的研究内容为引，与同行交流讨论，不断深化对该领域研究的理解，贡献新知。

作者在博士论文的完成过程中，特别感谢南开大学商学院所提供的良好学习条件和学术氛围；感谢论文答辩委员会的各位专家、南开大学创业管理研究中心的青年教师和博士生同仁在论文构思、数据收集、撰写与修改提升过程中的宝贵建议；在论文完成之后，感谢国家自然科学基金委员会对该主题研究的立项资助；感谢香港科技大学商学院副院长、管理学系主任李家涛教授（J.T Li）在我博士后工作期间的无私指导；同时，感谢在我留任南开大学商学院工作以来，学校和学院领导、同事们对我工作的指导和支持；最后，感谢挚爱我的父母，一路无怨无悔地支持我完成学业，为我做好坚强的后盾。

科学研究是需要高度承诺感的工作，对发现真知和创造新知的好奇与不断投入是身为一名学者必须拥有的素质，也是体现自身价值的途径，博士毕业后的两年中，我不断体会着从事科学研究的意义与乐趣。因此，再次感谢任学锋教授和张玉利教授，引领我进入这个领域，为我提供机会与如此多睿智、勤奋、投入的学者们共事。我将以这种科学精神为指引，不断前行，以自身所学，鸣谢师恩，回馈社会。

田　莉

2012-5-27 于香港